שערים למשנתו של הרב
יהודא ליאון אשכנזי
(מניטו)

אוריאל עיטם

שערים

למשנתו של הרב

יהודא ליאון אשכנזי
(מניטו)

מגיד
ישיבת ההסדר ירוחם

Uriel Eitam
An Introduction to the Thought of
Rabbi Yehuda Leon Ashkenazi (Manitou)

אוריאל עיטם
שערים למשנתו של הרב יהודא ליאון אשכנזי (מניטו)

עריכה: חיים אקשטיין
הגהה: יעל האיתן
עימוד: שלמהניימרק
עיצוב כריכה: תמר גוטמן

Eytam.us@gmail.com

ספרי מגיד, הוצאת קורן
ת״ד 4044 ירושלים 9104001
טל׳: 02-6330530 פקס: 02-6330534
www.maggidbooks.com

ישיבת ההסדר ירוחם (בלב אחד ירוחם ע״ר)
ת״ד 110 ירוחם 8050000
טל׳ 08-6580101 פקס: 08-6580101

מסת״ב ISBN 978-965-526-328-2

נדפס בישראל 2021 Printed in Israel

"ומצאת את לבבו נאמן לפניך"

לעילוי נשמת

בעלי אבינו וסבנו היקר

אברהם יעקב

בן שמואל יהודה

ציפסר

כ"ז תשרי תרצ"ה - י"ז שבט תשפ"א

איש תם וישר בתורת ה' חפצו

שמח בחלקו ומאיר בעינו הטובה על הבריות

תהי נשמתו צרורה בצרור החיים

לעילוי נשמת

ר' **יוסף חיים ונגרובר** בן הרב אברהם ז"ל

טובה ונגרובר בת ר' אברהם יהושע אדלר ז"ל

ר' **יעקב כאירה** בן רחל ז"ל

אסתר כאירה בת זריפה סתהון דבאח ז"ל

לעילוי נשמות הסבים והסבתות

נתן משה בן דוד דב
ברכה בת שרגא פייבל
אלעזר בן אפריים
שרה רבקה בת שבתאי
יששכר צבי בן שלמה זאב הלוי
יוסף צבי בן אהרון
זיסא יטקה בת משה חיים

נדבת משפחת רדזינר

לעילוי נשמת אשתי ואמנו היקרה
רינה שליסלברג ע״ה
בת מרדכי ומטילדה נויבואר ז״ל
שהאירה עיני ילדים בתורה והעמידה תלמידים הרבה
בעלה הילדים החתנים הכלות הנכדים והנכדות

לעילוי נשמת ר׳ **מרדכי פיקאר** ז״ל
תלמיד חכם צנוע ועניו
ולעילוי נשמת בתו **נעמי גליקשטיין לבית פיקאר** ז״ל
אשת חינוך ותורה שהעמידה תלמידות הרבה
שניהם, אב ובתו, היוו חיבור מופלא של שרשרת תורה,
מסורת דורות, עליה לארץ ועיסוק בתורתה

ברכה והצלחה, רפואה שלמה,
אריכות חיים ונחת מהמשפחה
לסבתא בת שבע בת ציפורה
לבית משפחת זיו

להצלחת משפחות **זיו, וקנין, קופפר, קופה, כפיר, טלקר, גרינשטיין**

יהי רצון שהקב"ה ישלח להם ולכל עם ישראל
ברכה והצלחה, בריאות איתנה, אריכות ימים ופרנסה בכבוד

ושתמיד יהיו
"מבקשי פניך יעקב סלה"
אמן!

לעילוי נשמת **יוסף** בן ר' מנחם **ויהודית** בת שלמה זלמן **פולק** ז"ל
תרומת אשר ותמי כפיר

לע"נ תלמיד מניטו, **סרג' מסעוד עזר** בן מיכאל מרדכי **בל-אנג'** ז"ל

לע"נ **שלמה בן נעים**, בעלי ז"ל, תלמיד מובהק של הרב יהודה אשכנזי
(מניטו), כמורה דרך בצופים וכמנהיג רוחני שיסד את אישיותו

תוכן העניינים

מכתבי ברכה

(לפי סדר הא"ב)

ברכתו של הרב שלמה אבינר, נשיא ישיבת עטרת ירושלים:

ב"ה אלול תשפ"א
מכתב ברכה

יישר כחו
של הרב אוריאל עיטם
על ספרו החשוב
על משנתו של הרב יהודה ליאון אשכנזי.
סוף סוף מוסברת בטוב טעם
באופן שיטתי ומובן
ובודאי ספר זה יהיה לברכה
לדור הגדול שלנו המחפש
אמונה גדולה אך מובנת.

בברכה
שלמה אבינר

ברכתו של הרב אורי שרקי, ר"מ במכון מאיר ויו"ר 'ברית עולם', לרגל הוצאת הספר לאור:

דבר בעתו מה טוב.

לכל חכם אמיתי בישראל יש זמן המתאים להשפעת תורתו בעולם. יש שהשפעה זו מורגשת עוד בימיו, ויש שלאחר מותו. יש סמוך לזמנו ויש בזמן מופלג.

מורנו הגדול רבי יהודה ליאון אשכנזי "מניטו" זצ"ל זוכה שהדור שואב מים חיים בששון ממשנתו, ורבים עוסקים בה.

אין זה אלא שניתן למצוא בדבריו מענה לשאלות היסוד המטרידות את דורנו, שאלות של זהות ושאלות של מהות.

פער הדורות, בין מי שהיה חניכה של תורת רבותיו בצפון אפריקה והיה אמון על מכמני הפילוסופיה המערבית, לבין דור הישראלים, מזקיק עבודת הנגשה ומחקר של מושגי היסוד של משנתו, בשפה המובנת לבן דורנו.

לכן יש לברך בשמחה על הופעת מלאכתו של ראש ישיבת ירוחם הרה"ג אוריאל עיטם שליט"א שנרתם למשימה חיונית זו, שתסלול מסילות להבנת משנתו המאירה של רבינו הגדול.

אורי שרקי

הקדמה

על הספר

הרב אשכנזי ותורתו

הספר שלפניכם הוא שער להגותו של הרב יהודא ליאון אשכנזי המכונה 'מניטו' (תרפ"ב-תשנ"ז, 1922-1996), מהמיוחדים והמעמיקים שבתלמידי החכמים ואנשי הרוח שבדור האחרון.

הרב אשכנזי נולד באלג'יר (לאביו שהיה אחר כך לרבה הראשי), והיה בהמשך לאחד מהמנהיגים הרוחניים הבולטים בקהילה היהודית בצרפת עד למלחמת ששת הימים, שלאחריה עלה לארץ. מאז מלחמת ששת הימים פעל הרב בישראל, בעיקר בקהילת העולים היהודיים מצרפת ומצפון אפריקה, ממש עד שנפטר. הוא לימד במשך עשרות שנים שיעורים רבים מאוד, שהפגישו את שומעיהם עם רובדי העומק של התורה. הרב מעמיק בסוגיית הזהות העברית ומשמעותה הרוחנית וההיסטוריוסופית. מתוך כך הוא מבאר בהרחבה את הבשורה של התורה ושל עם ישראל לאנושות כולה.

תורת הרב אשכנזי יונקת ממכלול המסורות הרוחניות היהודיות. הפשט וחז"ל, חכמי הנגלה וחכמי הסוד, החסידות והראי"ה, ועוד. אולם, אין מדובר בליקוט של אוסף רעיונות נפרדים. הרב מציג לפנינו בניין

רעיוני מאורגן ושיטתי במידה יוצאת דופן (זאת למרות שהוא מיעט לכתוב ובמידה מסויימת גם הסתייג מכתיבה, על אף שהיא מתאימה במיוחד להגות שיטתית). הוא מעמיד שיטה ששופכת אור חדש ומעמיק כמעט על כל נושא שהיא מבררת, מתוך היצמדות למקורות התורה ולמסורות שקיבל מרבותיו ומתוך חשיפת עומק חדש בהם. מתוך כך הוא מציב מחדש את תורת ישראל כגורם רוחני מפרה ומתסיס בעל תפקיד מכריע ביחס לעולם כולו.

הרב אשכנזי עבר בחייו בתוך שלוש התרבויות המרכזיות שהעולם היהודי היה מצוי בהן במאה השנים האחרונות: הספרדית (באלג׳יר), המערבית (בצרפת), והישראלית־ציונית. השורשים התורניים המעמיקים והרקע התרבותי הרחב אפשרו לו להיות בעמדה רחבת אופקים, בעלת תודעה היסטורית וזהותית עמוקה, ולהצליח לדבר מתוך עמקות תורנית ורוחנית, אל המקום הממשי שבו נמצאו שומעיו.

תורה שבעל פה ותורה שבכתב

הרב אשכנזי כמעט ולא כתב ספרים. את רוב תורתו הוא לימד לאורך עשרות שנים לקהלים מגוונים ושונים. תורתו נשארה בעיקרה כתורה שבעל פה. ההשפעה העצומה שהייתה לו ולתורתו על תלמידיו נעצרה בשל כך בגבולות קהל שומעיו, וכמעט שלא הקרינה הלאה אל יושבי בתי מדרש נוספים או לקהל הישראלי הרחב.

כל עוד היה הרב בחיים, המשיכה תורתו להתפשט בקרב שומעיו הרבים. משנפטר הרב ופסקו שיעוריו הייתה עלולה תורתו שבעל פה להשכח אט אט. לצד שיעורים בעל פה שממשיכים ללמד תלמידיו לאור תורתו (ובהם הרב אורי שרקי וחיים רוטנברג), זה כעשרים שנה עמלים במסירות תלמידיו (בעיקר חיים רוטנברג, ישראל פיבקו, גבריאלה בן שמואל) ותלמידי תלמידיו (ובהם נכדו איתי אשכנזי, ומנהל אתר האינטרנט של מכון מניטו – איתי קולין), להעלות את הקלטות שיעוריו אל הרשת, ובעיקר לצקת את תורתו שבעל פה אל הכתב והספר, וקרוב לעשרים ספרים שרובם ערוכים משיעוריו שבעל פה כבר יצאו לאור.

אלא שמלאכה זו אינה קלה. הרב אשכנזי היה קשוב היטב לקהל הלומדים בשיעוריו, הגיב לשאלותיהם בחוכמה תורנית וחינוכית עמוקה ובהבנה אנושית נדירה, ומתוך כך גלש פעמים רבות לעיסוק בשאלות החשובות שהעלו השומעים, ולא שמר תמיד על הנושא הראשי של השיעור. אופי זה של שיעורים מפגיש עם עושר רוחני מיוחד, שיש בו לענות על השאלות המנסרות בעולם בכלל או אצל יחידים בפרט, אבל מקשה על ההבנה המקיפה והמסודרת של מכלול תפיסתו.

מטבע הדברים, הספרים שנערכו על בסיס שיעורים אלו משאירים משהו מטעם מיוחד זה, של עומק ורוחב רוחניים, אך דווקא בשל כך הם אינם נצמדים תמיד לפריסת הקו הרעיוני העקבי והתמציתי.

בנוסף, כל ספר מהספרים הרבים שיצאו לאור מקיף בהרחבה ובהעמקה נושא אחד ספציפי, ולעיתים נדרש אף יותר מספר אחד לנושא (כגון בשיעוריו על התפילה). לומד שחפץ להתוודע לתורת הרב אשכנזי ובוחר ללמוד את אחד מספריו, מוצא את עצמו נכנס מאמצעה של השיטה הרחבה, בלי שיש בידו את הפרספקטיבה הכללית יותר שבתוכה משתבץ הנושא של הספר.

דווקא פרי מבורך זה של ספרים שיצאו ויוצאים לאור משיעוריו, מעמיד את החפץ ללמוד את משנתו בפני ים שמרחביו גדולים מאוד אך קשה למצוא מהיכן לפסוע אל תוכו. מתוך כך מתחזק הצורך במבוא שיטתי תמציתי ובהיר שיפתח לפני החפצים בכך את עיקרי משנתו בצורה מקיפה ומובנית.

על הספר

מתוך רצון למלא את הצורך הזה בא הספר הנוכחי לעולם. הספר מציג בבהירות את היסודות העקרוניים של משנתו המקיפה של הרב. לצורך כתיבתו נבחרו הנושאים היסודיים של משנת הרב אשכנזי, אותרו המקומות המרכזיים שבהם הם נידונו בכתביו, ופרטיהם השלימו זה את זה ונשזרו זה בזה למארג אחד. במקרים רבים התברר שדברי

התורה עניים במקום אחד ועשירים במקום אחר, ורק מאיסוף הדברים משיעורים שונים נחשפה התמונה המלאה יותר.

המלאכה נעשתה תוך ניפוי ה'גלישות' הרבות שבשיעורים המקוריים אל נושאים רבים ושונים, גלישות שנובעות מטיבם של דברים שבעל פה שנאמרו בשיעורים לקהלים שונים תוך דו שיח ער בין הרב אשכנזי המלמד לבין הקהל השואל ומעיר.

בדרך זו הודגשה השיטתיות העקבית שבתכנים, והדברים סודרו באופן שבו כל רכיב בנוי על גבי קודמו ותופס את מקומו המדויק. מתוך כך הספר הוא לא רק מבוא אל השיטה, אלא במידה רבה גם סיכום של עיקריה.

יש אמנם לסייג את הדגש על השיטתיות מכמה צדדים. ראשית – יש סוגיות שהרב עסק בהן לאורך עשרות שנים, והיו בדבריו לא אחת פנים חדשות. שנית – יש סוגיות עמוקות שמטבע הדברים יש בהן צדדים שונים ולא תמיד יש בהם הכרעה גמורה, שלישית – חלק מההסתיגות של הרב מפרסום ספרים קשורה לרצון להימנע ממחיר הקיבעון שיכול להיות לשיטה. אמנם, לאחר כל ההסתייגויות הללו, אי אפשר להתעלם מהשיטתיות הרבה שמתגלה בדברי הרב ברוב היסודות הכלליים של הנושאים בהם הוא עוסק.

לאור זאת נוכל לומר, כי מי שיפסע איתנו במסע יקבל מפה בעלת פרספקטיבה רחבה, שתתן לו הבנה משמעותית בדברי הרב. מי שימשיך מכאן ללימוד ספריו של הרב, יקל עליו מאוד להבין היכן משתבצות הסוגיות שיפגוש במכלול הרחב יותר של השיטה, ואיך הן נגזרות משיטה רחבה זו.

מהלך הספר

הספר בנוי משלושה שערים. שער יסודות השיטה, שער הערכים הרוחניים, ושער המהלך ההיסטורי.

בשער יסודות השיטה נפגוש את עקרונות היסוד של משנתו של הרב אשכנזי. נלמד כיצד הייעוד המוסרי הוא אבן היסוד של

התורה, שמקורו לא רק במעמד הר סיני במצוות שבין אדם לחברו שבעשרת הדיברות, ואף לא רק בעולמם של האבות, במידת החסד של אברהם, אלא הוא עומד ביסוד מחשבת הבורא ומעשה הבריאה עצמו, וההיסטוריה כולה נועדה להביא צעד אחר צעד למימושו השלם על ידי האדם.

נראה כיצד זיהויו של הייעוד המוסרי של האדם כעומד בבסיס התורה, מעמיד מיניה וביה את הבחירה החופשית כאבן יסוד של תפיסת התורה, זאת בניגוד לתפיסות רבות עתיקות וחדשות, דתיות, פילוסופיות ומדעיות, שמצמצמות ולעיתים אף שוללות בסמוי או בגלוי את הבחירה החופשית של האדם ואת שליחותו הגדולה להביא את הבריאה להשלמתה.

בהמשך שער זה נפגוש את אחד הביטויים המרשימים ביותר לשיטתיות של הרב – הקשר בין משנתו ההגותית לשיטתו הפרשנית. הרב אשכנזי מעצב ומנסח שיטת פרשנות עקרונית ועקבית שאפשר לכנותה 'שיטת החלופות' או 'שיטת הקריאה לכתחילה ובדיעבד'. שיטה זו נובעת באופן ישיר ממשנתו הרעיונית וממרכזיותה של הבחירה החופשית המוסרית. שיטה פרשנית זו מצויה במפוזר כבר בדברי חז"ל ובדברי כמה מהפרשנים ומחכמי ההגות התורנית לאורך הדורות, אך מנוסחת לראשונה בעקרונותיה על ידי הרב. השיטה מתגלה כפוריה במיוחד, והיא שופכת אור חדש על פרשיות רבות במקרא, כפי שיוצג בשורה של דוגמאות בספר.

כמבוא לשער זה ולספר כולו, נסקור בקצרה את הביוגרפיה ההיסטורית והרוחנית של הרב, שיש בה מקבילה מיניאטורית לתהליכים שעברו על עם ישראל בכלל במאה האחרונה, ונפגוש את הקשר שבין הביוגרפיה של הרב אשכנזי לבין ההגות שלו.

מכאן נעבור לשער השני – שער הערכים הרוחניים. בשער זה נעסוק בהרחבה בערכים הרוחניים שלנו – המוסר והקדושה, התורה והמצוות, החטא והתשובה והתפילה, כפי שהם מתבארים לעומק על ידי הרב. נעמיק לברר במה מובחנים מושגים אלו כפי שהם מופיעים בתורת

ישראל, מהמושגים המקבילים שמופיעים בתרבויות ודתות אחרות באומות העולם.

מתוך כך נראה שהעמדת היסוד המוסרי בתשתית התפיסה הרוחנית לא באה לצמצם את התורה רק לממד של בין אדם לחברו, כפי שנמצא בתפיסות יהודיות מודרניות מסוימות מאז תקופת ההשכלה, אלא להפך, היא מרחיבה ומעמיקה את הבנת היסוד המוסרי ומלמדת איך הוא עומד בבסיס המצוות כולן, ולא רק בבסיס מערכות היחסים שבין האדם לחברו, אלא גם בין האדם לבוראו ובין האדם לעצמו.

מכאן נעבור לשער האחרון – שער המהלך ההיסטורי. בשער זה נלמד כיצד העקרונות המוסריים והפרשניים והערכים הרוחניים של התורה, שהוצגו בשערים הקודמים, באים לידי ביטוי במהלך ההיסטוריוסופי של האנושות ושל עם ישראל – מראשית ההיסטוריה, באירועי אדם הראשון וקין והבל, ועד אחריתה, בתיקון העולם ובגאולה. ההיסטוריה מתגלה כזירה הממשית שבה צומחים ומתיישמים ערכי הרוח של עם ישראל, שנועדו להורות דרך לאנושות בכללה וליטול חלק בהובלתה לגאולתה ולייעדה.

כפי שאמרנו, אין כמעט נושא שמשנתו של הרב אשכנזי אינה מאירה באור מעמיק ושיטתי. מטבע הדברים, הספר עוסק יותר בעקרונות השיטה, ואין בכוונתו לכסות את כל ענפיה. נושאים חשובים רבים, עתיקים או אקטואליים, לא נידונו בספר, אבל הספר נועד לספק תשתית להבנתם המעמיקה.

* * *

ראשיתם של פרקי ספר זה בשנת תשע"ו, בסדרת שיעורים שניתנה לתלמידיי בישיבת ההסדר ירוחם, ולקהל הרחב ברשת. לשם כך למדתי את משנתו של הרב אשכנזי מתוך עיון מקיף במרחבי ספריו, תוך חתירה להבנת השיטה שבהם, ולאחר מכן מתוך שיחות עם תלמידיו,

ובראשם ר׳ חיים רוטנברג, המוציא לאור של רוב ספריו. שיחות אלו החכימו אותי והשלימו לי חוליות חסרות ותובנות עומק.

קיבלתי תגובות חמות מלומדים רבים, על התרומה הגדולה של סידרת השיעורים להבנה בהירה ושיטתית של משנת הרב אשכנזי. דבר זה עודד אותי לגשת אל מלאכת עריכת הספר, שבאה עתה אל הגמר, על מנת לפתוח את שערי תורתו לציבור הרחב, עם מלאת כ״ה שנים לפטירתו.

* * *

תודה לבית המדרש הוירטואלי של ישיבת הר עציון, שם התפרסמה גירסה כתובה ראשונה של פרקים אלו. תודה רבה לאנשי מכון מניטו, למשפחת הרב, לתלמידיו ולתלמידי תלמידיו, על עמלם המסור לעשות אוזניים לתורת רבם, ועל כל מה שנעזרתי מכוחם ליציאתו של ספר זה לאור. תודה מיוחדת לר׳ חיים רוטנברג על שיחות מעמיקות ומחכימות איתו לאורך השנים ועל הערותיו ועצותיו הנוגעות לספר זה. תודה לתלמידיי אלעד ויטמן ואביעד ויסמן, שיונקים כבר שנים רבות מהגותו של הרב אשכנזי, ולכל אחד מהם חלק משלו בהבשלתו של ספר זה.

תודה עיקרית לתלמידי היקר חיים אקשטיין, על מלאכת עיבוד השיעורים הראשונית מתורה שבעל פה לדברים שבכתב. בלי עבודתו המסורה לא היה הספר בא לעולם. תודה לתלמידיי איתן זיו ודורון רהט על בדיקת המקורות, ליעל האיתן על ההגהה היסודית, לשלמה ניימרק על העימוד המקצועי, ולתמר גוטמן על עיצוב הכריכה בכישרון ובטוב טעם. תודה לאהד טיברגר מנהל ישיבת ההסדר ירוחם, על עזרתו החשובה לאורך כל הדרך. תודה מיוחדת ליהושע מילר, לראובן ציגלר ולשאר אנשי הוצאת מגיד, על האמון בספר מתחילת הדרך ועל שיתוף הפעולה הפורה. יהי נועם ה׳ עליהם ועל כל אשר להם.

אחרונים חביבים, יקרים ואהובים, אשתי שלומית, השותפה האמיתית עימי בדרך, שעודדתני להשלים את המלאכה, וילדינו היקרים. אתפלל שיתקיים בנו "ונהיה אנחנו וצאצאינו וצאצאי עמך בית ישראל כולנו יודעי שמך ולומדי תורתך לשמה".

* * *

השנה נפרדנו בכאב מאבי מורי היקר באדם, רבי אברהם יעקב בן שמואל יהודה ציפסר הכ"מ, שהלך לעולמו. כאברהם אבינו בעינו הטובה, יחד עם אימי מורתי יהודית תיבדל לחיים ארוכים, הכניסוני אל התורה ואל האמונה. ספר זה מוקדש לעילוי נשמתו.

אשא תפילה כי נזכה בעזרת ה' ללכת בדרכם – דרך אמונה בה' והכרת הטוב, אהבת תורה וחסד, אהבת ישראל ואדם.

* * *

"בֹּאוּ שְׁעָרָיו בְּתוֹדָה חֲצֵרֹתָיו בִּתְהִלָּה" (תהלים ק ד).

מודה אני לקדוש ברוך הוא על שהביאני בשעריהם של בתי מדרשות של תורה, על שהפגישני עם חכמי ישראל שמדורות קדמונים ומדורותינו, ועל שזיכני ללמוד וללמד, ומודה אני לכל חכמיו אשר מפיהם או מפי כתבם למדתי.

יודע אני מיעוט ערכי ומודה לאלוקי על כל שזכיתי לו. אילו פי מלא שירה כים אין אני מספיק להודות על העבר, ובעיקר בא אני בתפילה לפני ריבון כל העולמים על העתיד – "ותן בליבנו בינה, להבין ולהשכיל, לשמוע, ללמוד וללמד, לשמור ולעשות ולקיים את כל דברי תלמוד תורתך באהבה".

* * *

הקדמה: על הספר

״פִּתְחוּ שְׁעָרִים וְיָבֹא גוֹי צַדִּיק שֹׁמֵר אֱמֻנִים״ (ישעיה כו ב).

הסידרה ׳שערים׳, נועדה להביא לפני הקורא והלומד, את משנתם הרוחנית של חכמי האמונה של עם ישראל, בצורה בהירה ושיטתית, בשפה קולחת ובצורה מעמיקה. עם סיום מלאכת הספר הפותח את הסידרה, ׳שערים למשנתו של הרב יהודא ליאון אשכנזי (מניטו)׳, אשא תפילה כי יעזרני ה׳ להוסיף ולפתוח שערים למשנתם הרוחנית של גדולי חכמי ישראל, להיכנס בהיכלי תורותיהם ולשתות בצמא את דבריהם.

אוריאל עיטם
ישיבת ההסדר ירוחם

חשון ה׳תשפ״ב
כ״ה שנים לפטירת הרב אשכנזי

מבוא

קורות חיי הרב אשכנזי ומשמעותם

הרב יהודא ליאון אשכנזי, המכונה ׳מניטו׳, היה מגדולי המנהיגים הרוחניים של יהדות צרפת בדור שאחרי מלחמת העולם השנייה. הרב – שהיה מוכר תמיד לציבור יהודי צרפת – כמעט שלא הוכר בציבור הישראלי, עד שספרי שיעוריו התחילו להיות נדפסים בשנים האחרונות. כמעט כל ספריו הם שיעורים שבעל פה שנערכו לספרים אחרי מותו על ידי תלמידים קרובים, שהביאו בכך למודעות לדמותו ולהגותו, מודעות שהולכת וגוברת בשנים האחרונות.

אנו פותחים בסקירה של קורות חייו. בדרך כלל, עיסוק זה נתפס כנספח צדדי ללימוד, אבל במקרה של הרב אשכנזי לקורות החיים יש משמעות גדולה. הרב אשכנזי בוחר להציג בעצמו את קורות חייו. הדברים שסיפר חזרו ונדפסו על ידי תלמידיו בפתיחת ספרו סוד העברי. להלן נראה כי סקירה זו עמוקה יותר מביוגרפיה עובדתית בלבד (הסקירה נאמרה מפיו ונדפסה בספר סוד העברי, כרך א עמ׳ 21–30. משם לקוחות רוב המובאות להלן).

שלוש התקופות

הרב אשכנזי מחלק את תולדות חייו לשלוש תקופות. הראשונה היא ילדותו ונעוריו באלג׳יריה עד גיל עשרים, השנייה היא שהותו בצרפת במשך מעט יותר מעשרים שנה, אחריהן באה התקופה הארוכה ביותר – התקופה שבה הוא חי בישראל, עד שנפטר בגיל 74. הרב מציין את נקודות המעבר בין התקופות: נקודת המעבר מהתקופה הראשונה לשנייה היא מלחמת העולם השנייה, והמעבר מהשנייה לשלישית התרחש בעקבות מלחמת ששת הימים.

הרב אשכנזי אינו מסתפק בהצגת העובדות, אלא מגדיר את רבותיו המרכזיים בכל תקופה בחייו. בכל אחת מהתקופות היה לו מורה דרך, רב שהורה לו את דרכו, דמות מרכזית שבעקבותיה הוא צעד.

> זה למעלה מארבעים שנה בא לידי ללמוד וללמד ברבים תורת התולדות מפי סופרים וספרים. בראשונה מפי מו״ר אבי הרב דוד אשכנזי זצ״ל, שהיה רב ראשי באלג׳יה, ר׳ יעקב גורדין ז״ל בצרפת, ובבואי ארצה מפי מורי ורבי הרב צבי יהודה הכהן קוק זצ״ל. הם גילו לפני את תורת התולדות על פי שיטות רש״י, הכוזרי, המהר״ל, השל״ה, הפרי צדיק ועוד.

(סוד העברי א, עמ׳ 10)

הרב אשכנזי מציין כי בתקופה הראשונה הדמות המרכזית הייתה אביו, שהיה גם הרב הראשי של אלג׳יריה. אליו יש לצרף את סבו הרב חיים טובול, אבי אימו. הרב חיים טובול היה דיין ומקובל, ומשפחתו הייתה מיוחסת לאחד מתלמידי האר״י (רבי יוסף אבן טבול, בעל ׳דרוש חפציבה׳). בתקופה זו הרב למד תורה באופן עמוק, ונחשף לפשט, לדרש, לרמז וגם לתורת הסוד. בהמשך אביו שלח אותו ללמוד אצל מקובלי מרקש שבמרוקו (ובראשם הרב יעקב נחמני זצ״ל). במקביל

למד הרב בבית הספר ובתיכון של הרפובליקה, כפי שעשו גם שאר הילדים היהודים במקום.

בעקבות תבוסת הרפובליקה הצרפתית לגרמניה הנאצית ב-1940, ועליית משטר וישי ששיתף פעולה עם מדינות הציר, נשללה האזרחות הצרפתית מיהודי אלג'יריה, דבר שגרם למשבר זהותי קשה בקרב היהודים. באותה תקופה הצטרף יהודא ליאון בן השמונה עשרה לתנועת הצופים היהודים באלג'יריה. במהרה בלט במנהיגותו ובכשרונותיו האינטלקטואליים, ושם קיבל את הכינוי 'מניטו'. משמעותו של כינוי זה הוא 'הרוח הגדולה' והוא מבטא היטב את תכונות אישיותו. ב-1942 בעקבות פלישת כוחות הברית לצפון אפריקה, גויס מניטו בן העשרים לצבא הצרפתי החופשי, וב-1944 נפצע. קצת לפני כן קיבל מניטו מכתב ממייסד הצופים היהודים בצרפת, רוברט גמזון, שיזם הקמת בית ספר גבוה להכשרת מנהיגות יהודית מתוך מטרה לשקם את הקהילה היהודית בצרפת. במכתב פנה גמזון למדריכים מהצופים היהודיים וביקש מכל אחד להקדיש לכך שנה אחת. מניטו נענה לכך, והצטרף לקבוצת המייסדים באורסיי שבצרפת ב-1946, לאחר שהחלים מפציעתו בביתו באוראן.

בבית הספר באורסיי פגש הרב יהודא ליאון אשכנזי, את הדמות שהיתה עבורו מורה הדרך הרוחני המשמעותי בתקופה השנייה של חייו – יעקב גורדין. יעקב גורדין היה תלמיד חכם, מלומד בתורה, בפילוסופיה ובקבלה, שהיה המורה ליהדות בבית הספר באורסיי. פגישתו של הרב עם יעקב גורדין הייתה קצרה, שכן גורדין נפטר כשנה לאחר פגישתם.

דרך יעקב גורדין התוודע הרב לנקודת מבט שלא הכיר עד אז. הוא ידע מהבית שיש עולם דתי תורני, וידע כבר מבית הספר הכללי בו למד שיש עולם מערבי בעל תרבות מפותחת. אלה היו שני עולמות שונים. יעקב גורדין, במשך שנה בלבד, לימד אותו נקודת מבט חדשה על היחס ביניהם: התרבות המערבית (שאליה נחשף בארץ מולדתו

ואחר כך באוניברסיטה בצרפת) אינה קנה המידה לשפוט את העולם היהודי, אלא להפך, התורה עם השקפת עולמה ואוצר הרעיונות שלה היא קנה המידה לבחון את ההתרחשויות, התפיסות והזרמים בעולם. לאחר שנה בלבד נפטר יעקב גורדין, אבל גישתו הטביעה חותם עמוק על הרב אשכנזי, והיא תופסת מקום חשוב בתורתו ובספריו. הרב נענה לבקשתו של גורדין לפני מותו, ונשאר להורות את לימודי התורה בבית הספר באורסיי למשך שנים רבות.

> אחד הגורמים שהביאו להחלטתי להצטרף לקבוצתו של 'קסטור' (=רוברט גמזון, מייסד הצופים היהודיים בצרפת ומייסד בית הספר באורסיי) היה הרצון שלי להיות לתלמידו של יעקב גורדין שייצג עבורי אישיות שהצליחה לייצר אחדות עמוקה בין התרבות היהודית המסורתית והתרבות האירופית. מר גורדין היה גדול בחכמת התלמוד, מקובל ופילוסוף שהצליח להציג בפנינו אפשרות לייחוד בין המחשבה הכללית והמסורת היהודית, תוך שהוא עושה זאת מתוך עולם המושגים של חכמת התורה. הבנה זו גרמה לנו לגלות מחדש את חשיבותה וממדיה של המסורת היהודית כפי שהיא משתלבת בפסיפס של התרבות העולמית.

את הרב צבי יהודה הכהן קוק, הדמות התורנית המרכזית בחייו מאז עלייתו לארץ לאחר מלחמת ששת הימים, פגש הרב אשכנזי כמה פעמים כבר בתקופה הקודמת. במסגרת תפקידו, כשהיה מגיע מידי שנה עם תלמידים לארץ, היה פוגש הרב את הרב צבי יהודה קוק. הרב מתאר את המפגש הזה כמהפכה, כמו את המפגש עם יעקב גורדין:

> מי שחידד לי את נקודה זו הוא הרב צבי יהודה ז״ל במהלך פגישתנו הראשונה. באותו הלילה למדנו את הנושא הזה. אני באתי אליו עם מה שרבותיי לימדו אותי והוא חידש לי את הנקודה הזו: הקדושה הטבעית המתגלה בארץ ישראל. זה עיקר

> תורת ארץ ישראל לעומת תורת חו"ל. נקודה זו מרכזית בתורת הרב קוק זצ"ל, והיא משנה את המבט על כל התורה כולה. מאותו הלילה התחלתי ללמוד מחדש את התורה כולה שלמדתי עד אז, עם המפתח הזה שמסר לי הרב צבי יהודה.
>
> (סוד מדרש התולדות ז, עמ' 58-59)

אצל הרב צבי יהודה קוק רכש הרב את ההבנה שלפני הכל אנחנו עם. לאורך חייו הצעירים, התפיסה הפשוטה שלו – כמו של רבים אחרים בגלות – הייתה שיהודי יכול להיות גרמני, רוסי או אלג'ירי. הוא תפס את עצמו כבן לעם הצרפתי. רק כשהגיע לארץ הוא עבר מהפכה, וקלט שכל מה שהוא מדבר עליו ומרגיש הזדהות איתו – שורשו בהשתייכות לישראל כעם. עם שהמקום הממשי שלו בארץ ישראל. מי שהוא מצא כמורו ורבו בעניין הזה היה הרב צבי יהודה.

> הזהות הישראלית הכילה בה ממד יציב, מוגדר, ואחיד הרבה יותר מאותה תופעת שוליים שהייתה הזהות היהודית הגלותית: מערכת אמונה חסרת עמוד שדרה הנצמדת לזהות לאומית זרה, יוקרתית ככל שתהיה. הזהות הלאומית המושאלת נותרה בהכרח חצויה, מתורגמת וחסרת חיות ועתידה הייתה להיעלם במהירות. צמחה בי אז ההכרה בפן הלאומי פוליטי של העם היהודי בעוד שבאלג'יריה הזדהיתי כצרפתי בן הדת היהודית.
> המציאות הישראלית הכילה את היציאה מן המחתרת שציפינו לה כה ארוכות, ואת החיפוש אחר הזהות הפוליטית היהודית. זה היה הרגע שהתחלתי להבין שמה שמאחד את כל היהודים ברחבי העולם הוא קודם כל השייכות הלאומית ולא השייכות הדתית.

דמות משמעותית נוספת שפגש הרב לאחר עלייתו לארץ, היה הרב שלמה בנימין אשלג, בנו של הרב אשלג בעל פירוש הסולם על ספר הזוהר. השפעת תורתו של הרב אשלג על תורתו של הרב, ניכרת בכמה סוגיות מרכזיות בהן עסק שאת חלקן נפגוש במהלך הספר.

השפעה מהותית מהמאורעות

למסמך קורות החיים שהכתיב הרב אשכנזי יש משמעות גדולה. בדרך כלל, תלמיד חכם רואה את תפקידו במסירת התורה, הוא מעביר את תורת ה׳ כפי שהיא לדור הבא. לפעמים הוא אינו רק מקבל ומוסר, אלא זוכה מתוך התמסרותו לתורה גם לחדש בה חידושים. כל תלמיד חכם מגלה אות נוספת בתורה, אך לא מתוך העולה על לבו, אלא כתוצאה מבירור האמת שבתורה. האקדמיה וחוקריה מסתכלים מזווית אחרת לגמרי על תלמידי החכמים ועל מסירת התורה. לפי המתודה האקדמית, שיטתו של תלמיד חכם היא פרי ההשפעה של התרבות הסובבת אותו ומאורעות זמנו.

מבחינה זו, נראה במבט ראשון שהרב אשכנזי כורה לעצמו בור: הוא אומר בגלוי שתורתו מושפעת מתולדות חייו ומהמאורעות הסובבים אותו. מילדותו באלג׳יר, מהשבר הזהותי שעבר על בני קהילתו בזמן המלחמה כאשר מצאו את עצמם חסרי זהות לאומית, מהתרבות המערבית, מהציונות, ממדינת ישראל. הוא אינו מחכה לחוקרים שיגידו זאת, אלא לכאורה מודה שתורתו אינה מקורית אלא תוצאה של השפעות חיצוניות. אולם במובן עמוק יותר, הרב אומר את ההפך הגמור: לא המאורעות מעצבים את תורתו, אלא התורה – המחשבה האלוקית – היא המעצבת את המאורעות העוברים על עם ישראל, ומתוך כך גם את עולמו שלו.

סיפור חיי האישי אינו מהווה סיפור יוצא דופן, אלא כראי מדויק של תהפוכות וגילוי זהות מחודשת שעברה על עם ישראל בדור התקומה.

נולדתי יהודי אלג׳ירי בעל אזרחות צרפתית, ולאורך כל הפרק הראשון של חיי שעבר עלי באלג׳יריה עד מלחמת העולם השנייה, הכרתי את עצמי בלי להקדיש תשומת לב מיוחדת להגדרות אלו, כצרפתי אלג׳ירי מדת יהודית. הפרק השני של חיי, לאחר מלחמת העולם השנייה, עבר עליי בצרפת, שבה גיליתי

את המורכבות החברתית העצומה של העם היהודי וההיסטוריה שלו, בפוגשי שם את העולם היהודי האשכנזי. הפרק השלישי של חיי, יתנהל בישראל, כישראלי.
תהפוכות אלו בחיי הופכות אותי למקרה פרטי של תהליך חידוש הזהות המתרחש בימינו אנו בהופכו את העם היהודי לאומה עברית, או במילים אחרות, תהליך ההופך את היהודי לישראלי.

התהליך הביוגרפי שהרב משרטט הוא למעשה התהליך שבו מובילה ההשגחה העליונה את עם ישראל. התחנות בתולדות חייו הן צמתים בתולדות ישראל. כל העם עובר מגלות לגאולה, מתורת החורבן שאין בה אלא ארבע אמות של הלכה (כדברי הגמרא בברכות), לגילוי חדש של תורה. בזאת אומר הרב: אני מקרה פרטי של מה שעובר על כל עם ישראל. הוא אכן פותח כך את תולדות חייו, ואומר כי סיפורו אינו סיפור אישי. סיפור זה, לדברי הרב, מחייב שינוי בלימוד התורה, אין זו השפעה חיצונית, אלא קריאת כיוון מהותית, שמאירה באור חדש גם את תפקידם של מדרשי חז״ל ושל תורת הנסתר כפי שנראה בספר. עם עברי חי צריך לקרוא את התורה בתור השפה האותנטית של חייו. עכשיו כשאנחנו חוזרים להיות עם בארצו, אנו יכולים לחזור ולשקם את הקריאה העברית של עם חי בתורתו. זו דוגמה לעיקרון פרשני שהרב אשכנזי דוגל בו לאור השינויים במציאות: יש תהליך שעובר על הופעת התורה, המאורעות מחייבים שעכשיו היא תתגלה אחרת, באופן שמחזיר אותה למקוריותה כתורת עם.

שער ראשון

יסודות השיטה

פרק 1

הממדים השונים שבמשנת הרב אשכנזי

בהקדמה עסקנו בקורות חייו של הרב אשכנזי, ובאופן שבו תיאר אותם. לפני שניכנס לעומק משנתו של הרב, נציג בקצרה כמה מהממדים השונים שמצויים בה. נעשה זאת באמצעות סקירת קורות חייו של אברהם אבינו, כפי שמציג אותן הרב.

סיפור מסע

תחילת פרשת לך לך היא סיפור מסע. המסע מתחיל לאמיתו של דבר כבר בסוף פרשת נח, כשבמשפחת אברהם צומחת יוזמה ללכת אל ארץ כנען. יוזמה זו מקבלת אישור מגבוה בקריאה 'לך לך'. אברהם אבינו מקבל ציווי ללכת אל הארץ שהקדוש ברוך הוא יראה לו, והוא הולך עד שהוא מגיע לארץ ישראל, שם לכאורה מגיע מסעו לתחנה הסופית. אבל הרב מסב את תשומת הלב לכך שכאשר קוראים את הפסוקים בבראשית פרק יב, נראה שאברהם לא מפסיק ללכת ולו לרגע. הוא נודד בין מקומות, הלוך ונסוע, בין בית אל, שכם, הנגב ואפילו מצרים. אם היה אפשר לחשוב שאברהם נדד כך רק כשהיה בחוסר כול, הרי

שגם כשהוא יוצא ממצרים ברכוש גדול ממשיכים הנדודים. זה מסע שאינו נגמר. אפילו כשאברהם נפרד מלוט, ונדמה שכל אחד מהשניים בוחר לו מקום קבוע, קורא לו הקדוש ברוך הוא: קום התהלך בארץ לארכה ולרחבה. הציווי "לך לך" אינו מסתיים בשלב ההגעה "אל הארץ אשר אראך", אלא עומד בתוקפו עד למימוש היעד – "ואעשך לגוי גדול [...] ואגדלה שמך [...] ונברכו בך כל משפחות האדמה". אברהם יעבור מסע עד שיהיה לו זרע, ואחר כך עוד מסע ארוך עד שישפיע ברכה על כל האנושות. המסע הזה הוא בעצם מסע ההיסטוריה האנושית, שבמרכזה עם ישראל.

זהו אחד הרעיונות שכל משנת הרב אשכנזי מושתתת עליהם. הרב מוסיף ואומר על המסע של אברהם שני דברים משמעותיים: ראשית, המסע הזה אינו רק במרחב החיצוני, הליכה ממקום למקום, אלא מסע פנימי של אברהם בעצמו. מסע שלם צריך לעבור עליו. בכל שלב שאברהם עובר, צריך לברר איזו תחנה זו במסע, ומה היא בונה בנפשו של אברהם. בל נחשוב שאברהם נשאר אותו אברהם ורק המאורעות שסביבו מתחלפים, אלא זהותו הולכת ונבנית מכל המאורעות הללו (מושג הזהות הוא מושג מרכזי במשנתו של הרב אשכנזי. נעסוק בהרחבה בהסברתו בהמשך הספר).

> אסור לנו לטעות ולחשוב שתכף ומיד, בברית בין הבתרים, התגלתה כבר זהותו העברית של אברהם במלוא תוקפה. בשלב זה הוא עדיין בתחילת דרכו. הוא עדיין אברם שמתלבט, שמכיר את עצמו מבחינה זהותית כסוף של התקופה הקודמת. עובדה היא שבשלב זה הוא אינו מצליח להוליד [...].
> [בהמשך] הוא הצליח לעבור 'מוטציה זהותית', כפי שאני רגיל לומר, המתבטאת בשינוי שמו באותו פסוק שציטטתי, מאברם לאברהם [...]. זה קורה בעקבות תהליך זהותי ממושך שהוא והיא עוברים. צריך להבין נקודה זו לעומק: זה לא היה מובטח לאברהם או לשרה מלכתחילה. הוא נולד כאברם מאור כשדים [...] הוא לא נולד כאברהם העברי. הוא הצליח אחרי תהליך

> ממושך וקשה לגלות מתוכו, לחשוף מתוכו את זהותו העברית, את אותה סגולה שהייתה טמונה בו, אותה ייחודיות שבו.

(סוד מדרש התולדות ה, עמ' 37-39)

שנית, המסע הזה מלא צמתים. אברהם אינו מתקדם אוטומטית על המסלול מתחנה לתחנה, אלא עובר בין פרשות דרכים; בכל צומת יש כמה אפשרויות, ונשאלת השאלה לאן לפנות, והסוף לא מובטח מראש, אלא תלוי בבחירותיו של כל אחד.

> הכול היה פתוח מלכתחילה. אַבְרָם מאור כשדים לא נולד כאברהם. הוא מחליט להיות אברהם העברי במציאות. הוא מחליט להיות המאמין הראשון.

(סוד מדרש התולדות ג, עמ' 73)

באותה הדרך מתאר הרב אשכנזי את תולדות חייו שלו. הוא אינו מתאר רק מה קרה לו, אלא כיצד הוא נבנה. ולא רק הוא: ההיסטוריה כולה בעיניו היא מסע של עיצוב זהות. אברהם אבינו תופס מקום מרכזי אצל הרב, ומושג הזהות דומיננטי אצלו. השאלה איננה רק מה קרה לי, אלא מי אני ומה עיצב אותי בדרך למה שאני. הרב מדגיש שלא מדובר בתחנות אלא בצמתים, ובכל שלב יש יותר מאפשרות אחת. במקרה של אברהם, למשל, הרב אינו רואה את מהלך תולדותיו כמסלול חד סטרי שנע ממאורע למאורע, ממלחמת המלכים לברית בין הבתרים, משם ללידת ישמעאל וכן הלאה. אם ננסה לאמץ את נקודת המבט שלו, נצטרך לעצור בכל שלב בספר בראשית ולחשוב: מה היה קורה לולא אברהם לקח איתו את לוט? מה היה קורה לולא ירד למצרים, או לולא היה אומר על שרה שהיא אחותו? מה היה קורה ללא ההצעה ללוט להיפרד, או לולא היה יוצא להציל את לוט? מה היה קורה אילו היה נענה להצעת מלך סדום לקחת את הרכוש, או אפילו מחליט לקחת את הנפש ולא את הרכוש? ומה היה קורה אילו שרה לא הייתה נותנת את הגר לאברהם?

כל נקודה כזו היא צומת, וצריך להבין מה התרחש בגללה ומה יכול היה להיות אחרת. כל אחת מהשאלות הללו היא סוגיה בפני עצמה. שאלות אלו אינן היפותטיות בלבד, הרי גם חז"ל עוסקים בהן. מה היה קורה אילו הדמויות בתורה היו בוחרות אחרת, מה השתנה בעקבות ההתרחשויות, מה צריך לתקן, איזו דרך צריך לעבור עכשיו. השאלות הללו מפוזרות אצל הפרשנים. למשל, בצומת ההכרעה אם לרדת למצרים, נחלקו רש"י ורמב"ן – רש"י אומר שלא הייתה ברירה אלא לרדת למצרים, והרמב"ן רואה בירידה חטא. המיוחד אצל הרב הוא השיטתיות, כל הקריאה שלו בתורה בנויה על ראיית ההיסטוריה כמסע רצוף צמתים והכרעות מכוננות:

דווקא ההכרות האינטימית שלנו עם הסיפור המקראי היא בעוכרינו, שכן אין אנו מנסים לדמיין כיצד יכול היה הסיפור להתפתח בצורה שונה. אנחנו יודעים שקין רצח את הבל, שתובל־קין הרג את קין. אנחנו יודעים שהיה מבול בתום עשרה דורות מאדם הראשון, והוא מחה את האנושות כולה להוציא משפחה אחת ויחידה. אנחנו מכירים את הסיפור לפרטיו טוב כל כך, שנראה לנו כי כל מרכיב היה בלתי נמנע. אולם המסר של תורת החיים הפוך: בכל שלב היה לאנושות חופש בחירה כיצד לנהוג. בכל שלב היה לכל אחת מן הדמויות האנושיות המנהלות את המאורעות ההסתוריים בחירה חופשית, אם ללכת לכיוון ההרס והאובדן או לכיוון הבנייה והחיים.

(סוד העברי א, עמ' 169)

השאלה שאני מבקש לשאול היא אם **מלכתחילה** זה היה יכול להיות אחרת? ברור שיש לנו קושי מסוים לתאר לעצמנו איך זה היה יכול להיות אחרת, אולם עלינו לעשות את המאמץ האינטלקטואלי הנדרש.

(סוד מדרש התולדות ב, עמ' 158)

ממדי תורתו של הרב אשכנזי

ראינו עד כה כמה מהממדים בתורתו של הרב אשכנזי. נזכיר את אלו שראינו, ונוסיף את אלו שעדיין לא ראינו, אך כולם מתקשרים זה לזה, והם ילכו ויתבררו במהלך לימודנו:

א. הממד הפרשני – לרב יש עקרונות איך לומדים את התורה, איך קוראים אותה, איך חוזרים לשפה שלה. ראינו דוגמה לעיקרון כזה בשאלה הפרשנית מה היה צריך לקרות ומה קרה בפועל, או מה היה יכול לקרות אחרת. שאלה עקרונית זו היא אחד מיסודות השיטה הפרשנית בהבנת רצף ההתרחשויות בתורה (פרקים 8-11).

ב. ממד הזהות – בניין הזהות של האדם והעם ועיצובה (בעיקר בפרקים 23-26).

ג. הממד הרעיוני – בניית הזהות אינה רק תהליך כעין התבגרות של בן נעורים, אלא יש תהליך מסוים שאליו התורה מכוונת, בניין מוגדר שצריך להיבנות. האידיאל שאליו שואפת התורה ועל פיו האנושות אמורה להתעצב. הסוגיה העיקרית בממד הזה היא סוגיית המוסר, שתופסת אצל הרב מקום מרכזי, ועוד נעסוק בה בהרחבה (פרקים 2-7, 12-16).

ד. הממד ההיסטורי – בממד זה קורה התהליך שדרכו נבנית הזהות, שכן ההיסטוריה (או ה'הסתוריה' כפי שכתב הרב בעקבות הרב קוק, כדי לציין שהקדוש ברוך הוא מסתתר בתוך מאורעותיה ומאפשר בכך לאדם להיות שותף באמצעות בחירתו החופשית) היא הציר שעליו מתרחש כל מהלך בניית הזהות השלמה של האנושות. המשמעות היא שהבניין עדיין נמשך עד מאורעות דורנו, שהרי מהלך ההיסטוריה לא נפסק (פרקים 23-32).

ה. ממד הייעוד – המחשבה האלוקית, שהיא תכלית הבריאה. ממד זה הוא השורש של כל משנתו הרעיונית של הרב שתוארה כאן (פרקים 2-3, 15-22).

ו. קנה המידה התורני – עיקרון זה מבהיר את המבט שממנו צריכה לצמוח לפי הרב כל הגות יהודית אמיתית. איננו באים מהעיניים של התרבות העכשווית היחסית שבזמננו והופכים אותה לקנה המידה שעל פיו נשפט ומתפרש כל מאורע או פרשה, אלא בוחנים את התרבויות שלאורך ההיסטוריה, כולל זו הנוכחית, מתוך קנה המידה הנצחי של התורה. אין זו משימה פשוטה. היא דורשת בקיאות הן בתורה והן בפילוסופיה ובתרבות ששולטות בזמן המסוים. את המבט הזה, כאמור, למד הרב ממורו יעקב גורדין.

אלה הממדים שילוו אותנו בלימוד, ויחד הם בונים מערכה שלמה. כל המערכה הזאת נועדה לממש את מחשבת הבריאה וייעודה. אנו עתידים לראות במהלך לימודנו שיש קשר פנימי עמוק בין הממדים, כולל הממד הנפרד לכאורה של פרשנות התורה. לאחר שפגשנו באופן ראשוני ומרוכז יסודות כלליים של משנתו, נוכל לחזור ולעיין במשנתו באופן הדרגתי ומסודר, לאורך הפרקים הבאים, והתמונה תתפרט ותתבהר.

פרק 2

הבריאה ומחשבת הבריאה

האם העולם נברא מושלם?

קריאה פשוטה בפרשת הבריאה יוצרת את הרושם הכללי שהעולם שנברא הוא עולם טוב ושלם. כך נראה לאורך הפרק, שחוזר ומשתמש בביטוי "וירא א-לוהים כי טוב", ואף בסיומו נראה שאלוקים השלים את כל מלאכתו. העולם כולו, כולל האדם אשר בו, כולו טוב מאוד.

אבל במבט על המציאות שאנו חיים בה לא קל לקבל את המסקנה הזו. כשאנו מסתכלים על העולם, על החיים האנושיים, על סביבתנו הקרובה, איננו רואים רק טוב. המציאות נראית רחוקה מאוד מהרושם המושלם שבפסוקי הבריאה.

ניתן להסביר שהעולם שאנו חיים בו שונה מזה שתיארנו עד עתה, מתוך תפיסה מסוימת של ייעודו של העולם עבור האדם: לפי תפיסה זו העולם שלנו אינו מושלם, ויש בו טוב ורע, כדי שתהיה לאדם בחירה חופשית ביניהם, על מנת שיקבל שכר על בחירתו בטוב ובקיום המצוות. הטוב והרע שבעולם מאפשרים את הבחירה החופשית של האדם לאורך ה'ביוגרפיה' שלו, שמסתיימת בקבלת השכר בעולם הבא.

אולם הסתכלות רווחת זו אינה מספקת את הרב אשכנזי. אחת הבעיות בהסתכלות זו היא ההתעלמות שיש בה מציר מרכזי שאנו רואים בתורה – ההיסטוריה. כפי שמדגיש הרב, היסטוריה איננה ביוגרפיה, כלומר סך חייו של אדם פרטי כלשהו, אלא מהלך של אלפי שנים. עצם קיומו של מהלך היסטורי משמעותו שמתרחשים בעולם שינויים. לו נועד העולם לתת תנאי פתיחה שמאפשרים באופן מושלם בחירה חופשית לאדם, הם היו צריכים להיות נצחיים, כיוון שלא הייתה כל סיבה לשנות אותם. גם אם כל אדם כשלעצמו עובר שינויים של עלייה או ירידה במשך מאה ועשרים שנות חייו, העולם בכללו היה אמור להישאר אותו דבר. אבל זה אינו המצב, שהרי הציר ההיסטורי מראה שהעולם עובר מהלך של שינוי והתפתחות.

הרב מחדד את עניין המהלך ההיסטורי על ידי הצבעה על כמה מדרשי חז"ל. מדובר במדרשים המוסבים על אותם פסוקים שהזכרנו, פסוקי בריאת העולם, ויוצרים תמונה אחרת מזו שתיארנו.

העולם מצריך השלמה

עיון מדוקדק בפרשת הבריאה מגלה דברים מפתיעים. בפסוק הראשון מופיעה לכאורה הבריאה הראשונית והיסודית של העולם, ומיד אחר כך מתגלה שהעולם מצוי במצב של תוהו ובוהו. לא כך היינו מצפים שיתחיל תיאור אידיאלי של בריאה אלוקית. בנוסף, כשהאדם נברא, אלֹוקים מצווה אותו לפרות ולרבות ולרדות בארץ; תביעה זו מוטלת על האדם אבל תלויה בבחירתו, ואין הכרח שהוא יעמוד בה. בנקודה זו מתגלה שהעולם אינו מושלם, אלא שלמותו תלויה באדם, וכעת השאלה היא אם הוא ידאג שהעולם יהיה שלם או לא.

חז"ל דורשים את המילה 'בראשית' כתיאור תכלית – 'בשביל ראשית', יש ראשית כלשהי שבשבילה נברא העולם. במבט ראשון בפרשת הבריאה לא מתוארים לה תכלית ויעד. אלוקים אינו מסביר לשם מה הוא בורא כל פרט בעולם, וגם לא את יעדו של העולם

בכללו. חז״ל חושפים מתוך המילה ׳בראשית׳ שיש מחשבה שקדמה לבריאה, והיא התכלית שכל הבריאה נועדה לממש.

שני מדרשים אחרים מתייחסים לסוף הבריאה. האחד דורש את התרשמותו של אלוקים מכלל הבריאה:

> הנה טוב מאד – זה יצר טוב, והנה טוב מאד – זה יצר הרע.
>
> (בראשית רבה, פרשה ט)

פסוק זה נראה כתיאור של שלמות הבריאה, אך חז״ל מוצאים בו דווקא רמז לחיסרון הגדול שבה. מדרש נוסף שהרב מצטט (שלפנינו במדרש מופיע בניסוח קצת שונה), משלים את המדרש הראשון הדורש את המילה ׳בראשית׳, תוך שהוא מתייחס למילים האחרונות בפרשת הבריאה – ״אשר ברא א־לוהים לעשות״:

> כל מה שנברא בששת ימי בראשית צריכין עשיה, הדא הוא דכתיב ׳אשר ברא אלוקים לעשות׳ אשר ברא ועשה אין כתיב כאן, אלא לעשות לומר שהכל צריך תיקון.
>
> (בראשית רבה, פרשה יא)

לפי המדרש, המילה ׳לעשות׳ מלמדת שהעולם עדיין דורש עשייה. הוא אינו שלם. במילים אחרות, חז״ל אומרים כאן שכל מה שנברא בששת ימי בראשית הוא חסר. אמירה זו מנוגדת לחלוטין לרושם הפשוט שקיבלנו, אבל מסבירה את כל התורה שבאה אחרי פרשת הבריאה: כעת מתחיל תהליך העשייה שמשלים את העולם.

הכול צריך תיקון, קרי **השלמה** בעולם העשייה, במציאות ההיסטורית. זו המשימה שמקבל האדם על עצמו בסוף ששת ימי המעשה. במחשבת הבריאה הכול כבר קיים שלם. אולם בעולם המציאות אין זה כך: נדרשת עשייה כדי להגיע למדרגה הרצויה. תהליך התיקון אינו תהליך מיסטי אלא תהליך היסטורי

המביא לידי התאמה מלאה בין מציאות העולם הזה ובין מחשבת הבורא. כאשר הופך העולם הזה להיות העולם הבא, אין עוד פער. העולם מתוקן.

(סוד מדרש התולדות ג, עמ' 64-65)

יש פער בין האמת – כך רוצה הקב"ה שהעולם האמִתי יראה, ובין המציאות – כך הוא עולמנו בתחילת דרכו ההיסטורית. עצם קיום פער זה בין האמת למציאות מוביל אותנו לתפוס את העולם כעולם דינמי, השואף, הזקוק להשתכללות, להשתלמות, לתיקון בלשון המקובלים.

(סוד מדרש התולדות ג, עמ' 50)

אם כן, יש מחשבה שקדמה לבריאה, יעד שהבריאה באה להגשים. יעד זה לא מומש בשלב הבריאה; הבריאה הייתה רק נקודת פתיחה לתהליך ארוך, שאמור להביא את מחשבת הבריאה לידי מימוש.

מחשבת הבריאה והמציאות – האידיאל והמימוש

נרחיב יותר בהסברת העניין. בניגוד לגישות פילוסופיות ודתיות שונות, שאינן מוכנות לקבל יחד שתי טענות – שאלוקים ברא את העולם ושהעולם חסר, ועל כן בורחות לפחות מאחת משתי הטענות, התורה מלמדת שאכן אלוקים ברא במכוון עולם חסר. כיצד זה ייתכן?

כדי להבין זאת יש להבחין בין מחשבת הבריאה לבריאה, או בלשונו של הרב – בין מחשבת הבריאה לבין המציאות. העולם נברא לתכלית שתיקרא 'מחשבת הבריאה'. מחשבת הבריאה מתארת את מצבו השלם המיועד של העולם הנברא, כפי שראוי שיהיה בעיני הבורא. אלא שהקדוש ברוך הוא עשה את המציאות חסרה ורחוקה ממצב ראוי זה בתחילת דרכה. היא נועדה להתעלות מנקודת ההתחלה החסרה, עד לנקודת התכלית שבה היא תהיה שלמה.

הבחנה זו שבין המציאות הנבראת לבין מחשבת הבריאה, מצוינת

אצל חז״ל באמצעות המושגים ׳עולם הזה׳ ו׳עולם הבא׳. עולם הזה הוא המציאות כפי שהיא בכל שלב, והעולם הבא הוא העולם כפי שהוא ראוי להיות וכפי שיהיה כשיגיע אל שלמותו ותכליתו. במקרא ובלשון המקובלים היא מצוינת באמצעות המושגים ׳עולם הבריאה׳ ו׳עולם העשייה׳. הניגוד בין שני קטבים אלו הוא הניגוד שבין האידיאל לבין המציאות.

אלוקים ברא את העולם חסר במכוון – ׳תוהו ובוהו וחושך׳, כדי שמתוך תהליך יגיע אל שלמותו.

השלמת העולם – בציר ההיסטורי

כיצד מתבצעת השלמת העולם? הציר שבו מתרחש התהליך הוא ההיסטוריה. רואים זאת באופן מובהק במדרש אחר, על הפסוק השני בבראשית:

> ר״ש בן לקיש פתר קריא בגליות: ׳והארץ היתה תהו׳ זה גלות בבל שנאמר (ירמיה ד) ׳ראיתי את הארץ והנה תהו׳, ׳ובהו׳ זה גלות מדי (אסתר ו) ׳ויבהילו להביא את המן׳, ׳וחושך׳ זה גלות יון שהחשיכה עיניהם של ישראל בגזירותיהן שהיתה אומרת להם כתבו על קרן השור שאין לכם חלק באלהי ישראל, ׳על פני תהום׳ זה גלות ממלכת הרשעה שאין להם חקר כמו התהום, מה התהום הזה אין לו חקר אף הרשעים כן, ׳ורוח א-להים מרחפת׳ זה רוחו של מלך המשיח היאך מה דאת אמר (ישעיה יא) ׳ונחה עליו רוח ה׳״.
>
> (בראשית רבה, פרשה ב)

לפי ריש לקיש, הפסוק מונה ארבעה חסרונות תשתיתיים שנמצאים ביסוד הבריאה. חסרונות אלה הם בסיס לכוחות השליליים שיתפתחו מהם, וכל אחד מהם יופיע בשלב אחר על במת ההיסטוריה, עד להשלמת כל החסרונות. זהו הרצף ההיסטורי – מתקופת בבל לתקופת

פרס, משם לתקופת יוון ומשם לתקופת רומי והלאה. מהלך זה אמור להסתיים בימות המשיח, 'ביום ההוא [ימות המשיח] יהיה ה' אחד ושמו אחד'.

> לפי ר"ש בן לקיש היסטוריית עם ישראל, לב האנושות על־פי הגדרתו של רבי יהודה הלוי (כוזרי ב:לו,מד), נראית כרצף של גלויות ורדיפות, של מצבים לא נורמליים. האם יש סוף להיסטוריה עגומה זו? המקור לאופטימיות של ר"ש בן לקיש הוא הימצאותה של 'וְרוּחַ אֱ־לֹהִים מְרַחֶפֶת עַל פְּנֵי הַמָּיִם' כבר בהתחלה, כאשר הכול נראה כתוהו ובוהו בלבד. יש מגמה, יש תכלית להיסטוריית העולם הזה, ותכלית זו כבר כלולה בהתחלה. יש תכלית לעמלנו בעולם הזה, ובזכות עמלנו מתהווה העולם הבא מתוך העולם הזה.
>
> המושג 'אורו של משיח', המכוונן את ההיסטוריה העולמית והאנושית למטרה הרצויה, להצלחה, הוא מושג מרכזי אצל חז"ל משום שתהליך התפתחותי, דינמי כשלעצמו יכול להיות אקראי ומקרי ועלול להביא לידי מבוי סתום או חזרה לנקודת ההתחלה – חזרה לאי סדר, לתוהו ובוהו, במקרה של כישלון טוטלי. יש בעולם כוח אחדותי. הכול מתחיל מן האחדות המוחלטת ואותו כוח אחדותי מביא לידי הופעת האחדות – אחדות ההפכים, בסופו של התהליך ההיסטורי. בין שתי נקודות אלו מתנהלת ההיסטוריה של עולמנו – העולם הזה.
>
> (סוד מדרש התולדות ג, עמ' 68–69)

תפיסה זו אינה עולה בקנה אחד עם עולם שלם סטטי, שמורכב מבני אדם שכל אחד מהם מקיים מצוות ומקבל את שכרו. העולם הוא דינמי, הוא רצף של התרחשויות שמכוון להביא את העולם בתהליך היסטורי לממש את מחשבת הבריאה.

השלכותיה של תפיסת מחשבת הבריאה

הרב טוען שכאשר מבינים את התפיסה הזו, מתבררים גם יסודות אחרים ביהדות. מלבד תפיסת ההיסטוריה, מתבאר כך גם מושג הנבואה. אנו רואים לאורך כל התנ"ך שהקדוש ברוך הוא בוחן את המציאות, ומודיע על ידי עבדיו הנביאים מה שיפוטו כלפיה. שיפוט זה בא לידי ביטוי גם בדין הנעשה מדי ראש השנה. מה משמעותו של השיפוט? מה הקריטריונים שלו?

השיפוט נעשה בהתאם למחשבת הבריאה, ליעד שאליו העולם אמור להגיע. הקריטריונים לשיפוט אינם המציאות כפי שהיא כרגע, אלא המגמה שבה נע העולם לתכליתו. בפרק הבא נעסוק בטיבו של יעד זה, ובקריטריון השיפוט של המציאות שנגזר ממנו.

הזכרנו את מקומם המרכזי של המשיח והגאולה. משמעותם הפשוטה של מושגים אלה היא שתהיה מציאות שלמה בעתיד, יש לעולם מגמה שאמורה להתממש. עיקרון זה בא לידי ביטוי גם באופיו של עם ישראל, באופן ממשי: לאורך כל הדורות עם ישראל היה בשפל המדרגה, ועם זאת הוא התאפיין באופטימיות בלתי רגילה, אמונה מוחלטת שיהיה טוב. זו אמונה בתהליך שבו צועד העולם למימוש מגמתו.

היסטוריה ומשיחיות – מבט משווה

התורה היא מקור האמונה שהעולם צועד לשלמות. תפיסת מחשבת הבריאה ייחודית לעם ישראל על פני שאר העמים והאמונות. נקודה זו משמעותית אצל הרב, שבכתביו עוסק הרבה בדיאלוג מול זרמים אחרים בעולם. הוא מנסה תמיד לחדד מה ייחודה של היהדות, מהי האמירה שהתורה מחדשת. בסוגיה זו, התפיסה השלטת בעולם היא סטטיות, מחזוריות. באלילות המציאות סובבת על מקומה באופן מחזורי (כעונות השנה שנעות במעגל בלתי פוסק שנשאר במקום).

הפילוסופיה היוונית דוגלת בעולם סטטי־נצחי ובעולם קדמון שתמיד היה ותמיד יישאר אותו דבר. עולם ללא תכלית וללא מגמה.

אצל האסלאם תפיסה זו מופיעה בלבוש הפטאליסטי. העולם כולו הוא הווה אלוקי. הכול 'מכתוב', הכול גזור מראש בידי האלוקים, וכל תפקידו של האדם הוא להיות כנוע מלפניו ולקבל את גזרתו. זהו תפקידו כלפי פנים, וכלפי חוץ הוא צריך להכניע גם את האחרים. גם במזרח, האידיאל הוא בריחה מההיסטוריה; לא פעילות לתיקון העולם, אלא השחרור מהניסיון לתקן ומהאכזבה המלווה אותו. השלמה עם המציאות כפי שהיא.

בנצרות דווקא כן מוקדש מקום מרכזי למשיח, ואין זה מפתיע, כיוון שהיא בנתה את עצמה על בסיס היהדות, ו'גנבה' את מושג המשיח בשינוי (ראה בדברי הרמב"ם בסוף הלכות מלכים). היא שללה מעם ישראל את היותו עם ישראל, אבל השאירה את יסוד העתיד השלם (הנצרות גם שללה את יסוד התהליך שבתפיסה היהודית, כמבואר בסוף הפרק הבא). בהמשך הנצרות התגלגלה במודרנה, שאימצה גם את יסוד התהליך החותר אל המצב השלם, והציבה את השאיפה לפתח את העולם. למעשה היא לקחה את הרעיון היהודי, לאחר שהופיע בכלים נוצריים, אלא שהיא הוציאה את האלוקים מהסיפור והניחה במקומו את האדם. אבל עצם רעיון ההתקדמות של העולם אל שלמותו – זהו חידוש של היהדות.

זרמים רבים של הפילוסופיה מתארים את החיים כתאטרון אבסורד וטוענים כי אין טעם במאמץ מוסרי, שכל תקווה לשינוי, לשיפור המצב היא תקוות שווא משום שבסופו של דבר תגבר חוקיות העולם. פסימיות מוחלטת. כאן באה התורה ומחדשת חידוש עצום: המציאות נראית אכן מציאות של אי צדק מוחלט, של אי סדר, של חוקיות עיוורת, נוראית, וגורל הצדיק נראה דומה לגורל הרשע, אולם מציאות זו אינה המילה האחרונה אלא שלב ביניים, הכרחי, אבל זמני... עלינו לדעת, על אף שהמציאות נראית כלא משביעת רצון בלשון המעטה, שמציאות זו היא

תוצאה של מעשה הבריאה, של מעשה רצוני, חופשי, ללא שום הכרח של בורא העולם ויש סיבה ותכלית לכך. העולם הזה אינו סוף פסוק. העולם הבא מתהווה מתוכו וסופו להופיע.

(סוד מדרש התולדות ג, עמ' 66-67)

עדיין לא בירדנו מהי מחשבת הבריאה, כלומר מה צורתה הראויה והשלמה של המציאות, וגם לא מדוע נברא העולם חסר ולא שלם ומה צריך לעשות על מנת להביאו לשלמותו – זה כבר קשור לסוגיה הרחבה של טעם הבריאה וייעוד האדם, כפי שעוד נראה. אבל מכל מקום יש לבריאה ייעוד, וזה עניינו של הציר ההיסטורי. תפיסה זו של ההיסטוריה משליכה על פרשנותו של הרב אשכנזי לכמה פרשות בתורה, ואת זאת נראה בהמשך.

פרק 3

תכלית הבריאה - קניית זכות הקיום

בפרק שעבר הצבענו על סתירה בין שני יסודות – האמונה שהקדוש ברוך הוא ברא את העולם ולכן יצירתו אמורה להיות שלמה, והמבט הפשוט על העולם שמגלה עולם חסר. שאלה זו העסיקה את האנושות בכל הדורות. הרב אשכנזי מסביר שהקביעה כי שני היסודות נכונים מייחדת את התורה. האלוקים השלם ברא את השמיים ואת הארץ, ועם זאת הארץ הייתה תוהו ובוהו. העולם נברא חסר באופן מכוון; ואפילו על סופה של הבריאה, כשנראה שהעולם כבר הושלם, חז״ל דורשים ״אשר ברא א־לוהים לעשות״ – העולם דורש עשייה. הוא אינו שלם, וממתין לנו שנשלים אותו.

לדברי הרב, העולם הוא אומנם תוצאה של תוכנית אלוקית למציאות שלמה, ׳מחשבת הבריאה׳, אלא שהמחשבה תתממש במלואה רק באחרית הימים. סוף מעשה במחשבה תחילה, ובין המחשבה למעשה יש שלב אמצע ארוך שהוא כל הממד ההיסטורי. בממד זה מתרחשת התנועה של המציאות, מנקודת הראשית החסרה עד לנקודת האחרית השלמה.

מבט זה מרחיב את המבט הדתי הרגיל. ההסתכלות הדתית הפשוטה היא על הציר הביוגרפי, התהליך שעובר האדם מלידתו עד

מותו. תהליך זה עוקב אחרי מעשי האדם, וכל מה שמסביב הוא תנאי המציאות הקבועים, שמזמנים לו את האתגרים בדרכו. לפי הסתכלות זו המציאות אינה אמורה לעבור שינוי, אלא ליצור תנאים קבועים של ניסיון עבור האדם, כדי שבבחירתו הטובה יזכה לקבל שכר. אולם לפי ההסתכלות של הרב, העולם כולו עובר תהליך של מעבר מחיסרון לשלמות. זו הסיבה שבתנ"ך, ובתפיסת העולם הישראלית בכלל, ניתן מקום משמעותי כל כך לממד ההיסטוריה.

אלו הדברים שראינו עד כה, ובהמשך נוסיף על כך עוד נדבכים, כיוון שמשנתו של הרב בנויה באופן שיטתי – קומה אחר קומה. בשלב זה, אחרי שראינו את הדפוס, עלינו ליצוק לתוכו תוכן, כלומר לבאר את המשמעות של מבנה זה לפי הרב: מדוע ברא הקדוש ברוך הוא את העולם כך? למה לברוא את העולם חסר, כך שיושלם רק בסופו של תהליך? ולא פחות חשוב: לאן העולם אמור להתקדם, מה אמור לקרות בו?

קניין זכות הקיום

נפתח בדברי הרמח"ל. הרמח"ל לא נזכר הרבה אצל הרב אשכנזי, אך בנושא הזה הוא מביא אותו בתור חלק מתפיסה רחבה יותר שנראה בהמשך. העיקרון של הרמח"ל מוכר יחסית, ומופיע בהרבה מכתביו. הרב בוחר להביא את הדברים כפי שנכתבו בחיבור כללי פתחי חכמה ודעת (ראה גם בספרו דרך ה', חלק א פרק ב):

> מה שנודע לנו מכוונות המאציל ב"ה בזה, הוא, כי ברצותו להיטיב, רצה להמציא נמצאים שיקבלו טובו. וכדי שיהיה הטוב שלם, צריך שיקבלוהו בזכות ולא בצדקה. שלא יהא הבושת פוגמו, כאוכל את שאינו שלו. וכדי שיוכלו לזכות, המציא מציאות אחד שיהיה צריך אליהם להתקן, מה שאינו צריך הוא, ובתקנם אותו – יזכו.

(כללי פתחי חכמה ודעת, כלל ראשון)

בקטע הזה אומר הרמח"ל ארבעה דברים:

א. הקדוש ברוך הוא רצה להיטיב;
ב. כדי להיטיב הוא ברא נבראים;
ג. את הטוב חייבים הנבראים להשיג בזכות עצמם;
ד. כדי שהם יקבלו את הטוב בזכות ולא בחסד, היה צורך לברוא מערכת שלמה שבה הנבראים יוכלו לצבור זכויות. ברגע שהם בעלי זכויות, הם מקבלים את הטוב בזכות. המתכונת לכך היא בריאת מציאות שזקוקה לתיקון; לקדוש ברוך הוא לא הייתה מניעה לברוא מציאות שלמה, והוא עצמו אינו זקוק לתיקון העולם, אבל כדי שהנבראים יצברו זכויות הוא ברא את העולם כך שיצריך תיקון. כך אפשר להסביר את המדרש על "אשר ברא א־לוהים לעשות" – העולם נברא באופן שדורש עשייה, כדי שהנבראים יוכלו לעשות את התיקון ולזכות בטובה בעצמם.

בניסוחו של הרב, האדם קונה כך את זכות קיומו. לאורך כל חייו, כל רגע ורגע, האדם עסוק באופן אינטנסיבי בקניית הזכות שלו להיות קיים. הרב מחדד את ההבדל בין 'להימצא' ובין 'להיות קיים' – אדם יכול להיות 'נמצא' כנתון סטטיסטי, או להיות 'קיים' כשלקיומו יש תוקף ומשמעות. הוא מוסיף שעל ידי קניין זכות הקיום האדם מגיע לעמידה פנים בפנים מול הקדוש ברוך הוא: כל עוד לא קנה את זכות הקיום בעצמו, הוא מתבייש לעמוד מול הקדוש ברוך הוא. עניינה של הבושה אינו רק רגש, וייעוד האדם אינו מסתכם בפתרון בעיה של אי־נעימות, אלא הבושה משקפת את המצב האמיתי של האדם – כשאין לו זכות קיום מצד עצמו.

באמצעות קניין זה קורה דבר נוסף: האדם משלים את תיקון הבריאה. הוא קונה את זכות קיומו בכך שהוא נעשה שותף לבורא בהשלמת הבריאה, וכפי שעוד יתבאר בהמשך.

נמצא שהאדם אמור לעבור תהליך של שלושה שלבים: בתחילת הדרך הוא מקבל את הישות מידי הקדוש ברוך הוא, לאורך הדרך

הוא זוכה בישות על ידי עבודה, ובסוף הדרך הישות קיימת בזכות. הרב, בעקבות משנתו של הרב אשלג שעוד נפגוש בהמשך, מקביל בין השלבים הללו ובין הציר הביוגרפי של האדם: הילדות מקבילה למצב שאחרי הבריאה, שבו אדם מקבל הכול בחסד; מגיל קבלת עול מצוות מתחילה העבודה שלו, והוא יכול לקנות את זכות קיומו; בסוף חייו הוא מקבל בזכות את כל הטוב שרצה הקדוש ברוך הוא לתת לו.

בתוך דבריו על השלב השני, מבליע הרב תשובה מפתיעה לשאלה כיצד נבדק האם אדם בגיל שלוש עשרה יכול לקבל עול מצוות. היינו מצפים שהאדם יימדד על פי רמתו השכלית, עד כמה הוא מבין את המצוות וכדומה, אבל למעשה כבר בחז"ל אנו מוצאים גדר שונה – משיביא שתי שערות. מה הקשר בין סימן פיזיולוגי זה לקבלת עול מצוות? מסביר הרב: האדם מקבל עול מצוות ברגע שהוא יכול כבר ליצור חיים אחרים.

על איזה ציר מתקדמים?

התפיסה שלפיה האדם אמור לעבור תהליך, משמעותה שמטרתו אינה מסתכמת בקיום תורה ומצוות. אפשר היה לומר שהאדם נבחן בסוף ימיו רק על פי מדד אחד – האם קיים את המצוות. אלא שהרמח"ל במסילת ישרים לוקח את האדם שני צעדים קדימה: ראשית הוא מתאר תהליך פנימי שהאדם צריך לעבור, להגביר את יצר הטוב לעומת יצר הרע, ובתוך קיום המצוות הוא אמור לעבור את תהליך הצמיחה הזה. הצעד השני קשור למושג הדבקות: הציר המרכזי שסביבו בנוי התהליך הוא ציר הדבקות, האדם אמור לבנות את עצמו דרך מידות הזהירות, הזריזות ואילך עד שהוא מגיע לידי קדושה, שהיא מדרגה עליונה של דבקות. השחרור מהיצר לשם יצירת הדבקות הוא ציר ההתפתחות הפנימית וקניית זכות הקיום לפי הרמח"ל. זו הדרך שבה עליו לקנות את זכות קיומו. סביב איזה ציר בנוי התהליך לפי הרב? סביב ציר המוסר ומערכת היחסים.

הרב מדבר על מוסר ברמת הפרט ומוסר ברמת הכלל. יתרה

מזו, הוא מציע אסטרטגיה שלמה של צורת הנתינה והקבלה ברמת החברה, המכילה הדרכה של תפיסה סוציאלית נכונה ותיקון חיי החברה. מהרמח״ל נראה שהציר המרכזי הוא בין האדם לעצמו ובין האדם לאלוקיו; אצל הרב הציר הוא תיקון החברה. זו לא חייבת להיות אלטרנטיבה לדברי הרמח״ל, אבל זו תוספת משמעותית, שאולי הופכת להיות העיקר. הדבר קשור לדגש של הרב על הממד ההיסטורי: התהליך ההיסטורי אינו מתרחש בקרב כל אדם באופן פרטי, אלא בקרב החברה, במישור הלאומי ואף הבינלאומי.

נחדד את ההבדל בין הרב לרמח״ל, בעזרת דברי הרמח״ל במקום אחר. גם ספרו דעת תבונות פותח בתבנית זו, בריאת העולם כדי להיטיב, ובאופן שהאדם ישיג את טובתו בזכות עצמו. כך מתחיל שם הרמח״ל, אך בהמשך הוא מוסיף רעיון שני: הקדוש ברוך הוא ברא את העולם כדי לגלות את ייחודו. הוספה זו מעוררת את השאלה: מה היה חסר ברעיון הראשון, בריאת העולם כדי להיטיב, שהיה צורך להוסיף את רעיון גילוי הייחוד? תשובת הרמח״ל היא, שידוע לנו על קיומו של תהליך היסטורי. הנביאים אומרים כי העולם עתיד להגיע לשלמות. לפי הרעיון הראשון, העולם צריך להישאר תמיד עולם של עבודה. בנוסף, מצב העולם צריך להיות מותנה בעבודה בלבד, כך שלא תיתכן מדרגה שהעולם מובטח להגיע אליה – שהרי מה יקרה אם בני האדם בבחירתם החופשית לא יבחרו להגיע לאותה מדרגה? דיבור על תהליך היסטורי עם יעד מובטח של שלמות אינו מתיישב עם הרעיון הראשון, ולכן הרמח״ל מוסיף רעיון שני, שהוא הייחוד שצריך להתגלות בעולם.

לעומת הרמח״ל, שנצרך להוסיף רעיון נפרד, הרב מחבר את הממד של המהלך ההיסטורי לרעיון הראשון של קניית זכות הקיום של האדם. דבר זה דורש הסבר: מניין שזכות הקיום, שנרכשת באמצעות קיום תורה ומצוות של היחיד, קשורה לחברה, לאנושות, לכלל ההיסטוריה? לעת עתה נבאר רק את היסודות שמוכיחים את הקשר בין הדברים: ראשית, בוודאי יש לתורה מגמה במישור הציבורי, שהרי היא ניתנה לעם ולא ליחידים. משמע שאין כוונתה רק לבנות

את זכות קיומו של כל יחיד ויחיד, אלא יש לה גם מטרה היסטורית. שנית, לתורה יש הדרכה מוסרית בין אדם לחברו. לכן כשהרב מדבר על "אסטרטגיה שלמה של צורת הנתינה והקבלה ברמת החברה", הכוונה היא שבמערכת החיים החברתית, בין יחידים או בין קבוצות, יש עולם שלם של עבודה שמאפשרת את יצירת זכות הקיום.

נסכם את דברינו עד כה: הרב הולך בעקבות הרמח"ל, אך בשונה ממנו הוא עובר מהיחיד אל הכלל, ומעבודה אישית פנימית של דבקות לעבודה במרחב החברתי והלאומי. זהו הציר שבו הולך הרב, ועדיין צריך לברר את תוכנו של הציר הזה.

תפיסת ההתקדמות לעומת תפיסות אחרות בעולם

בתפיסתו של הרב אשכנזי יש הרבה אופטימיות: העולם חסר, אך הוא נועד להיות שלם. יש תקווה, יש לאן לשאוף, לאן להתקדם. בכוחו של האדם לתקן ולהשלים את המציאות. אופטימיות זו עומדת בניגוד לתפיסות אחרות בעולם.

האלילות תופסת את העולם בקטנותו, הוא סטטי ואינו משתנה.

התרבות היוונית הקלאסית העמידה במרכז את הטרגדיה. סיפור חיי האדם הוא מעגל סגור שאי אפשר להיחלץ ממנו. זה ביטוי תרבותי לתפיסה האלילית שקדמה ליוון – אין לעולם לאן להתקדם.

הפילוסופיה היוונית הולכת צעד אחד קדימה, ואומרת שאפשר לפקוח את עיני השכל, להשיג את האמת ולדבוק בנצחי. העולם, מכל מקום, יישאר לנצח בחסרונותיו.

הבודהיזם רואה במחשבותיו וברצונותיו של האדם, ובייחוד בשאיפתו לשנות את המציאות, את מקור כאביו. הבודהיזם שואף להתנתקות מן התודעה הרגילה וליציאה מן ההיסטוריה במטרה להשתחרר מציפיות

כלשהן לשינוי. בזה הוא מייחל למצוא שלווה. המצב האנושי בלתי ניתן לתיקון, ורק שחרור תודעתי מהמציאות יכול לגאול את האדם ולהביאו לשלווה אינסופית.

הדתות המונותאיסטיות אימצו את התבנית היסודית של תורת ישראל, אך הלכו לכיוונים שונים ממנה. נעסוק כאן בעיקר בנצרות. **הנצרות** רואה את המציאות כבעלת נקודת ראשית ואחרית, בדומה לתורה, אבל מיואשת משלב הביניים שבו אמור האדם להביא בעמלו להשלמת העולם. היא מיואשת מאפשרות האדם לקבל זכות קיום, ועל כן היא מבטלת את המצוות. היא רואה בו חוטא במהותו, ועל כן רק הקדוש ברוך הוא בחסדו האלוקי יכול לגאול את האדם. האדם יהיה לעולם נעדר זכות קיום, ואין לו שום סיכוי לתקן.

המדע פועל כולו בתוך זירת החוקים הקבועים, שמהם אין דרך להיחלץ, ומאידך גיסא מביא את האדם להבין את העולם וחוקיו, ועל ידי זה לרתום את כוחות הטבע לפיתוח ושכלול טכנולוגי שמשנה את פני העולם בשירות האדם.

רעיון התקדמותו של העולם לקראת שלמותו עבר מן התורה בצינורות עקיפים (ובהם הנצרות) אל המודרנה. **המודרניזם** הכריז כי האדם הוא אשר יביא את העולם לתיקונו ול׳גאולתו׳. זאת בעזרת המהפכה המדעית, התעשייתית והטכנולוגית. בזאת היא פתחה תקופה אופטימית של אמונה בגאולת האדם על ידי האדם. בכך התפיסה המודרנית שיחררה את האנושות מהייאוש הנוצרי, וטענה שביכולת האדם לתקן. אלא שהמודרנה התנתקה לחלוטין מכל אמונה שהיא, והוציאה את האלוהים מהתמונה כששמה במקומו את האדם.

התפיסה האופטימית של המודרניזם התנפצה במלחמת העולם השנייה; אז התברר שחוכמתו וכישוריו של האדם אינם מובילים אותו לגאולה אלא לחורבן. עוצמתו הגדלה והולכת של האדם העמידה בספק את עצם קיומו במקום להביאו לגאולה. מכאן צמחה **התרבות**

הפוסטמודרנית, המערערת ומפרקת את התרבות המודרנית. התרבות האנושית נותרה בייאוש קיומי, ללא אופק להסתכל עליו, אף שהאדם מלא כיסופים לאופק כזה.

ההסתכלות היחידה שעדיין מאמינה בתיקון היא זו של התורה. **אמונת ישראל** מאמינה בכך שאלוקים ברא עולם חסר כדי שהאדם יממש את ייעודו ויביא את העולם לשלמות. הדבר בכוחו של האדם, ובמימושו קונה האדם את זכות קיומו.

עדיין עלינו לברר מדוע נברא העולם באופן כזה, חסר ושואף לשלמות, ואת זאת נעשה בהמשך.

פרק 4

הבריאה כאקט מוסרי

המעשה המוסרי

בפרק הראשון עסקנו ביסוד שהרב אשכנזי מדגיש רבות: העולם נברא חסר, כדי שהאדם ישלים אותו ויקנה בזה את זכות קיומו. לאחר מכן שאלנו מהו הציר שבו פועל האדם להשלמת העולם, וראינו שהתשובה היא הציר המוסרי. כעת יש לברר מהו מוסר.

שאלה זו היא שאלה סבוכה שנשתברו עליה הרבה קולמוסים בתרבות האנושית, אבל אפשר לומר שהשאלה הראשונית ששואל המוסר היא מהו המעשה הטוב. ביסוד זה עומדת התחושה הבסיסית של האדם שיש ערכים שמחייבים אותו, והם המכוננים את התשובה לשאלה מה ראוי ומה בלתי ראוי, מה טוב ומה רע, מה מותר ומה אסור. שאלת המוסר מתפרטת לשאלות רבות בנוגע למעשים הראויים, שבעומקן עומדים בירורים שורשיים – מה מקור החיוב במעשה הראוי, מה תוקפו, מניין הוא נובע, מה גורם לתחושת החובה הקיומית?

עניין שני שעלינו לברר הוא הקשר בין הציר המוסרי ובין קניין זכות הקיום של האדם. מניין שעל פי התורה זהו הציר שבו אמור האדם לפעול ולהתקדם? אפשר להביא כמה וכמה תשובות

לשאלה זו. למשל, אפשר לראות שהמוסריות תופסת מקום מרכזי בתורה, כפי שמתבטא בראש ובראשונה בעשרת הדיברות, שחמישה מהם שייכים לתחום שבין אדם לחברו. אפשר ללכת אחורה יותר, ולהגיע לספר בראשית ולהתנהגותו המוסרית של אברהם אבינו. "כי ידעתיו למען אשר יצווה את בניו ואת ביתו אחריו, ושמרו דרך ה׳ לעשות צדקה ומשפט" (בראשית יח, יט). זו הסיבה שבגללה נבחר אברהם בידי הקדוש ברוך הוא, כפי שנראה מהפסוק, כך שלא קשה כל כך למצוא את הסוגיה המוסרית כמרכיבה חוליות משמעותיות בתורה.

הרב אכן מחפש את התשובה בתורה, אבל הוא מבסס אותה על הפרשות שפותחות את התורה, ומהוות את התשתית לקיומו של העולם.

בראשית ברא אלוקים את האחר

נחזור לשאלה הראשונה. בתשובה לשאלה מהו מוסר, הרב נותן את ההגדרה הבאה: "נתינת מקום לאחר", ומסיק לאור זאת שהבריאה היא האקט המוסרי המוחלט.

את יסוד המוסר מוצא הרב בפסוק הראשון בתורה: "בראשית ברא א־לוהים את השמיים ואת הארץ". מה הנושא של הפסוק הזה? ההבנה הפשוטה היא שהפסוק בא ללמדנו על המציאות, על העובדה שהעולם נברא. אבל לדעת הרב הפסוק בא ללמד בעיקר על אלוקים. מה הפסוק הראשון בתורה מלמד עליו? שהוא בחר לתת מקום לאחר. הוא ברא שמיים וארץ.

כשם שזה הדבר הראשון שהתורה מגלה לנו על אלוקים, כך זה גם הדבר הראשון שהיא מגלה על האדם: המצווה הראשונה בתורה היא פרו ורבו, לתת מקום לקיומו של הזולת. זו אומנם תודעה פשוטה, שטבועה עמוק בעולמו של האדם, אך כדאי לשים לב שהייתה יכולה להיות גם תודעה אחרת – שלפיה כל אדם אחר שאני מצרף למעגל שלי הוא מטרד. כל אדם שמצטרף לוקח משאבים שעד עכשיו עמדו

רק לרשותי, ובשל כך המשאבים שלי פוחתים, ומרחב החיים שלי מצטמצם (ובניסוח עמוק יותר – כיון שהבורא נותן את הכל לכל אחד, מרגע הופעת הזולת מופיעה תחרות ביניהם). התודעה הזו באה לידי ביטוי למשל בימינו, בהתמודדות עם עליית האינדיווידואליזם, ועימה התגברות תופעת הרווקות, עליית גיל הנישואין, משברים בתא המשפחתי ועוד. הרי שלעניין נתינת המקום לאחר יש השלכות אקטואליות משמעותיות.

> רצון הבורא לברוא את העולם הוא **רצון מוסרי**. אקט הבריאה אינו נתפס כמעשה אונטולוגי, מטפיזי בלבד, אלא כמעשה מוסרי במלוא מובן המילה. לברוא פירושו לתת קיום לאחר. לפני מעשה הבריאה הוא ית׳ לבדו, והוא מחליט מסיבותיו הוא להמציא את **האחר** שלו. זהו אקט של חסד מוחלט. זו הגדרתו של **האקט המוסרי** בכל התנ״ך כולו. לא מדובר במושג מופשט, מטפיזי, בלתי פרסונלי, אלא באקט של רצון מוסרי.

(סוד מדרש התולדות ג, עמ׳ 44)

הרב ממשיך מכאן למצווה אחרת – הליכה בדרכי ה׳. ידועה אמרת חז״ל על מצווה זו:

> ואמר רבי חמא ברבי חנינא: מאי דכתיב ׳אחרי ה׳ א-להיכם תלכו׳? וכי אפשר לו לאדם להלך אחר שכינה, והלא כבר נאמר ׳כי ה׳ א-להיך אש אוכלה הוא׳? אלא להלך אחר מדותיו של הקב״ה, מה הוא מלביש ערומים דכתיב ׳ויעש ה׳ א-להים לאדם ולאשתו כתנות עור וילבישם׳ אף אתה הלבש ערומים, הקב״ה ביקר חולים דכתיב ׳וירא אליו ה׳ באלוני ממרא׳, אף אתה בקר חולים, הקב״ה ניחם אבלים דכתיב ׳ויהי אחרי מות אברהם ויברך א-להים את יצחק בנו׳, אף אתה נחם אבלים, הקב״ה קבר מתים דכתיב ׳ויקבר אותו בגיא׳, אף אתה קבור מתים.

(סוטה יד ע״א)

זו מצווה שהיא למעשה הדרכה כוללת, מכוננת, שמשפיעה על אינספור תחומים בחיים. אפשר לומר באופן כללי על המצוות שהן הליכה בדרכי ה׳, אך כאן הכוונה לסוג מסוים של מעשים. לפי מימרה זו, ההליכה בדרכי הקדוש ברוך הוא מתבטאת בעיקר ביציאה מעצמנו למען הזולת, פינוי מקום בתוכנו להתייחסות לאחר. הלבש ערומים, בקר חולים, נחם אבלים. כאן שבה ועולה דמותו של אברהם אבינו, שהלך בדרכים אלו. התורה מספרת כי אברהם הלך בדרכי ה׳, וזה התבטא במעשיו המוסריים, כפי שרואים בעיקר מהכנסת האורחים שלו. הכנסת האורחים מבטאת באופן מובהק פינוי מקום לאחר, הכנסת הזולת לתוך המרחב האישי. מעבר לפינוי המקום, מכניס האורחים נדרש גם לפנות זמן לאורח, לפנות משאבים, לטרוח, גם כשלמארח קשה – כפי שהיה לאברהם אחרי ברית המילה, והיה מתבקש שיתרכז בעצמו.

המילה ׳שלום׳ היא מילה יסודית באורח החיים היהודי, והיא שמו של הקדוש ברוך הוא. גם עניינה שלה הוא מערכת יחסים הכוללת את האחר. הכנסת האחר למרחב האישי עלולה לגרור מאבק; האחר עשוי לנגוס בי, להפריע לי, לאיים עליי. גם אם האיום הזה לא יגרור מלחמה בינינו, הוא עשוי לגרום למאבק סמוי, לתחושות של אי־נעימות וצרות עין. המוסר דורש מאיתנו לקבל את הזולת במבט אחר, שמכיל ונותן מקום. זו משמעות השלום כשמו של הקדוש ברוך הוא, שברא את העולם כזולתו.

גם הרמח״ל מקשר את הבריאה למרחב המוסרי. לפי גישתו, טעם הבריאה הוא להיטיב לאדם. ראינו את דבריו בנושא הבריאה, והתמקדנו במשמעות של קניין זכות הקיום, אך קודם לזה העיקרון שהקדוש ברוך הוא ברא את העולם כדי להיטיב לאדם – וטובה זו נרכשת על ידי בחירת האדם במעשה הנכון. יש קירבה מסוימת בין שיטתו של הרמח״ל לשיטה של הרב, אך לא יהיה מדויק לומר ששיטת הרב מתבססת על הרמח״ל. אחת השאלות הראשונות שעולות בקריאת דברי הרמח״ל היא מה משמעות רצונו של הקדוש ברוך הוא להיטיב, כשבכלל לא היה

למי להיטיב בטרם הבריאה. הרב לא רק פותר את השאלה, אלא אף שומט את הקרקע מתחתיה: כשהוא אומר שהתנועה המוסרית היסודית ביותר היא פינוי המקום לאחר, המשמעות היא שיש תנועה בסיסית יותר מהטבה לאחר. הצעד הראשוני הוא שיהיה בכלל אחר.

שיטתו של הרב אשכנזי נותנת מענה מפתיע לשאלה אחרת – מדוע אין התורה מגלה לנו את תכלית הבריאה? הרמח"ל יוכל לענות שהתכלית שהביא רמוזה בפרשת הבריאה, שכן לאורך כל הבריאה, בכל יום אלוקים בודק אם העולם טוב, משמע שתכלית העולם להיות טוב. זאת בהנחה שהכוונה לאותו מושג של טוב. אבל מה שאומר הרב נמצא כבר בפסוק הראשון: הנקודה אינה תכלית נוספת על גבי הבריאה, אלא מעשה הבריאה עצמו, שבו הקדוש ברוך הוא נותן מקום למציאות אחרת, הוא הצעד המוסרי הבסיסי.

אם כן, הכיוון המרכזי של המוסר קשור ליציאת האדם מעצמו, נתינת מקום לאחר. מתוך כך באות נתינות נוספות לאחר, אבל הבסיס הוא עצם נתינת המקום.

עד כה ראינו את הרב הקורא בתורה, מזהה בה יסוד הגותי עקרוני ומאיר לפיו פסוקים מרכזיים בתורה. מכאן נעבור למשקפיים של הרב אשכנזי כמקובל.

מושג ה'צמצום' בתורת האר"י ותלמידיו

האר"י מלמד כי לשם האצלת העולמות נדרשו צמצום ויצירת חלל פנוי, כיוון שבתחילה אור אינסוף היה ממלא הכול ולא היה מקום לנבראים. המאציל צמצם עצמו בשביל לפנות חלל פנוי שבו ייברא העולם. זו הסוגיה שפותחת את דברי האר"י בספר עץ חיים.

הסוגיה הזו עוררה עיונים רבים ויסודיים בקרב המקובלים שאחרי האר"י: קשה להבין את טענת האר"י שלפיה בלתי אפשרי לברוא עולם ללא צמצום כי לא היה מקום לברוא בו את העולם, שהרי לקדוש ברוך הוא אין גוף שממלא מרחב חומרי.

קושי זה עורר את השאלה אם יש להבין את הצמצום כפשוטו. לצד הדוגלים בכך שהצמצום כפשוטו (הר' עמנואל חי ריקי), יש שני כיוונים בולטים לתפיסה שהוא אינו כפשוטו.

א. הצמצום אינו אובייקטיבי. **מצידו** מלא כל הארץ כבודו, **ומצידנו** יש צמצום־הסתר (בדרך עקרונית זו הלכו חב"ד ונפש החיים, עם כל ההבדלים שביניהם). לפי עמדה זו לא היה צמצום כלל, שכן לא יכול להיות קיום ללא הנוכחות האלוקית. יכול להיות רק הסתר, מרחב שבו הקדוש ברוך הוא נוכח אך אי אפשר לפגוש אותו. הצמצום הוא בעיקר תודעתי, ופירושו שה' הסתיר פניו.
ב. תיאור הצמצום ויצירת החלל הוא **משל**. לפי הרמח"ל זה משל לכך שהקדוש ברוך הוא לא פעל במלוא כוחו, ויצר עולם חסר. לפי זה הצמצום הוא ממשי, אבל הוא לא מתייחס לממד המרחב כפי שנראה מפשוטו. התיאור המרחבי הוא משל לפעולה מצומצמת. הרמח"ל מסביר שהצמצום פירושו בריאת עולם באופן חסר ומוגבל על מנת לאפשר לאדם את הבחירה, במקום לברוא עולם שלם, כפי שמתבקש מצד הכוח האלוקי המוחלט.

הרב מסביר גם הוא את הצמצום כמשל, אך מסביר אותו אחרת מהרמח"ל:

> מושג הבריאה כתהליך של צמצום חושף משמעות מוסרית בסיסית: החזק נותן מרצונו החופשי מקום לאחר להתקיים אף שכוחו יכול לבטל את האחר. המשמעות של להיות מוסרי, דהיינו לתת מקום לזולת, מתחילה כאן. "גיבור הכובש את יצרו" – כדי לתת קיום לזולת. אקט הבריאה הוא האקט המוסרי הבסיסי. בהוויה הקדומה המוחלטת יש כוח של התפשטות מתמדת, וכוח הצמצום פועל נגד כוח ההתפשטות. כביכול כובש הבורא את יצר ההתפשטות שלו על מנת לתת מקום לעולם, ולפיכך הבריאה היא האקט המוסרי המוחלט. מן היסוד המוסרי הבסיסי של נתינת

> מקום לאחר להתקיים נובע היחס של האדם כלפי העולם וכלפי האדם החי לצדו. מאחר שכל אדם החי בעולם הוא יצור ברוא בצלם א-לוהים וצאצא של אדם הראשון, הגדרה זו של העולם והאדם מחייבת אותי לתת מקום לזולת כאקט מוסרי מחייב.
>
> (סוד מדרש התולדות ג, עמ' 44)

הצמצום אינו בריאה בגדרים מוגבלים כדברי הרמח"ל, אלא מבטא את עצם פינוי המקום לזולת. לא מדובר על מקום במובן הגאוגרפי, אלא על נתינת מציאות לזולת. זו התנועה המוסרית. לפי הרב אשכנזי, באופן מרתק, הצמצום הוא משל מדויק מאוד. היה מתבקש שהאלוקות תמלא הכול, שלא יהיה שום מצוי מלבדה; יצירת החלל היא תנועת פינוי המקום, והיא התנועה המוסרית הראשונית.

פרק 5

המעשה המוסרי

ראינו כי הקדוש ברוך הוא השלם ברא עולם חסר, כדי שהאדם ישלים אותו ויקנה בזה את זכות קיומו. הקניין מתרחש לאורך ההיסטוריה ודרך הציר המוסרי. ומהו מוסר? ראינו שהרב אשכנזי קובע שעל פי התורה יסוד המוסר הוא נתינת מקום לזולת. הרב מוצא זאת כבר בראשית התורה – בבריאה, הן על פי פירושה הפשוט והן על פי תורת הצמצום של האר"י.

מהי הבשורה במוסר של היהדות?

לכאורה אפשר היה להגדיר את המוסר באופן פשוט, על פי משפטים מוכרים מעולמה של היהדות. למשל, אם מחפשים ביהדות מקבילות למושג המוסר, אחת התשובות המתבקשות היא המושג 'בין אדם לחברו'. ניסוח מוכר, שמעמיד בסימן שאלה את ממד החידוש של הרב – מה הוא אמר שלא אמרו לפניו? מה הוא חידש באמירתו שהמוסר תופס מקום מרכזי ביהדות? מצד אחד ברור שהרב מחדד יסוד משמעותי, אך מצד שני עדיין צריך לברר במה מדובר, מה בדיוק החידוש.

הרב אשכנזי נוהג לחדד את שיטתו על ידי השוואה לשיטות אחרות. הוא משתמש הרבה בהצבה לעומתית של עמדתו מול עמדות פילוסופיות ודתיות שמנסרות בחלל האוויר, כדי לחדד את האמירות שלו. לדידו אחד מעיקרי שליחותו הוא להבהיר מהי הבשורה של התורה לעולם ולהסביר אותה. מה הדבר הגדול שהתורה באה לומר, ולא היינו יודעים בלעדיה? פעמים רבות התשובה באה לידי ביטוי בעזרת בירור לעומתי. אם אצל הרב קוק פסקאות רבות עוסקות באיתור נקודת האמת בכל שיטה, הרב שם יותר דגש דווקא על ההבחנה בין הצדדים. כך גם בסוגיה שלנו, הרב משווה בין תפיסת המוסר של התורה ובין המוסר על פי הוגי הדעות מחוץ ליהדות.

תפיסות המוסר בפילוסופיה הכללית

נפתח בתפיסה הרואה במרכז את החוק ואת תפקידו להסדיר את חיי החברה. אפשר לומר שהאופן שבו בני אדם מסדירים בחוק את התנהגותם זה מול זה אינו מונהג על פי שיקולים מוסריים, אלא על פי שיקולים של הצרכים הקיומיים של החברה. חברה מורכבת מהרבה אנשים, וכדי שהיא תוכל להתקיים צריך לנסח כללים שיסדירו את צורת החיים בה. לא המוסר עושה זאת, אלא החוק. אומנם גם את החוק אפשר לתפוס כמנחיל ערכים לאנושות, אך אפשר בפשטות לראות בערכים אלה רק אמצעים להסדרת החברה בפועל. דוגמה לזה היא חוקי התנועה, שברובם אינם מבוססים על ערכים כלשהם, אלא על האופן היעיל ביותר לאפשר תנועה ללא תאונות. אין סיבה מוצדקת לתת זכות קדימה לפונים ימינה או שמאלה, פשוט צריך להכריע באופן היעיל ביותר ולפעמים אפילו באופן שרירותי. דוגמה קיצונית יותר היא חוקי סדום – זו חברה שהייתה אנטי מוסרית, אך רצתה להתנהל על פי כללים מוגדרים, ועל כן היו לה חוקים. קשים ואכזריים, אבל חוקים.

כעת נעסוק בגישות שלפיהן יש מוסר מעבר לחוק, ויש לו משמעות ערכית. כפי שנראה, בסוגיה זו מטפל הרב בשתי גישות

עיקריות ששונות מאוד זו מזו: הגישה הטלאולוגית־תכליתית, והגישה הקאנטיאנית.

בפתח הסוגיה נאמר שכל התרחשות מורכבת משלושה מרכיבים: המעשה, הכוונה והתוצאה. הגישות השונות בפילוסופיה של המוסר נחלקו בשאלה מהו המוקד שעל פיו נבחן המוסר.

הגישה הטלאולוגית – מבחן התוצאה

גישה אחת היא שהמוסר נמדד על פי מבחן התוצאה. מעשה מוסרי הוא מעשה המוביל אל הטוב. השאלה הבאה היא כמובן מהו הטוב, ועל שאלה זו נשתברו קולמוסים רבים. הראשון שעסק באופן שיטתי במהלך רעיוני זה היה אריסטו, והוא אמר שהתוצאה הטובה היא האושר, ולאושר זוכה מי שעוסק בדבר שמייחד אותו. אריסטו הלך עוד צעד אחד קדימה ואמר שמה שמייחד את מין האדם הוא התבונה, ולכן כל מה שמוביל לתבונה נחשב למוסרי. אפשרות אחרת תחת גישה זו, המעמידה במוקד את מבחן התוצאה, היא ההדוניזם – המעשה המוביל להנאה הוא המעשה המוסרי, כי התוצאה הטובה היא ההנאה. אפשרות מאוחרת יותר, שבין מוביליה היה הפילוסוף ג'ון סטיוארט מיל שחי במאה התשע עשרה, היא התועלתנות: מקסימום תועלת למקסימום אנשים.

ראינו אם כן שאין הסכמה מהו הטוב שאותו שואף המוסר להשיג, אבל יש כמה וכמה הוגים שהלכו בשיטה הזו, שלפיה המעשה המוסרי הוא זה הגורר תוצאה הטובה.

הגישה הקאנטיאנית־דאונטלוגית – מבחן המעשה והכוונה

לעומת גישה זו, שיש לה מסורת של מאות שנים בפילוסופיה האנושית, העמיד הפילוסוף עמנואל קאנט בדורות האחרונים שיטה מוסרית אלטרנטיבית. לפי שיטתו המבחן אינו בשלב התוצאה, אלא בשלב המעשה.

קאנט מבקש לשחרר את מדידת המוסר מהתוצאות, וממילא גם מהוויכוח בין הפילוסופים מהו הטוב. הוא מחפש הגדרה עצמית של המוסר, לפי המעשה עצמו ולא לפי השלכותיו. המוסר אינו נבחן לפי מדדים חיצוניים, שאחד מהם הוא התוצאה בשטח. המוסר צריך להיות בנוי על הגדרה פנימית. בנוסף הוא צריך להיות מוגדר כחוק כללי, ולא רק ביחס לסיטואציה מסוימת. אחרי מהלך ארוך מנסח קאנט את ההגדרה: נהג לפי כלל מעשי, שתוכל לרצות שיהיה לחוק כללי.

כדי להבין יותר את כוונתו נבחן מקרה ספציפי. נניח שחוליית פשע מתכוונת לרצוח אדם, אך לבסוף חבריה הרגו בטעות זה את זה והקורבן המיועד ניצל. בשורה התחתונה, התוצאה הייתה חיובית, אף שחוליית הפשע ניסתה לעשות מעשה של רצח. הרי שקשה למדוד את המעשה רק לפי התוצאה. כעת נניח שאדם תכנן לעשות מעשה חיובי, כגון לתת צדקה, אך המניע שלו היה להשיג כבוד ומעמד. עדיין יהיה קשה להגדיר זאת כמעשה מוסרי, אף שהמעשה עצמו היה טוב, מפני שעומדת מאחוריו כוונה שלילית. לפי זה נכון יהיה לקבוע שהמוסר נמדד לא לפי התוצאה – כפי שהוצע עד עתה – אלא לפי הכוונה. קאנט מחדד: אפילו אם אדם נתן צדקה לא כדי להיחשב לנדיב גדול, אלא מתוך טבעו, מפני שיש לו נטייה לתת צדקה – עדיין אין זה מעשה מוסרי. מכאן מגיע קאנט להגדרה: מעשה מוסרי הוא מעשה שנעשה מתוך כוונה לציית לחובה המוסרית. אך כאן עולה שאלה נוספת – איך נקבע מהי החובה המוסרית?

לפי התפיסה של קאנט, החובה המוסרית צריכה להיות כמו חוק טבע, תקפה לכולם, מחייבת בכל תנאי ובכל מצב. היא צריכה להיות חוק שמיוסד על תבונה. איך יודעים בפועל מהו החוק הזה? אדם יכול לזהות אותו בעזרת מבחן פשוט: האם הוא היה רוצה שיעשו גם לו את המעשה הזה, או יותר מכך – שכולם יתנהגו באופן זה? כשהוא ניגש לומר דבר של אמת, עליו לבדוק – האם היינו רוצים שכולם בעולם ידברו אמת? כן. כשהוא ניגש לשקר, להפר הבטחה, להעלים מס, או לגנוב – עליו לשאול את עצמו האם היינו רוצים שכולם יעשו זאת, והתשובה היא כמובן לא. הפושע הרי מסתמך על העובדה

שרוב האנשים אינם פושעים, ולא היה רוצה להשתייך לחברה שבה כולם מבצעים פשעים כנגד כולם. זהו סימן למעשה הבלתי מוסרי.

המוסר לפי קאנט הוא אוטונומי, אינו תלוי בשום מוסכמות ובשום סמכויות, בשום דת ובשום חברה. האדם קובע את הצו המוסרי על פי התבונה שלו, שעונה לשאלה האם מעשה זה היה יכול להיות מחייב ותקף ביחס לכולם.

את דבריו של קאנט אפשר לסכם בתמצית בשלוש נקודות:

א. המדד הוא המעשה עצמו ולא התוצאה;
ב. המעשה המוסרי הוא מעשה שנעשה מתוך כוונה לציית לחוק המוסרי התבוני־כללי;
ג. החוק התבוני־כללי הוא אוטונומי, ואיננו בא מבחוץ.

הסכנות בשתי הגישות

הרב מציג את הבעיה הקיימת בכל אחת מהשיטות. הגישה הראשונה, התכליתית, מעוררת את הבעיה של מטרות המקדשות את האמצעים, כיוון שהמטרה כבר איננה בתחום המוסר (לשם דוגמה, מתוך תפיסה של מקסימום תועלת למקסימום אנשים, אפשר לחשוב על הריגת נכים קשים לתועלת חברתית של חיסכון בעלויות הטיפול). אנו עלולים לעשות מעשים בעייתיים, ולהצדיק אותם באמצעות התוצאה שאליה הם מובילים.

אצל הפילוסופים העוסקים בתורת המוסר, אנחנו מגלים שאין להם הגדרה עצמותית של הטוב. הם תמיד מגדירים את הטוב בעזרת מושג אחר. לשאלה מדוע הטוב הוא טוב, הם עונים שהטוב הוא טוב משום שהוא מועיל, משום שהוא תואם את התבונה, משום שהוא מביא הנאה וכו׳. אבל התועלתי אינו חופף את הטוב. הוא יכול להיות ניגודו של המוסרי. אנחנו

> יודעים שאדם בעל תבונה יכול לגרום לאסונות אם הוא אינו ישר. ברבר מתורבת נשאר ברבר. אם הוא מתורבת, הוא אפילו מתגלה כמסוכן יותר [...].
>
> יש שיטות המגדירות את הטוב כאינטרסנט של החברה. בעלי גישה זו מבקשים למעשה להחליף את הבעיה המוסרית בבעיה החברתית. האדם מוגדר כסובייקט חברתי ולא כסובייקט מוסרי. במקום המוסר, הסוציולוגיה. במקום האדם, העיר, המדינה. במקום כבוד הפרסונה, הבלתי פרסונלי של החברה. במקום שם, מספר תעודת זהות. העיר או המדינה כמפלצת אדמיניסטרטיבית בלתי אנושית.
>
> (סוד מדרש התולדות ג, עמ' 211–212)

מה הסכנה האורבת לפתחה של השיטה השנייה? בדיוק המצב ההפוך, התעלמות מתוצאות לא מוסריות – כיוון שהמבחן נוגע למעשה ולא לתוצאה. לשם הדגמה, שאלו את קאנט מה יקרה אם יבוא לפנינו רוצח, וישאל היכן נמצא הקורבן שהוא מחפש. האם נגלה לו? במבחן המעשה – אמירת אמת היא המעשה המוסרי, אך במבחן התוצאה – אם נאמר את האמת הרוצח ימצא את הקורבן ויהרוג אותו. הייתכן שגילוי הקורבן יהיה המעשה המוסרי? קאנט השיב: כן, המוסר מחייב לומר את האמת. מה שהרוצח יעשה אחר כך עם המידע האמיתי – זו כבר בעיה שלו. גם ממד הציות במתכונתו הקאנטיאנית מעורר את הביקורת של הרב.

> עמנואל קאנט מגדיר את הטוב כציות לחוק. אם החוק מנוסח על־ידי אדם מוסרי, ישר, הרוצה בטובת האחר, אפשר להבין. אולם אם החוק מנוסח על־ידי ברבר מרושע, מה נגיד אז? עמנואל קאנט הוא גרמני וחי בחברה שעברה מאות שנות חינוך ל'אהבת הזולת' על־ידי הכנסייה. מה קרה אחרי מספר דורות? באו ברברים מרושעים והכניסו לספר החוקים את כל הפשעים האפשריים. (שם)

קאנט והלל הזקן

בהשראת דברי הרב, ברצוני להרחיב בסוגיה ולבדוק מה היחס בין גישתו של קאנט למוסר של התורה. היו שקישרו בין העיקרון של קאנט לכלל הידוע שטבע הלל הזקן: דסני עלך לחברך לא תעביד, ובתרגום פשוט: מה ששנוא עליך אל תעשה לחברך. לפני שאתה עושה מעשה כלפי הזולת, בחן האם זה משהו שהיית עושה לעצמך. מלבד העובדה שהכלל הזה מורה לאדם לבדוק אם היה עושה בעצמו את מה שבכוונתו לעשות לאחר, הוא עומד גם ביתר הדרישות של קאנט: זהו חוק כללי, והוא גם אוטונומי, כיוון שהוא מסור לידיו של האדם עצמו – מה ששנוא "עליך". האדם הוא המדד. השוואה זו עלתה בקרב אנשי תנועת 'חכמת ישראל', שפעלה בשיא עידן ההשכלה באירופה: באו מלומדים יהודים ואמרו שהתורה מתיישבת עם קאנט, שנחשב אז לפסגת ההגות האנושית. הנה, הם אמרו, גם לפי חז"ל המוסר הוא אוטונומי.

הקביעה הזו אינה פשוטה, ואפשר להתווכח עם ההשוואה בין תורתו של הלל לקאנט בכל אחד משלושת צדדיה שהוצגו לעיל: יכול להיות שהשנוא עליך מוגדר לפי התוצאה שלו ולא לפי המעשה עצמו כדעת קאנט, אדם אמור שלא לעשות לזולת מה שיגרום לתוצאה שהוא לא היה רוצה בה לעצמו. אפשר גם לומר שהחוק אינו כללי, אלא תלוי במצבו של האדם ("עליך", "לחברך"), ושהוא אינו תבוני, אלא תלוי ברגש ("שנוא"). עוד אפשר לטעון שהמוסר לפי הלל אינו אוטונומי, הציות אינו למצפונו של האדם אלא לתורה, מקור הסמכות הוא הקדוש ברוך הוא – הרי המתגייר בא ללמוד מהלל תורה ולא מוסר. בין החולקים הגדולים על שיטה זו היה פרופסור ישעיהו ליבוביץ', שהתבטא כי קאנט אמר "ואהבת לרעך כמוך", ואילו הלל אמר "ואהבת לרעך כמוך אני ה'". לפי פרופסור ליבוביץ' מצוות האהבה שעליה מדבר הלל אינה נובעת כלל מחוק אוטונומי או מחובה מוסרית, אלא מחובה דתית לציית לקדוש ברוך הוא. אם אדם מציית למוסר שעיצב בעצמו, הוא עובד רק את עצמו. הרב לא יקבל אף אחת מהאפשרויות הללו.

המוסר העצמי והזולת הממשי

מלבד הסכנות, הרב מציג בעיה משמעותית בכל אחת משתי התפיסות. אל מול התפיסה הראשונה, שלפיה המוסר נבחן לפי התוצאה, הוא אומר שהיא מאבדת את המושג העצמי של המוסר והופכת אותו לכלי שרת לערך אחר. לפי שיטתו של אריסטו, למשל, המוסר בטל למול מושג האושר. גישה זו בלתי מתקבלת, כיוון שהאדם חווה את המוסר בקרבו בתור ערך משמעותי יסודי, ולא כאמצעי לאושר או לכל תכלית אחרת.

> מאז ומתמיד מחפש הפילוסוף מהו יסוד המוסר, אבל שאלתו נשארת ללא מענה של ממש. מדוע הצו המוסרי מחייב אותי? מדוע אני מרגיש, מדוע אני חש שערכים מסוימים – ואין זה משנה אם ערכים אלו אמִתיים או לא – מחייבים אותי? איני מכיר אף שיטה פילוסופית שהצליחה לייסד את מקור המוסר. בכל השיטות אנחנו מוצאים שהקונצפט הוחלף בקונצפט אחר כגון תועלת, היגיון, חובה.

(שם, עמוד 45)

דרך ביקורתו כלפי התפיסה השנייה, זו של קאנט, נציג גם את תפיסת המוסר של התורה כפי שמלמד הרב: החובה המוסרית אינה כלפי החוק שהאדם בנה בינו לבין עצמו כפי שטוען קאנט, אלא כלפי הזולת ממש. יסוד התורה הוא נתינת קיום לאחר כפי שכבר ראינו, ואילו מי שאומר לרוצח היכן הקורבן שלו – לא חשב על הקורבן, לא דאג לאחר. השאלה הגדולה היא האם המוסר מעמיד את האדם מול האחר או מול עצמו; לפי הרב, המוסר חייב לחולל יחס אמיתי אל הזולת, ולא להשאיר את האדם בינו לבין עצמו. דבריו של הלל, "מה ששנוא עליך על תעשה לחברך", מעמידים את האדם מול הזולת הממשי שעומד לפניו, והם יסוד התביעה המוסרית. במוסר של קאנט הזולת והפרסונליות נעלמים.

הרב רומז בכמה מקומות, כגון במקור שראינו לעיל, על גלגולה של התפיסה הגרמנית של קאנט עד לנאציזם. אייכמן במשפטו אמר שהוא נאמן לשיטה המוסרית של קאנט, ולכן הוא ציית להוראות הממונים עליו. הוא תפס את ההוראות שקיבל כחוק מוסרי שהוא טובת הכלל. אין זה אומר שהנאציזם הוא ההשלכה הישירה של קאנט, אבל קאנט מאפשר זאת: תפיסתו מעמידה את האדם לא מול אדם אחר, אלא מול נוסחה מופשטת. בנוסחה כזו אפשר לנסח חוק כללי שלפיו טוב שיהיה גזע שליט, שלא יהיו גזעים נחותים ואף לא זקנים וחולים. בגרמניה הנאצית צפה התפיסה הזאת, בדמותם של אנשים שלא ראו מולם בני אדם.

> התבונה בונה מתוך עצמה את ערכי המוסר, בלי לשרת שום מטרה חיצונית לה. התבונה מחוקקת לעצמה ציוויים מוחלטים. אולם עדיין נשאלת השאלה, מי מבטיח שהצוויים המוחלטים יהיו לטובת האנושות? מי מבטיח שהתבונה של פלוני תכיר בחשיבות האחר, בזכותו לחיות?
> המוסר האוטונומי של קאנט – כל מוסר אוטונומי שמקורו באדם – עלול להתגלות כבלתי מוסרי בעליל, כאכזריות ורשעות לשמה, אם האדם הקובע מהו המעשה הטוב אינו קודם כול אדם ישר. מוסר התורה אינו אוטונומי אלא הטרונומי. אין מקורו בתבונת האדם אלא ברצון האלוקי של הבורא שרצה, ללא שום הכרח, לברוא את האחר ולתת לו קיום. המעשה הזה – לתת קיום לאחר – הוא אקט מוסרי מוחלט. עליו נוסד כל מוסר לפי חכמי ישראל.

(שם, עמ' 45–47)

ההשוואה לשתי השיטות הללו מחדדת את יסודו של הרב – המוסר הוא דווקא עמידה מול אחר:

> המוסריות היא, אם כן, יכולת האדם להכיר בזכותו של האחר להתקיים בעולם לצידו.

(סוד העברי א, עמ' 116)

בדומה להלל, שדיבר על האדם מול חברו, קובע הרב שמוסר אינו מוביל להישארות של אדם עם עצמו, אלא עניינו נתינת מקום לזולת. במונחים מתוך עולמה של היהדות, אפשר לומר שהמוסר של קאנט הוא מוסר של ׳דין׳, ואילו לפי הרב אשכנזי דין אינו מוסר – המוסר הוא מוסר של חסד, לפנים משורת הדין.

פרק 6

התנאים לדרישה המוסרית

ראינו את הנקודה שחידד הרב אשכנזי אל מול תפיסות המוסר היסודיות בפילוסופיה הכללית, אף שהיא נשמעת פשוטה יחסית: מקומו של הזולת. המדד למוסריות הוא היחס לזולת הממשי.

עוד נקודת מחלוקת שלו מול הגישה של קאנט היא סביב מקור המוסר: לפי קאנט מקור המוסר הוא אוטונומי, ולפי התורה הוא הטרונומי. כלומר, לדעת הרב המוסר אינו נובע מהאדם עצמו, אלא מחוצה לו. יש מצוות וערכים אלוקיים שמחייבים את האדם מבחוץ.

המוסר פנימי או חיצוני?

אולם, במקום אחר בדבריו של הרב משתקפת גישה הפוכה לכאורה:

> לפי התורה, מן הרגע שבו נזרקה נשמה בגופו של אדם הראשון, הוא הפך להיות בעל תודעה מוסרית. על הפסוק "וַיֹּאמֶר ה' אֱ־לֹהִים הֵן הָאָדָם הָיָה כְּאַחַד מִמֶּנּוּ לָדַעַת טוֹב וָרָע וְעַתָּה פֶּן יִשְׁלַח יָדוֹ וְלָקַח גַּם מֵעֵץ הַחַיִּים וְאָכַל וָחַי לְעֹלָם", שואל רש"י: "ומה היא יחידתו [של האדם]"? תשובתו ברורה: "לדעת טוב ורע, מה שאין כן בבהמה וחיה". רש"י מפרש את המילה "כְּאַחַד" כמיוחד.

> האדם מיוחד משאר הנבראים משום שהוא בעל תודעה מוסרית. "מִמֶּנּוּ לָדַעַת טוֹב וָרָע" – הוא יודע להבחין בין הטוב לרע. אין משמעות לצו האוסר או המתיר עבור מי שאינו בעל תודעה מוסרית. לכן חשוב להדגיש שהתודעה המוסרית קיימת באדם הראשון מרגע שנזרקה בו נשמה. אז ורק אז אפשר לצוות אותו: "וַיְצַו ה' אֱ-לֹהִים עַל הָאָדָם לֵאמֹר מִכֹּל עֵץ הַגָּן אָכֹל תֹּאכֵל, וּמֵעֵץ הַדַּעַת טוֹב וָרָע לֹא תֹאכַל מִמֶּנּוּ כִּי בְּיוֹם אֲכָלְךָ מִמֶּנּוּ מוֹת תָּמוּת".
>
> (סוד מדרש התולדות ג, עמ' 193)

אם כן, המוסר מוטבע באדם עצמו, וזה אף ייחודו של האדם – הוא נולד כשטבועה בו תודעה מוסרית מרגע שנזרקה בו נשמה (אם נדייק, האדם מצידו הטבעי חסר תודעה מוסרית. האדם הרוצה להיות תואם את מחשבת הבריאה עבורו מצד הנשמה שנזרקה בו, הוא בעל תודעה מוסרית). מכאן משמע לכאורה שמקור המוסר הוא אוטונומי. במקום נוסף (סוד מדרש התולדות ה, עמ' 107) כותב הרב שעניינה של נדיבות לב הוא שהיא באה מבפנים, ואיננה ציות לחוק חיצוני. בזאת נבדל מושג המוסר ממושג האתיקה. הרי שלא פשוט למקם את הרב בצד המנוגד לקאנט, ולקבוע בפסקנות שלשיטתו המוסר הוא הטרונומי.

להלן נברר מה אם כן שיטתו של הרב אשכנזי, ולמעשה נעסוק בשאלה רחבה יותר, שתחדד גם את עניין מקור המוסר: איזו תשתית צריכה להיות באדם כדי שיהיה אפשר לחייב אותו בדרישות מוסריות? זיהויה של תשתית זו, שהיא הממד האוטונומי שבאדם, תסייע בידנו לענות על הסתירה-לכאורה שמצאנו, ולהבחין מהו היסוד האוטונומי ומהו היסוד ההטרונומי באדם. הרב מנתח את הסוגיה בעזרת דברי הרמב"ם בהקדמתו למסכת אבות ובהלכות תשובה, ונסקור את מסקנותיו של ניתוח זה.

יסודות המעשה המוסרי

ארבעה יסודות נדרשים כדי לאפשר את התביעה המוסרית התובעת מהאדם אחריות מוסרית למעשיו:

1. ההכרה המוסרית העקרונית שהטוב ראוי והרע מגונה;
2. הידיעה מהו הטוב ומהו הרע;
3. הרצון לעשות את הטוב;
4. חופש הבחירה בין הטוב והרע (כלומר היכולת לבחור מבלי להיות כפוי).

היסוד הראשון: התשתית הבסיסית לתביעת תביעה מוסרית, היא שתהא לאדם עצם הידיעה שיש טוב ורע. הרב קובע שההכרה המוסרית היסודית שהטוב ראוי והרע מגונה טבועה באדם. בעלי חיים אינם מתחבטים בשאלות מוסריות מפני שהם חסרים את עצם ההכרה במושגי הטוב והרע.

הרב מסביר שתודעה זו מצויה באדם באופן אוטונומי. האדם נברא מתחילה כבעל תודעה מוסרית, והענותו למוסר היא הענות להכרה המוסרית הטבועה בו (לעומת קאנט, שאצלו פעולת האדם היא מתוך ציות לצו). תודעה זו חייבת להיות קודמת להכרעה מה נחשב טוב ומה נחשב רע.

היסוד השני הוא הידיעה מה טוב ומה רע. כאן התמונה מתהפכת. את פרטי הידיעה הזו אנו מקבלים מהתורה. עולה מכאן שתכני המוסר ופרטיו ביהדות הם הטרונומיים (בעוד לקאנט תכני המוסר הם דווקא אוטונומיים, והאדם בשכלו קובע מה מוסרי). היהודי איננו קובע לעצמו את הערכים. לפי התורה יש מערכת עליונה שקובעת מה טוב

ומה לא. התורה בערכיה ובמצוותיה היא המגדירה לנו את מערכת הערכים ההטרונומית, שלפיה נקבע מה טוב ומה רע.

התפיסה הפילוסופית שלפיה כל אדם קובע באופן אוטונומי את ערכיו, מובילה לבעיית היחסיות של המוסר.

> תפיסה זו ייחודית לתורת ישראל. גדולי הפילוסופים מתקשים למצוא מקור רציונלי לדרישה המוסרית משום שנקודת המוצא שלהם היא שהאדם הוא מי שמגדיר את הערכים. לדידם הערכים הם אוטונומיים ולא הטרונומיים, ולכן הם מתקשים לקבוע אם יש מקום בכלל להגדיר ערכים כלשהם כמוחלטים.
>
> (שם עמ׳ 191)

עם זאת, גם לפי היהדות יש רובד בסיסי של הידע הזה, שטבוע באדם עצמו, גם מבלי שלמד תורה. הרמב״ם בהלכות מלכים (ח, יא), בדבריו על שבע מצוות בני נח, מעלה את האפשרות שבני נח יקיימו את המצוות המוטלות עליהם אך לא מכוח הציווי האלוקי, אלא מתוך הכרע דעתם. אם כן, יש מצוות שאדם יכול להגיע אליהן מתוך הכרע דעתו, והיה יכול לקיים אותן גם אילו לא הייתה ניתנת תורה, והן מקבילות למצוות בני נח. הקדוש ברוך הוא נטע באדם את הכלים להגיע מעצמו לקומה הבסיסית של המוסר. אלא שלא די במצוות מצומצמות, במעגל הבסיסי של הערכים לבדו, וכדי לדעת את כלל המצוות – גם מה שהשכל אינו יכול להגיע אליו מעצמו – קיבלנו את התורה.

אם כן, לפי קאנט העשייה באה מתוך ציות לחוק חיצוני, ותוכן העשייה נובע מתוך האדם עצמו ושכלו, בעוד על פי התורה העשייה באה מתוך רצון פנימי ותוכנה נקבע לפי צו עליון חיצוני.

הרב מזהה שני מוקדי סכנה בשיטתו של קאנט: המוקד הראשון הוא הסובייקטיביות של המוסר, אין ערכים חיצוניים מוחלטים שהאדם כפוף להם. זו נקודת המחלוקת הראשונה שראינו – האם מקור הידיעה של טוב ורע הוא אוטונומי או הטרונומי. מוקד הסכנה השני הוא פעולה מוסרית שלא מתוך רצון, האדם מציית לצו המוסרי ולא

פועל מתוך הרצון הטוב שבפנימיותו. התוצאה של שני המוקדים היא שייתכן מצב של אדם מרושע וברברי, שקובע באופן שרירותי מהו טוב – ולאחר מכן, כיוון שאין הוא פועל על פי הלב, הוא יציית באופן עיוור לחוקים המעוותים שייסד. הדוגמה הקיצונית לזה, כאמור בפרק הקודם, היא הנאציזם.

היסוד השלישי מצביע על הרצון המוסרי הבסיסי ביותר של האדם: להיות טוב ולא להיות רע. הקדוש ברוך הוא מציב בתורה את מערכת הערכים, וכעת השאלה היא האם האדם ייענה להם, ובראש ובראשונה השאלה היא אם הוא רוצה להיות טוב. להיות מוסרי פירושו קודם כול לרצות להיות טוב. זה תלוי אך ורק באדם עצמו. רצונו המוסרי של האדם אינו בא מבחוץ, הוא אוטונומי לגמרי.

הרצון המוסרי אינו מופיע בבת אחת: יש באדם קונפליקטים מוסריים. פעמים רבות המעשה המוסרי לא יהיה הדבר הראשון שהוא ירצה לעשות, אך הוא יידע שזה המעשה הטוב ולכן יעשה זאת. בתחילת דרכו של האדם יש פער בין מה שהמוסר תובע ממנו ובין הרצונות האישיים שלו. זהו מצב שבו נוכח בו הרצון הבסיסי להיות טוב, אבל מול דרישות ספציפיות ובסיטואציות ספציפיות קשה לו ליישם את התביעה למעשה הטוב. כאן באה ההתגברות המוסרית: האדם מבין שהתביעה המוסרית מופנית כלפיו, ולכן הוא עושה זאת אף שאינו רוצה. אולם לאורך דרכו, האדם אמור להתקדם במדרגתו המוסרית, עד שכל דרישה מוסרית תהפוך לחלק מהרצון שלו. השאיפה היא להפוך מ׳צדיק׳ שמקיים הכל מחובה, ל׳חסיד׳: לעשות את המעשה הטוב מתוך רצון פנימי והזדהות מלאה. לכן האדם נשפט קודם כול על המעשה המוסרי, ורק אחר כך על הכוונה.

היסוד הרביעי הוא חופש הבחירה, הקובע כי האדם חופשי ליישם את ההחלטה שבה בחר, ואין מה שיכפה עליו שלא לעשות זאת. חופש הבחירה הוא יסוד התורה והוא תנאי לציווי ולגמול, כפי שמדגיש הרמב״ם בהלכות תשובה.

האם יש בחירה לאדם גם בתחום ההשקפות, או שכאן כפויה על האדם מסקנת הבירור השכלי שלו? בהקדמה למסכת אבות כותב הרמב"ם שזוהי שאלה עמוקה, אבל מכריע שגם בכוח השכלי יש לאדם בחירה, מבלי להסביר הכרעה זו. הרב מסביר את הקביעה שהבחירה מצויה בכוח השכלי בכך שפעמים רבות מחשבה אינה מסקנה מחויבת שכפויה על האדם, ויש מצבים שבהם האדם "מעדיף לחשוב כך" ולא אחרת. ההעדפה חופשית ומבטאת את הרצון. בכך היא בגדר הכרעה אוטונומית בחירית, וניתן לשפוט את האדם גם עליה.

לסיכום, היהודי מכיר מתוכו שהטוב ראוי והרע מגונה. התורה מלמדת אותו מהו הטוב, ואילו היה נסמך רק על דעתו שלו היה עלול לעשות דברים רעים מתוך מחשבה מוטעית שהם טובים. החירות הבסיסית ביותר שנתונה בידיו של האדם היא בשאלה הראשית, האם הוא רוצה להיות טוב ולעשות טוב. שאלה זו תלויה רק בו. ולסיום יש בידו את החופש המעשי לעשות את הטוב שבו הוא חפץ, ואין מי שכופה אותו מראש למעשה מסוים. מה יחס היהדות ומה יחס התרבות האנושית לחופש הבחירה? בכך נעסוק בהמשך.

פרק 7

הבחירה החופשית

העולם מתנהל על פי מערכת חוקים ויש לו סדרים קבועים, כך שאפשר לצפות מה יקרה בו ומה תהיה תוצאתה של כל התרחשות. המדע מפתח את המבט הזה, ומגיע להבנה עמוקה של ההתרחשויות בעולם. הוא לא בהכרח מביע עמדה מפורשת בשאלת הבחירה החופשית שהיא שאלה של השקפת עולם, אבל הנחות היסוד העומדות בבסיסו, המניחות שלכל אירוע יש סיבה מחייבת קודמת, לא נותנות מקום לבחירה החופשית. המדע עסוק בחשיפת הסיבות למאורעות ובהבנת החוקיות שמאחורי כל מאורע, ואף חותר לאפשרות לצפות לאור זה את ההתרחשויות העתידיות. בכך הוא משרטט עולם דטרמיניסטי, שבו חוקי הטבע הם הסיבות המוחלטות שקובעות את כל המתרחש, והבחירה החופשית חסרת משמעות. כל בחירה היא תולדה של שרשרת כוחות עיוורים שמתנהלים על פי חוקי הטבע.

התורה, לעומת זאת, דוגלת בכך שיש לאדם יכולת לבחור. בתחילתה אומרת התורה "הן האדם היה כאחד ממנו לדעת טוב ורע" (בראשית ג, כב), ולקראת חתימתה היא מסכמת "החיים והמוות נתתי לפניך הברכה והקללה, ובחרת בחיים" (דברים ל, יט). האפשרויות נתונות בידי האדם, והוא הבוחר. בנוסף, אין משמעות לכל הציוויים שבתורה, אם הבחירה בהם לא נתונה בידו של האדם.

על כן כשהרמב"ם עוסק בהלכות תשובה בעיקרון הבחירה החופשית, הוא קובע שזהו 'עמוד התורה'. אילו כל המעשים היו קבועים מראש או נגזרים באופן הכרחי מהסיבתיות הדטרמיניסטית, לא היה מוצדק לתת שכר או עונש על המעשים, ולא היה עניין לצוות על המעשים מלכתחילה. כל המגמה המוסרית של התורה רלוונטית רק אם יש לאדם בחירה, ועל בסיסה נדרש האדם לבחור בטוב.

יש אם כן ניגוד חד בין שתי תפיסות – חוקי טבע או חופש בחירה. אולם, האם ויכוח זה שבין המדע לתורה חייב להיתפס כוויכוח חזיתי? האם התורה כופרת בעולם הטבע ובחוקיו ורואה בהם אשליה, כמו תפיסות מסוימות בעולם? לא בהכרח: המדע אומר שבטבע אין חופש בחירה, והתורה מאשרת זאת (לפי הרב מצב זה מתחיל החל מסוף היום השישי), אלא שהיא מציבה את האדם מעבר לטבע.

אם כן, לכאורה צמצמנו את הפער בין התורה למדע, כיוון שהתורה אינה חולקת על החוקיות של הטבע; היא רק מפרידה בינו ובין האדם. האדם יוצא דופן מהעולם הטבעי, והוא אינו משועבד לחוקיות.

אולם הוויכוח המהותי לא השתנה, כיוון שהדטרמיניזם אינו נותן מקום לבחירה החופשית, אפילו לא לזו של האדם.

> דבר מה עומד בדרכה של החשיבה הטבעית ומפריע לה להודות שחופש הבחירה של האדם הוא מרכיב בסיסי במהותו. הבחירה החופשית מציבה את האדם במעמד ייחודי בעולם, אך העולם הדטרמיניסטי לא יאפשר לאדם לצאת מכלל זה. ממה נפשך, אם הכל קבוע מראש ונתון לחוקיות בלתי משתנה, הרי שראוי הדבר להיאמר גם באשר לאדם, שהוא חלק בלתי נפרד מהטבע כולו; ואם האדם ניחן בחופש בחירה, אז גם לכל הטבע חייבת להיות בחירה חופשית.

(סוד העברי א, עמ' 67)

בעיני התפיסה הדטרמיניסטית, בלתי אפשרי שיהיו בעולם הטבע דברים יוצאי דופן, שהחוקיות הקבועה לא חלה עליהם. על כן הוויכוח נשאר בתוקפו לאורך כל ההיסטוריה.

גלגוליו של הדטרמיניזם

התפיסה הדטרמיניסטית שלטה בעולם כבר בתקופה האלילית. עד היום רווחת האסטרולוגיה, תולדתו של ענף הראייה בכוכבים, המבוסס על חוקיות מוחלטת: כל מה שיקרה לאדם תלוי במהלכם הקבוע של גרמי השמיים. תפיסה זו ממשיכה במידה מסוימת לפילוסופיה היוונית, ואחר כך בימי הביניים בחלקים מרכזיים בדת המוסלמית – בייחוד בכת האשעריה הסונית שטוענת שהכל גזור מראש (ראה רמב"ם מורה הנבוכים ג, יז). עיקרון זה מופיע גם בנצרות, כפי שמתבטא בעקרונות הכרחיות החטא הקדמון והכרחיות הגאולה בעתיד – ללא תלות באדם. לפי כל אלו אין משמעות לחופש הבחירה.

התפיסה ממשיכה להתגלגל במהלך הדורות, והיא מתגלמת היום במדע המודרני. בין הביטויים של הדטרמיניזם במדע המודרני אפשר למצוא את הענפים באקדמיה שמחילים את עקרונות מדעי הטבע על מדעי החברה (כמו זרמים מרכזיים בסוציולוגיה ובאנתרופולוגיה) או על התנהגות האדם (כמו בפסיכולוגיה ובמדעי המוח), ומנתחים את פעולות האדם על פי תבניות קבועות. ביטוי אחר לכך הוא המאמץ ליצור בינה מלאכותית. זו קשת רחבה של דעות, אמונות ותרבויות שונות זו מזו, ואת כולן חורזת התפיסה השוללת בחירה חופשית.

שאלת מקום האדם בבריאה

הוויכוח בין תפיסת הדטרמיניזם ובין תפיסת חופש הבחירה נעוץ, למעשה, בשאלה מהו האדם. האם הוא יצור טבעי, אחד מאינספור היצורים הקיימים במערכת הטבע, או שהוא יצור ייחודי ושונה?

השאלה נוגעת גם בשאלת הגישה הכללית לבריאה, האם האדם הוא שווה ערך לכל חלקיה, או שהכול נברא בשבילו ואין למדוד אותו כעוד יצור טבעי. הגישה הקוסמולוגית מול הגישה האנתרופוצנטרית.

חשוב להבין שלא מדובר רק בשאלה השקפתית, אלא בשאלה קיומית עמוקה – האם האדם כפוי לכל מה שקורה לו. זו שאלה בעלת השלכות גורליות, של ייאוש מול תקווה, ניכור מול אנושיות, וקריסת המוסר למול קיומו.

שני יסודות בחוויית האדם

המתח בין החופש להכרח צומח לא רק מבירור הגותי־תרבותי, יש לו מקור פנימי בתוך האדם. בתודעתו של האדם הוא בוודאי פועל כייחודי בבריאה, ולא כעוד מין של בעל חיים שמסתובב בעולם. הוא שם את עצמו במרכז, אומר את דעתו על כל דבר וחוקר ומפענח את סודות היקום. מתוך שלטונו בעולם שניתן לו בפרק א בבראשית ("ומלאו את הארץ וכבשוה"), הוא יכול למשל להחליט לשמור על האקלים העולמי ולעשות צעדים שמסייעים לכך. לעומתו, מארג החי והצומח אינו מקיים ועידות על מצב ההתחממות הגלובלית, אלא מתנהל מתוך איזון טבעי שמובנה בו. השאלה היא אם ייחודו של האדם מסתכם ביכולת השליטה שלו, שניתנה לו בסוף פרק א בבראשית, או שקיימת בו גם הרמה הנוספת שמתוארת בפרק ב – היכולת לבחור בטוב ובמוסרי.

בפועל, במישור החוויה הקיומית, האדם בוחר. על כל צעד ושעל הוא מכריע בין צמתים, מתוך חוויה שהוא זה שהכריע ביניהם. אך מתחת לפני השטח, בנפשו פנימה, מנקרת בתוכו השאלה האם הוא חופשי. לצד המצבים בחיים שבהם הוא בוחר, יש גם מצבים שבהם הוא מרגיש שכוחות חזקים דוחפים אותו. הוא נכנע לרבדים חזקים פנימיים וחיצוניים שאינם בבחירתו. לעיתים הוא פוגש את עצמו כיצור פיזיולוגי ולעיתים כיצור רוחני־חירותי. הוא מסתכל על עצמו בשתי עיניים, האחת פוגשת את ההכרח והשנייה את החירות.

למעגל קסמים זה, אין פתרון; על כן מוצאת החשיבה הטבעית את עצמה בחוסר־מוצא טראגי. פילוסוף הטוען שהוא מאמין בחופש הבחירה של האדם, אינו אומר זאת מנקודת מבטו כפילוסוף. הוא אומר זאת מנקודת המאמין שבו, שאם לא כן כל הפילוסופים היו חייבים להכיר בחופש הבחירה של האדם. ולהפך: החשיבה הפילוסופית האמיתית דוחה את רעיון החופש, שאינו עולה בקנה אחד עם מהות החשיבה הפילוסופית עצמה. אבל באותו הזמן בדיוק, עמוק בחוויית קיומו, מוצא האדם החושב את חוויית החופש בתוך נשמתו, מה שמחייב אותו להאמין בחוויה זו ממקום אחר לגמרי בישותו. כך, עבור האדם הטבעי, נוצר פער בין המחשבה לבין החוויה.

(שם)

מהו היסוד – הכרח או חירות?

הפילוסופיה אינה יכולה לקבל יוצאי דופן. לא תיתכן בעיניה בחירה חופשית. זה הכרחי מנקודת המבט שלה: מי שמרכיב משקפיים של פילוסוף, התמונה הסיבתית־דטרמיניסטית היא התמונה היחידה שביכולתו לראות, שכן שאלת היסוד של השכל בכלל ושל הפילוסופיה בפרט היא הבנת סיבתם המהותית של הדברים. החיפוש הסיבתי מניח במובלע שלכל מאורע יש סיבה מחייבת, ואם כך אין מעשה בחירי שלא היו לו סיבות קודמות שגרמו לו. פילוסוף שמאמין ברעיון החירות מושפע בכך מהתנ"ך או מהחוויה הקיומית, ולא מהחשיבה הפילוסופית השיטתית. חשיבה פילוסופית שיטתית תביא לתפיסה דטרמיניסטית, והדוגמה הבולטת ביותר לכך היא הפילוסופיה השיטתית של שפינוזה שמביאה למסקנות דטרמיניסטיות חדות.

נוסיף כאן משל להבנת העניין. חשוב להיות מודעים למשקפיים שאנו מרכיבים על עינינו; לאדם שמרכיב משקפיים עם עדשות אדומות שדרכן הכול נשקף בצבע אדום, צריך להיות ברור שבעולם יש גם כחול וצהוב, והוא זה שאינו רואה את כל המציאות. גם נקודת

מבטה של הפילוסופיה מוגבלת, ויש גוונים במציאות שאין היא רואה בשל המשקפיים הסיבתיים שהיא בוחרת להרכיב על עיניה. לעומת זאת, אומר הרב אשכנזי, נקודת המבט של היהדות היא אחרת: הקדוש ברוך הוא יצר עולם חופשי, וברא בו מעטפת דטרמיניסטית. השאלה היא מה יסוד העולם. אם בראש הפירמידה עומד הדטרמיניזם, לא יכול להתקיים לצידו שום יסוד של חופש; אך אם בראש הפירמידה עומד בורא חופשי, הוא יכול ברצונו לברוא גם חוקיות. החירות היא העומדת ביסוד העולם, והיא גם זו שמאפשרת את קיומם של החוקים, כך שבכל יום ויום מתקיימים חוקי הטבע על יסוד הבחירה הרצונית של הבורא. ההכרח והבחירה נובעים משורש אלוקי אחד.

יסוד הדברים מופיע כבר ברמב"ם, בהמשך דבריו בהלכות תשובה:

> ואל תתמה ותאמר: היאך יהיה האדם עושה כל מה שיחפוץ ויהיו מעשיו מסורים לו, וכי יעשה בעולם דבר שלא ברשות קונו ולא חפצו, והכתוב אומר כל אשר חפץ ה' עשה בשמים ובארץ?!
> דע שהכל כחפצו יעשה ואף על פי שמעשינו מסורין לנו, כיצד? כשם שהיוצר חפץ להיות האש והרוח עולים למעלה והמים והארץ יורדים למטה, והגלגל סובב בעיגול, וכן שאר בריות העולם להיות כמנהגן שחפץ בו, ככה חפץ להיות האדם רשותו בידו וכל מעשיו מסורין לו, ולא יהיה לו לא כופה ולא מושך אלא הוא מעצמו, ובדעתו שנתן לו האל עושה כל שהאדם יכול לעשות.
>
> (הלכות תשובה ה, ד)

כעת השאלה היא מדוע נברא העולם כך – למה יש בו שני ממדים, בחירי והכרחי? הרמב"ם אינו אומר מה הסיבה, והסברו של הרב נשען על האר"י.

אין אחריות ללא חוקיות

בקבלת האר"י יש שני מושגים הנוגעים לענייננו – היושר והעיגולים. היושר מציין את המגמה האלוקית, והעיגולים את החוקיות הטבעית. בתהליך האצלת העולמות הופיע קודם כול עולם העיגולים – עולם רוחני שמאפיינים אותו הסדרים, ואחר כך הופיע עולם היושר – עולם רוחני שמאפיינת אותו המגמה.

> החוקיות שבטבע מוכרת ומוגדרת כמוכרחת באורח טוטאלי. היא מתגלה כמציאות בלתי פרסונאלית לחלוטין, ונתונה לדטרמיניזם חרש ועיוור. הנחה זו מוסכמת על כל חוקר אפיסטמולוגיה מדעית. מציאות זו של עולמנו מכונה בשורשה בחכמת הקבלה 'ספירות דעיגולים'. אולם אי אפשר שלא להבחין בעולמנו גם במימד הפוך, והוא הצד הפרסונאלי, ה'אני' שמתגלה במודעות האדם כלפי עצמו, החי על פי ערכים רוחניים ומוסריים. במושגי הקבלה, מימד זה של המציאות נקרא בשורשו בשם 'ספירות דקו היושר'.
>
> (סוד מדרש התולדות ה, עמ' 135)

תיאור זה מקביל לפרק א ופרק ב בבראשית, בריאת הטבע ואחריה בריאת האדם. ההבדל בין הפרקים מתבטא באופן בולט בשמות ה': בפרק א מופיע רק שם אלוקים שמבטא את ההנהגה הטבעית, ובפרק ב מצטרף אליו שם הוי"ה. יש לברר מדוע מופיעים הדברים בסדר זה, והאם אין יסוד אחדותי מאחורי הדואליות הזו.

כאן אנו פוגשים את אחת הקביעות המעמיקות והמקוריות של הרב אשכנזי: הדטרמיניזם נצרך לשם החופש של האדם! הטבע כפוף לחוקיות דטרמיניסטית על מנת שהאדם ידע מה תוצאותיה של כל בחירה שלו ויוכל לבחור. הרב מסביר כי הסדרים חייבים לבוא לפני המגמה. אין משמעות לבחירה של האדם כשהכול יכול לקרות בכל

רגע. צריך סדרים ברורים וידועים כדי שתהיה לאדם ידיעה מה תהיינה ההשלכות של הבחירה שלו ומה תוצאות מעשיו. תפיסה נעדרת חוקיות מסירה את האחריות מן האדם לא פחות מהתפיסה הדטרמיניסטית. המטרה היא האדם החופשי, אדם שמעצב את דמותו מתוך בחירתו האישית ואחריותו למעשיו. זה העיקר, אלא שמטרה זו אינה יכולה להתממש בעולם של אנרכיה, עולם ללא חוקיות. האדם חייב לדעת לפני כל פעולה שהוא עושה מה היא תגרום, ומתוך כך מה מחייבת אותו האחריות. ההכרח מקיף את האדם בכל עולם הטבע שסביבו, אבל האדם עצמו חופשי בבחירתו.

חכמי הקבלה מהפכים את נתוני הבעיה, כאשר הם רואים בדטרמיניזם של הטבע תנאי **הכרחי** לחופש האמִתי של האדם. אי אפשר לדבר על חופש אמִתי אם הכול מסביב עלול להשתנות בכל רגע. אי אפשר לקבל שום החלטה רצונית אם התנאים משתנים, ולא ניתן לחזות מראש מה יהיו התנאים החדשים אחרי השינוי. רק אם אני יודע מראש מהן ההשלכות של מעשה מסוים, אני יכול לקבל החלטה מרצוני החופשי. רק אז אני יכול להיחשב לאחראי למעשיי. לכן **קיבוע** תפקוד העולם לפני תחילת ההיסטוריה האנושית, בסוף יום השישי של ימי המעשה, הוא תנאי הכרחי לחופש האדם, המשמש נושא ההיסטוריה של 'היום השביעי'. הבורא חייב לשבות כבורא במהלך ההיסטוריה האנושית כדי לאפשר לאדם למלא את תפקידו.
במילים אחרות, חייב העולם להיהפך לטבע – רוצה לומר לתפקד בצורה דטרמיניסטית, כדי שהאדם יוכל לקבל החלטות אמִתיות במהלך ההיסטוריה שלו. זה בדיוק מה שמלמדת אותנו התורה בסוף יום השישי, במעבר מיום השישי שבו הפועל הוא הבורא ליום השביעי שבו הפועל הוא האדם: "וַיְכַל אֱ־לֹהִים בַּיּוֹם הַשְּׁבִיעִי מְלַאכְתּוֹ אֲשֶׁר עָשָׂה וַיִּשְׁבֹּת בַּיּוֹם הַשְּׁבִיעִי מִכָּל מְלַאכְתּוֹ אֲשֶׁר עָשָׂה".
עולם שבו הכול אפשרי מביא את האדם לידי תודעה מָגית

> משום שהאדם עסוק כל הזמן בפיוס כוחות הטבע, והוא נמצא בחרדה מתמדת שמא הכול יתהפך. עולם שבו עושה האל את הכול מסיר מן האדם כל אחריות. אין שום ערך לשום מעשה. אין שום תכלית לשום מעשה. הכול קפריזה אלוקית. עולם שבו הכול, כולל האדם, מתנהג לפי חוקים קבועים, מסיר גם כן מן האדם כל אחריות. אין יסוד למוסר. יש פער שלא ניתן לגישור בשום צורה בין הדרך שבה תופס העברי את העולם לדרך שבה תופס היווני או המוסלמי את העולם. התרבות המערבית המודרנית מנסה ללא הצלחה להחזיק את המקל בשני צדדיו: להאמין במה שמאמין העברי – האדם הוא בן חורין, ולחשוב כפי שחושב היווני. אין זה אפשרי. קודם כול צריך לחשוב כפי שחושב העברי.
>
> (סוד מדרש התולדות ג, עמ' 217-218)

פרדוקס הדטרמיניזם והחופש של התרבות המודרנית

בסוף הדברים שהובאו מעיר הרב אשכנזי הערה רבת חשיבות. התרבות המערבית המודרנית מנסה להחזיק את המקל משני צדדיו. למה כוונת הרב?

הרב מצביע על הסתירה הפנימית שבתרבות המודרנית, בין ביסוסה על מדע ומחשבה דטרמיניסטיים לבין שלושה אפיונים אחרים שלה: היא מניפה את דגל החופש, היא פועלת כבעלת תביעות המוסריות (ואף רוצה לקבוע את הערכים בעצמה כבחטא אדם הראשון), ומציבה במרכזה מערכת משפט שמעמידה את האדם לדין כאחראי למעשיו.

נפרט זאת. בתרבות המודרנית עומד ערך החופש כאחד מהגבוהים בסולם הערכים, אם לא החשוב שבהם. לצד החופש עומדים גם ערכי המוסר והמשפט בחלקים העליונים של סולם הערכים. העולם נמדד על פי אמת המידה המוסרית, ומתנהל על פי משפט. שני הערכים

הללו מנוגדים לדטרמיניזם: לפי החוקיות שהמדע דוגל בה, התנהגותו של האדם אינה בשליטתו, ואי אפשר לשפוט אותו ולהעניש אותו על מעשיו. יש מקרים שבהם בית המשפט מכריע כי הנידון אינו אחראי למעשיו, מסיבות פסיכיאטריות וכדומה, אבל אלו הם יוצאים מן הכלל המעידים על הכלל: ברוב מוחלט של המקרים, בני האדם נידונים בתור אחראים למעשיהם. היה אפשר לומר שגם השופטים פועלים על פי הכרח, אבל זה כבר מרוקן את כל עולם הערכים המודרני מתוכנו, והופך את כלל האנושות לחברה של רובוטים.

אם נחזור אל התרבות המערבית עצמה, נוכל לראות שהיא מקצינה את יסוד החופש הרבה יותר מאשר היהדות. ביהדות, כאמור, אנו מקבלים את עקרונות המוסר מהתורה, ובידינו הבחירה להענות להם בצד שהתורה אומרת לנו כי הוא טוב. התרבות המודרנית, לעומת זאת, רוצה לקבוע לעצמה את הערכים המוסריים. יתרה מזאת: במקרים קיצוניים, היא מבקשת את החופש לחיות בעולם ללא ערכים. אם כן, לא רק שהתרבות המודרנית אוחזת בחבל משני צידיו, היא גם לוקחת כל צד למקום הקיצוני ביותר.

הרי שהתרבות המודרנית מצויה בסתירה פנימית, אף שהיא מנסה להתעלם ממנה. החופש, המוסר והמשפט שלה אינם נובעים מהתפיסה המדעית, אלא להפך – הם מתנהלים תוך התעלמות גמורה ממה שנגזר מהמדע ומהדטרמיניזם שבבסיסו. לדברי הרב אשכנזי אין לתרבות המודרנית מוצא מסתירה זו, מלבד שיבה אל האמונה העברית. ממפגש עם התורה היא תוכל למצוא את הדרך הנכונה לבניית עולם הערכים שלה.

פרק 8

התורה בקריאת לכתחילה ובקריאת בדיעבד

לימוד התנ"ך – עיני לכתחילה ועיני בדיעבד

עסקנו בהרחבה במקומו המרכזי של חופש הבחירה כעמוד השקפת העולם היהודית, כפי שהוסבר על ידי הרב אשכנזי. כעת נראה כי הדגש של הרב על חופש הבחירה מעצב גם שיטה מיוחדת ללימוד ופרשנות המקרא.

לפי התפיסה הפשוטה, המצוות שבתורה הן העיקר, והן באות ללמדנו מהו המעשה הטוב והראוי שעלינו לבחור בו. הסיפורים הם רק נספחים אל המצוות, שהן עיקרה של התורה. הרב שם דגש מיוחד על הסיפורים: התורה מתארת התרחשות, מסע שעובר דרך ההיסטוריה. גם המצוות ניתנות בזמן מסוים לאורך ההתרחשויות שמתוארות בתורה, ולא כולן בבת אחת. יש משמעות לשלב בסיפור שבו ניתנת כל מצווה. הסיפור הוא לא מסגרת ורקע למצוות, אלא המצוות הן מרכיב מרכזי בתוך הסיפור הגדול.

לתורה יש עלילה שמוכרת לנו היטב. תחנותיה העיקריות הן בריאת העולם, סיפור אדם הראשון, דור המבול, בחירת אברהם, סיפורי האבות והיפרדם מישמעאל ומעשו, שעבוד ויציאת מצרים, מתן תורה, המסע במדבר לארץ ישראל. עלילה זו נקראת בדרך כלל

כעלילה שתוכננה מראש בידי הקדוש ברוך הוא, וכרצף אירועים שקרה כפי שהיה צריך לקרות. רצף זה, בפשטות, הוא התהליך שהאנושות הייתה צריכה לעבור לשם מימוש הייעוד האלוקי. אך האם העלילה באמת הייתה חייבת להתרחש כך?

לפי התיאור שהבאנו, אפשר לדמות את סיפור התורה לרכבת: כל התחנות ידועות מראש, והיא עוברת ביניהן בדרכה אל היעד. יש לה מסילה קבועה. אולם לפי התפיסה של הרב, התורה היא מכונית שאומנם נוסעת אל יעד אלוקי, אך ללא מסלול מוכתב ומחויב מראש, ובכל צומת יש לה אפשרות לפנות לכאן או לכאן. הבעיה שלנו כלומדים, לדברי הרב, היא שאנו כבר מכירים את התורה, ובכל פרשה אנו כבר יודעים מה תהיה הפרשה שאחריה, ועל כן נראה לנו שהשלב הבא נמשך מאליו מתוך השלב הנוכחי. אבל לפי הרב, בכל שלב עלינו להיות מודעים לכל הכיוונים שאליהם יכול היה הסיפור להתפתח. אחרי שהסיפור התפתח בכיוון מסוים, עלינו לחשוב מה השלכותיה של ההכרעה דווקא בכיוון זה ולא אחר.

> מגיל רך הורגלנו לקרוא את העלילה המקראית כך שברקע אנחנו כבר יודעים מהו המשך הסיפור ומהם מגמתו וכיוונו. עלינו לקרוא כל פסוק בפני עצמו, כאילו כל מצב בתורה יכול היה להתפתח לכל כיוון שהוא. הכל מתרחש באופן שבכל שלב קיים חופש בחירה מוחלט, העשוי להוביל את הסיפור למקומות רבים ומגוונים.
>
> בדיעבד נראה לכאורה כי הסיפור חייב היה להתרחש בצורה המתוארת לפנינו ולא בשום דרך אחרת. דומה כי כל חלק מהסיפור כאילו נקבע ונטבע מראש באור של פטאליזם מחויב מציאות. אולם תחושה זו איננה תואמת את רוח התורה. אמנם, בכל שלב מרווח הבחירה מצטמצם והולך, אך הוא קיים לכל אורך הסיפור.

(סוד העברי א, עמ' 105)

הרב אשכנזי מבחין בין שתי אפשרויות לקריאת התורה – קריאה בדיעבד וקריאה לכתחילה. קריאה בדיעבד מבינה את המתרחש בכל פרק לפי ההתרחשות שבאה בהמשך. קריאה לכתחילה לומדת את התורה בלי לדעת מה התרחש בדיעבד בהמשך. היא לא מניחה שמה שקרה חייב היה לקרות, אלא מודעת לאפשרויות נוספות שעמדו על הפרק, וההכרעה ביניהן הייתה נתונה לבחירה החופשית. רק ההכרעה החופשית קבעה את המשך העלילה. הכרעה שונה הייתה מובילה גם את העלילה לכיוון אחר.

עלינו לקרוא את התורה בקריאה לכתחילה ולא בדיעבד. אין לקרוא את התורה כמסלול של רכבת שבו התחנות קבועות, כי אם כמסלולי כבישים שבהם יש צמתים שפונים לכמה כוונים. גישה כזו מחייבת אותנו לעיין ולהבין בכל שלב בתורה לא רק מה קרה, אלא מה עוד יכול היה לקרות, ומה היו החלופות. כיוון שהבחירה עומדת בבסיס, כל מצב בתורה יכול להתפתח לכמה כיוונים, ובכל שלב אפשר לשנות את סוף הסיפור.

ההבדל בין 'קריאה לכתחילה' ל'קריאה בדיעבד', הוא כהבדל שבין נביא לאסטרולוג. האסטרולוג, שהוא איש הרוח של תרבות ההכרח, מציג עתיד אחד מוכתב. אך הנביא מציג שני סוגי עתיד, שתלוי בשאלה אם יבחר העם להיטיב דרכיו או חלילה להרע אותם. האסטרולוג מגיד העתידות טוען שהוא יודע מה יקרה, ואילו הנביא רק מודיע מה יקרה 'אם'. הוא מציג את האפשרויות לפי כל בחירה של האדם. הנבואה נותנת מקום לתשובה, היא מודיעה לאן תוביל הבחירה ברע וקוראת לבחור במסלול הטוב. ברוב המקרים נבואת פורענות נאמרת דווקא על מנת שלא תתקיים, כך שתעורר את העם לשנות את דרכיו ובזה לשנות גם את הכיוון שאליו העתיד זורם. יונה הנביא, למשל, ידע שתמיד קיימת האפשרות לבחור בטוב, ועל כן אנשי נינוה עשויים להתעורר ולשנות את דרכיהם בעקבות דבריו. הוא גם ידע שבני האדם תופסים את הנביא בכל זאת כמגיד עתידות, ולכן כשאנשי נינווה יחזרו בתשובה נבואתו תיראה להם כשקר, שהרי נינוה לא נהפכה למרות

איומיו. מכל מאורע עלינו להפיק לקחים על מנת לשנות את העתיד, אמונת התורה אופטימית ולא פסימית־טרגית.

אם כן, כמו כל אדם שבחירתו נתונה בידו וכל הכרעה תפתח בפניו דרך אחרת, גם בני האדם שבסיפורי המקרא ניצבו תמיד מול יותר מדרך אחת – ובכל פעם בחירתם השפיעה על הדרך שבה יתקדם העולם. אצל הרב יש אם כן קשר הדוק בין הממד הרעיוני של הבחירה החופשית המוסרית לבין הממד הפרשני של מאורעות התורה.

דוגמאות מפרשיות בתורה:

נלך לתחילת התורה, לסיפור קין והבל. שיטתו של הרב אשכנזי פותחת את העיניים לשאלות חדשות בפרשה, לאור העובדה שבשל הבחירה החופשית קין היה יכול לבחור שלא להרוג את הבל. מה היה קורה לולא קין הרג את הבל? למה ציפה מהם הקדוש ברוך הוא? מה היה הייעוד שלהם? כיצד הייתה מתפתחת האנושות? אלו שאלות שבדרך כלל איננו שואלים את עצמנו.

יש להישמר מתחושת הפטאליות המלווה את הסיפור בשלב הזה של ההסטוריה האנושית, מכיוון שבכל שלב בסיפור 'בן האדם' הרוחני, המחנך, המנהיג, כמו גם 'בן האדם' הטבעי, איש החומר והגשמיות, יכולים היו למלא את תפקידיהם השונים מתוך אחווה ואחדות ולשנות את סוף הסיפור. לכן, אף על פי שהתהליך מתרחש כאילו בצורה פטאלית, ונראה מועד לכישלון, הרי שהכל קורה אך ורק בדיעבד. מלכתחילה הכל יכול היה להצליח!

דווקא ההכרות האינטימית שלנו עם הסיפור המקראי היא בעוכרינו, שכן אין אנו מנסים לדמיין כיצד יכול היה הסיפור להתפתח בצורה שונה. אנחנו יודעים שקין רצח את הבל, שתובל־קין הרג את קין. אנחנו יודעים שהיה מבול בתום עשרה דורות מאדם הראשון, והוא מחה את האנושות כולה להוציא משפחה אחת ויחידה. אנחנו מכירים את הסיפור לפרטיו טוב

כל כך, שנראה לנו כי כל מרכיב היה בלתי נמנע. אולם המסר של תורת החיים הפוך: בכל שלב היה לאנושות חופש בחירה כיצד לנהוג. בכל שלב היה לכל אחת מן הדמויות האנושיות המנהלות את המאורעות ההסטוריים בחירה חופשית, אם ללכת לכיוון ההרס והאובדן או לכיוון הבנייה והחיים. רמז לכך ניתן גם בשמות הדמויות הפועלות, שכן בכל שֵם ניתן למצוא את שתי המשמעויות ואת שני כיווני הפעולה האפשריים שיכולים 'הגיבורים' לקחת [קין – מלשון קניין או נקיות. הבל – נשימה או אד חולף. (ראה סוד העברי א, עמ' 128)]. כל אחת מהדמויות הללו בחרה בהרס, ולכן המצב באמת הלך והידרדר, אבל רק בדיעבד.

(סוד העברי א, עמ' 169)

דוגמה נוספת מספר בראשית

אומנם בסיפור קין והבל קשה לראות על פני השטח את האפשרויות החלופיות, אבל בסיפורים אחרים הן גלויות יותר, וקריאה בעיני לכתחילה שופכת עליהן אור. כשנח נולד, למשל, נאמר כי שמו ניתן לו מתוך תקווה ש"זה ינחמנו ממעשנו ומעצבון ידינו מן האדמה אשר ארֲרה ה'" (בראשית ה, כט). בקריאה הרגילה שלנו, התקווה הזו אינה רלוונטית כל כך, כי ממילא כל האנושות נספתה אחר כך. נח לא ניחם אף אחד מהאנשים שחיו בדורו, התקווה הייתה תקוות שווא. אבל אם אנו קוראים במבט של לכתחילה, כשאנו מגיעים לפסוק הזה – אנו מבינים שכשנח נולד באמת הייתה תקווה גדולה לבני האדם. לנח יש פוטנציאל להשיב את האנושות לעולם שבו האדמה איננה מקוללת, אלא שאנשי דורו בוחרים שלא לתת לפוטנציאל להתממש, והם הולכים בכיוון שרק מדרדר את העולם עוד יותר (נרחיב על כך יותר בפרק הבא).

אם הסיפור המקראי היה פסימי מלכתחילה, התורה לא הייתה

> מביאה אותו, מכיוון שהמסר הסופי של התורה אינו טראגי כי אם אופטימי. אם הסיפור נכתב בתורה, המטרה היא שנלמד ממנו ונפיק ממנו לקחים על מנת לשנות את עתידנו. זוהי משימה, זוהי דרמה ולא טרגדיה, שכן בתורה תמיד קיים פתרון בסופו של תהליך.

(סוד העברי א, עמ' 105)

לפי הרב אשכנזי הקריאה הזו משפיעה לא רק על פרשנות המקרא אלא גם על עיצובנו החינוכי־רוחני.

> פעמים רבות אני מדגיש את הצורך בלימוד המקרא 'מלכתחילה', בלי לדעת מה כתוב בפסוק הבא, אפילו במילה הבאה. זה נחוץ כדי לגלות את הפער הזה וכדי להבינו. שיטה זו הופכת אותי לפעיל בסיפור המקראי. במקום להיות צופה השופט את המסופר על פי האידיאל, אני הופך להיות שחקן בעצמי. אני נועל את נעליו של אברהם, אני נועל את נעליו של ראובן, של יוסף, של יהודה. אני חי במידת מה את האתגרים שעמדו בפניהם, את ההתלבטויות שהם חוו. אז אני יכול להבין לא רק שיש פרויקט שהבורא רוצה שנממש אלא מה נדרש לעשות במציאות כדי לממש אותו. אז אני חי במציאות ולא בעולם אידיאלי שעדיין אינו קיים. איני משליך את האידיאל על הקיים אלא שואל את עצמי מה נדרש עוד ממני כדי שהמציאות אף היא תהיה אמיתית אליבא דאמת. כך, ורק כך, לומדים מקרא באמת.

(סוד מדרש התולדות ח, עמ' 192)

פרק 9

קריאה לכתחילה – עיקרון ויישומו

נרחיב את הפרספקטיבה על סוגיית קריאת הלכתחילה וקריאת הדיעבד של סיפורי המקרא בעזרת דברי הרמב"ם בנושא ההשגחה במורה נבוכים.

יחסי השגחה־בחירה – מרחב האפשרויות

הרמב"ם (מורה נבוכים ג, יז) מציג חמש גישות בסוגיית ההשגחה. נביא את עיקרי הדברים בקצרה:

הגישה הראשונה היא גישת אפיקורס – אין שום השגחה כלל.

הגישה השנייה היא גישת אריסטו – יש השגחה רק על העולמות העליונים (עולם השכלים, הנבדלים והגלגלים, או במילים אחרות, המלאכים וגרמי השמיים). העולם שבו אנו חיים אינו מושגח בהשגחה אלוקית פרטית.

הגישה השלישית היא גישת כת האשעריה המוסלמית, שמייצגת קיצוניות הפוכה, לפיה יש השגחה מוחלטת על כל המתרחש

במציאות – פטאליזם. על פי גישה זו שום דבר איננו נתון לשליטתו של האדם והכול נגזר בכל רגע על ידי האלוקים. ממילא אין בחירה חופשית, וגם אין משמעות לציוויי תורה.

הגישה הרביעית היא גישת כת המעתזילה המוסלמית. לפיה העולם פועל לא לפי רצון האלוקים המוחלט, אלא לפי החוכמה האלוקית. המעתזילה היא הכת המשכילה יותר בעולם המוסלמי, והיא מנסה להחלץ מהמלכוד של תפיסה דתית פטאלית ההופכת את התורה וציוויה לחסרי משמעות. היא טוענת שיש לאדם מרחב בחירה, אך עדיין מייחסת את השליטה המוחלטת לאלוקים. היא החליפה את המושג המרכזי שמבטא את השליטה מרצון לחוכמה, ומשרירותיות להיגיון.

הגישה החמישית היא גישת התורה. לפי התורה האדם הוא בעל בחירה חופשית גמורה, ויש גם השגחה אלוקית על העולם שפועלת בהתאם למעשי האדם.

לפי כל הגישות הללו – בידי מי נתונות ההתרחשויות כאן בעולם?

בין הגישה הראשונה לשנייה אין הבדל לגבי שאלה זו, שתיהן מסכימות שהעולם הזה נתון ביד המקרה. ממילא הפועל בעולם הוא האדם ולא האלוקים, והוא בבחירתו יכול לקבוע מה יקרה כאן באופן כמעט בלעדי (למעט חוקי הטבע, שכמובן משפיעים על המתרחש סביבו).

לפי הגישה השלישית הגורם המכתיב את ההתרחשויות הוא האלוקים בלבד, הכול גזור משמיים. גם לפי הגישה הרביעית יש שליטה אלוקית חד־צדדית, אומנם על פי חוכמתו ולא בשרירותיות.

רק לפי גישת התורה ההתרחשויות נקבעות בשותפות של שני גורמים – האדם והאלוקים: האדם פועל, ואלוקים דן אותו כפי מעשיו. למערכת היחסים ההדדית הזו אנו קוראים משפט. יש כל מיני גישות בתוך היהדות כלפי המשפט הזה. יש מרחב של הבנות

כיצד הקדוש ברוך הוא מנהיג את עולמו במשפט, אבל העיקרון היסודי הוא אחד: הקדוש ברוך הוא משגיח על העולם בהתאם למעשי האדם הבחיריים, והמעשים והתגובות הם שיוצרים את סך כל הדברים שקורים במציאות.

הרמב"ם מבהיר שהגישה החמישית מוסכמת באופן עקרוני על כל חכמי ישראל. כשאנו מביטים בעולם המחשבה היהודי אנו רואים ויכוחים רבים, אך כשמרחיבים את המבט ורואים את כל הגישות שמחוץ ליהדות, מתוך פרספקטיבה זו מצטמצמים הוויכוחים שבפנים. העיקרון המרכזי משותף לכולם, בתוך היהדות כולם מסכימים שהמציאות נקבעת בידי שני גורמים – אלוקים והאדם הבחירי, ומכאן ואילך השאלה היא פנימית, עד כמה דומיננטי כל גורם. מה חלקו של האלוקים ומה חלקו של האדם בתוך השותפות המוסכמת, ומה מתכונת היחסים וההשפעות שבין שני הגורמים.

אחרי שראינו את נקודת המוצא של ההגות היהודית, את המרחב המוסכם שבתוכו מתנהלים הדיונים, נחזור לרב אשכנזי ונראה כי הוא מעצים את מקום הבחירה של האדם, אולי יותר מכל חכמי ישראל שלפניו.

הדוגמה המכוננת: קין והבל

את הדוגמה הראשונה שנראה בדברי הרב הזכרנו במילים אחדות בסוף הפרק הקודם: סיפור קין והבל. זו ההתרחשות הראשונה בעולם שמחוץ לגן עדן, והיא מלמדת אותנו הרבה על מבנה העולם הנוכחי.

לאחר שקורבנו של הבל מתקבל וקורבנו של קין אינו מתקבל, דבר שיוצר מתח בין קין להבל, פונה הקדוש ברוך הוא אל קין ואומר לו:

הֲלוֹא אִם תֵּיטִיב שְׂאֵת וְאִם לֹא תֵיטִיב לַפֶּתַח חַטָּאת רֹבֵץ וְאֵלֶיךָ תְּשׁוּקָתוֹ וְאַתָּה תִּמְשָׁל בּוֹ.

(בראשית ד, ז)

זו הפנייה הראשונה של אלוקים לאדם אחרי יציאתו מגן עדן. הדבר הראשון שאמר אלוקים לאדם עלי אדמות הוא ׳גורלך בידיך׳. יש לאדם בחירה חופשית, כשם שהוא יכול לרדת הוא יכול גם לעלות. בנוסף, הפסוק מגדיר גם את ציר התיקון. הקימה מהנפילה תתרחש על הציר המוסרי, ״אם תיטיב״. על האדם להשתפר מבחינה מוסרית, ובזאת יצליח לתקן את טעותו. בשלב זה הבחירה הייתה נתונה בידי קין.

העולם לא נועד לעמוד במקום. האדם יוצא לדרך והדרך מזמנת התמודדויות. ההתמודדות הראשונה של בני האדם הייתה הבאת הקורבן של קין והבל. קין בחר להביא קורבן, נכשל, ואז הגיע השלב הבא של ההתמודדות – האם קין יתקן את עצמו. לו היה שולט בכעסו ומתקן את מעשהו – הוא היה הופך לסמל האדם שמחולל תיקון מוסרי. הוא היה מראה שאפשר להשתנות ולתקן, והיה מממש בכך את הייעוד המוסרי של האדם, קונה את זכות קיומו ומביא בזה את העולם לימות המשיח.

> אילו היה קין מפנה לאחיו הבל בעת העימות ביניהם מקום בעולם, הוא היה הופך ה׳בן אדם׳, שכל האנושות מצפה לו, ׳ימות משיח׳ היו מגיעים מיד, וכל ההסתוריה האנושית הייתה זורמת בכיוון שונה. אולם מאותו הרגע שקין נכשל, משובצת ההסתוריה ניסיונות רבים, עד שבסופו של תהליך ארוך וממושך האנושות תזכה, תוליד ותוציא מתוכה את בן האדם המושלם.
>
> (סוד העברי א, עמ׳ 112)

כך יש לקרוא את הסיפור לפי הרב. להתבונן ולחשוב מה היו החלופות האפשריות, מה עוד היה יכול לקרות, ולאן הסיפור מתקדם כתוצאה מכך שקרתה אפשרות מסוימת ולא אחרת.

המבול היה יכול להימנע

מקין ממשיכה ההיסטוריה האנושית הלאה, ומגיעה לדורו של נח. בקריאה פשוטה של התורה יש נטייה לחשוב שהעולם התגלגל לקראת קלקול בלתי נמנע שהיה חייב להיפתר על ידי מבול. אבל הרב מזהה את הפסוק המיוחד שנכתב על לידת נח:

> וַיִּקְרָא אֶת שְׁמוֹ נֹחַ לֵאמֹר זֶה יְנַחֲמֵנוּ מִמַּעֲשֵׂנוּ וּמֵעִצְּבוֹן יָדֵינוּ מִן הָאֲדָמָה אֲשֶׁר אֵרְרָהּ ה'.

(בראשית ה, כט)

כשאנו קוראים את התורה מתוך ידיעה שהמבול יגיע בסוף, פסוק זה נראה כאשליה שהתנפצה, ומראש לא יכלה באמת להתממש. אבל הרב קורא אחרת: בדורו של נח מתעוררת אפשרות לבחור בטוב ולתקן את העולם מקללת האדמה בחטא אדם הראשון. היו תנאים מיוחדים וקרקע פורייה לתיקון. אלא שאחרי לידת נח האנושות השחיתה את מעשיה עוד יותר. במקום לנצל את ההזדמנות, בחרה האנושות בדרך של גילוי עריות וגזל גם יחד, "ויקחו להם נשים מכל אשר בחרו" (בראשית ו, ב). הקדוש ברוך הוא מגיב לאי־ניצול ההזדמנות וקובע: "לא ידון רוחי באדם לעולם בשגם הוא בשר והיו ימיו מאה ועשרים שנה" (שם, ג), אך האנושות מחריפה את מצבה עוד יותר וצועדת צעד נוסף בכוון הרשע והשפלות: "רבה רעת האדם בארץ" (שם, ה). המשך ההידרדרות מוליד את המבול.

המבול לא היה הכרחי. ניתן היה לעצור בכל מיני שלבים בדרך ולשנות את הכיוון. התקווה שנוצרה כשנולד נח לא הייתה אשליה. הייתה אפשרות שנח לא יינצל לבד, אלא יסחוף אחריו את כל העולם. במקום אחר מביא הרב מקור שלפיו דורו של נח היה אמור לקבל את התורה. התורה נמשלה למים, אבל הבחירה הטוטלית של האדם ברע, הביאה עליו במקום זה מבול של מים.

דוגמאות מפרשות נוספות

ניתן לראות עוד דוגמה בולטת בסיפור העקדה. בסיומה של פרשת העקדה נאמר "עתה ידעתי כי ירא א־לוהים אתה". כשאנו קוראים את הפרשה בקריאה בדיעבד גלוי וידוע לנו שאברהם יעקוד את יצחק. לפי זה הצלחתו של אברהם בניסיון העקדה הייתה מובטחת לו מראש, והניסיון נעשה רק כדי להראות את צדקותו לעולם. אבל הקריאה לכתחילה של הרב אשכנזי רואה את אברהם כמי שעומדות לפניו שתי אפשרויות ממשיות, והן תלויות לגמרי בבחירתו החופשית בלי שמוכתב מראש מה יעשה. אברהם עומד בפני ניסיון נוקב, שנותר תלוי ועומד בבחירתו, ורק בחירתו לעקוד את בנו הכריעה את הניסיון וזיכתה את אברהם בברכה. ועל כן יכולה התורה לומר "עתה ידעתי כי ירא א־לוהים אתה", פסוק שאין לו מובן לפי הקריאה בדיעבד.

מעבר לשכר ועונש

המשמעות היא שההתרחשויות בעולם חורגות ממערכת פשוטה של שכר ועונש. המעשה של האדם אינו גורר רק גמול נקודתי של ההשגחה האלוקית, אלא מעבר לזה: המעשים משפיעים על הכיוון שבו תתפתח ההיסטוריה. המקור האחרון שהזכרנו, שלפיו התורה הייתה אמורה להינתן בדורו של נח, מלמד על השפעה עמוקה של מעשי האדם על כלל הופעת התורה בעולם – הייתה אמורה להינתן תורה לכל בני נח, כלומר תורה כלל אנושית, אבל האנושות פנתה לכיוון אחר, ובשל כך ניתנה תורה רק לישראל. העיקרון הכללי שלפיו בחירת האדם משנה את ההנהגה האלוקית ולא רק גוררת שכר ועונש נקודתיים מופיע כבר בחז"ל. רש"י על התורה מביא את השיטה שרואה במשכן תוצאה של חטא העגל. לפי זה, לולא חטא העגל חצי ספר שמות וכל ספר ויקרא היו נראים אחרת לגמרי. עולם שלם של עבודת ה' התעצב כתוצאה מבחירה אחת בחטא – חטא מכריע. ראייה זו מעצימה את משקלה של הבחירה החופשית, היא משנה סדרים.

הרב אשכנזי מחדש ומצביע על כך שלאורך כל התורה בחירותיו של האדם הן המביאות לבחירה האלוקית בו. אברהם ומשה נבחרו על ידי הקדוש ברוך הוא, זה לצאת לארץ ישראל ולהקים את עם ישראל וזה להושיע את ישראל ממצרים. במבט ראשון נראה שיש כאן בחירה אלוקית שאינה קשורה כלל למעשיו של האדם. הרב מצביע על כך שאברהם יוצא מעצמו מאור כשדים לכיוון ארץ כנען כמתואר בסוף פרשת נח, ורק לאחר מכן הקדוש ברוך הוא בוחר בו ומורה לו ללכת לארץ כנען כמתואר בתחילת פרשת לך לך. בדומה לכך, משה יוצא אל אחיו ופועל למענם מעצמו, ורק בעקבות זאת בא מעמד הסנה ובו הקדוש ברוך הוא בוחר בו להושיע את ישראל. ההנהגה האלוקית נקבעת על פי בחירותיו של האדם.

> השאלה שאני מבקש לשאול היא אם **מלכתחילה** זה היה יכול להיות אחרת? ברור שיש לנו קושי מסוים לתאר לעצמנו איך זה היה יכול להיות אחרת, אולם עלינו לעשות את המאמץ האינטלקטואלי הנדרש. העיקרון של התורה הוא שבכל שלב, בכל דור, מן האדם הראשון עד אחרית הימים, הכול פתוח. קַיִן היה יכול לבחור שלא להרוג את הֶבֶל. במהלך ההיסטוריה, יש פחות ופחות בחירה משום שהתרחשו כבר אירועים מסוימים ובלתי הפיכים, אולם עדיין, גם ברמת הפרט וגם ברמת הכלל, יש זכות בחירה בין החלופות השונות.
>
> (סוד מדרש התולדות ב, עמ' 158)

לסיכום, יש לקרוא את התורה לכתחילה ולא בדיעבד. האירועים המוכרים לנו מהמקרא לא היו חייבים להתרחש דווקא כפי שהתרחשו. בכל שלב יש כמה חלופות אפשריות העומדות לבחירתו החופשית של האדם. קריאה לכתחילה מזהה מה האפשרויות שעמדו על הפרק, איזו מתוכן בחר האדם ואילו השלכות היו לכך, ומה היה קורה אילו בחר האדם אחרת. ההכרעה החופשית קבעה את המשך השתלשלות האירועים ואת ההנהגה האלוקית שמלווה אותם.

קריאה בדיעבד מכירה את ההמשך, ומניחה מדעת או שלא מדעת שכך חייב היה לקרות. היא מפרשת על פיה את מה שקרה בסופו של דבר כאפשרות הבלעדית שמראש עמדה על הפרק, וכתוכנית שמראש הייתה צריכה להתקיים. מוטל עלינו לא להסתפק בקריאה בדיעבד, ולחתור לחשיפתה של הקריאה לכתחילה.

פרק 10

תורת החלופות – שיטת הרב אשכנזי למול שיטת הספורנו

בשני הפרקים הקרובים נחדד את תורת החלופות של הרב אשכנזי על ידי השוואה לפרשנים אחרים לפניו, שיש לתפיסתם הפרשנית קרבה רעיונית לדבריו. בפרק זה נעסוק במקורות מפירוש רבי עובדיה ספורנו שמצאנו בהם קירבה מסויימת לדברי הרב, ובפרק הבא במקורות מהשל"ה שהשפיעו באופן ברור על עיצוב השקפתו של הרב.

הידרדרות העולם בתחילת ספר בראשית

המקור שנפתח בו לקוח מהקדמתו של הספורנו לפירושו לתורה. זהו השער שדרכו הוא מכניס אותנו לדרך פרשנותו. הספורנו מדגיש את הבחירה החופשית של האדם ואת השלכות מעשיו על סדרי ההנהגה. הדגש העיקרי הוא שחטאיו של האדם מביאים לא רק לעונש, אלא לשינוי סדרי העולם וההנהגה.

וסיפר ראשונה כי הוא ית׳ ברא האדם בצלמו כדמותו למען יבחר להדמות ליוצרו כפי האפשר, כי בזה ישלם, ויהיה פעלו

> שלם ונכבד מכל פעל זולתו כראוי לו ית׳ המרומם על כל זולתו. והוא רחום בחמלתו נתן לאדם די מחסורו שלא בצער ויניחהו בגן עדן, עד שהרע מעשיו וקלקל את פרנסתו, שגרשו האל ית׳ משם לעבוד את האדמה ולטרוח כמה טרחות עד שלא אכל פתו.

מטרת הבריאה לפי הספורנו היא שהאדם ידמה לבוראו בשלמותו. הקדוש ברוך הוא הפקיד את המשימה הזאת בידיו של האדם, שימַמש אותה על ידי בחירתו החופשית. בתחילה הקדוש ברוך הוא הניח את האדם בגן עדן, במצב שכל מחסורו ניתן לו והוא מתפרנס שלא בצער. מדוע חשוב לספורנו לציין עובדה זו? ראשית, המצב ההתחלתי של האדם מחדד את הבנת עונשו לאחר החטא – כדי להבין שהוא התקלל ונגזר עליו לטרוח בעבודת האדמה, צריך להקדים ולומר שבהתחלה לא היה צורך בטרחה. אבל נראה שלאזכור המצב ההתחלתי יש גם משמעות מצד עצמו.

את שינוי המצב שמתאר הספורנו – ״נתן לאדם די מחסורו שלא בצער [...] עד שהרע מעשיו וקלקל פרנסתו״ – הוא לוקח מניסוח דומה שמופיע כבר במשנה:

> רבי שמעון בן אלעזר אומר: ראית מימיך חיה ועוף שיש להם אומנות? והן מתפרנסין שלא בצער; והלא לא נבראו אלא לשמשני, ואני נבראתי לשמש את קוני, אינו דין שאתפרנס שלא בצער? אלא שהרעותי מעשי וקפחתי את פרנסתי.
>
> (קידושין ה, יד)

רבי שמעון בן אלעזר מתנסח בגוף ראשון, כאילו מדובר באירוע שחווה בעצמו, אך מדברי הספורנו מתברר שהוא מדבר על כל המין האנושי. הספורנו שוזר במכוון את אמרתו של רבי שמעון בן אלעזר בדבריו. בדומה לרבי שמעון בן אלעזר, הוא מבהיר שתנאי החיים שבהם אנו חיים אינם לכתחילה. המצב הנוכחי שבו אדם ממצה את רוב משאבי חייו רק כדי לדאוג לעצם קיומו, אינו המתכונת שבה נברא העולם.

בתבנית המקורית של העולם, הוא לא היה צריך להתאמץ כל כך בשביל עצם הקיום – אלא שמצבו השתנה בגלל חטאו. מה מוסיפים דברים אלו על הקריאה הפשוטה של הפסוקים? בקריאה פשוטה אפשר לראות מערכת רגילה של גמול, האדם חטא ובא על עונשו, אבל הספורנו מדגיש כי תוצאת החטא הייתה לא רק עונש אלא שינוי סדרי עולם. מהחטא ואילך, בטבעו של העולם נדרש עמל לצורך הקיום.

> וסיפר שנית כי בכל זאת לא אבה ה׳ השחיתו והיו פירות הארץ נאותים ומספיקים למזונו ולהחיותו קרוב לאלף שנים עד כי רבה רעת דורותיו ונגמר דינם להשחיתם את הארץ ובכן נשחת מן היסודות והמורכבים מהם מהצמחים ומבעלי חיים. ולא הספיק עוד מזון הפירות לחיי האדם כבראשונה.

הספורנו מחדש כאן שגם השלבים הבאים בהיסטוריה הם בעלי אופי דומה, ומתארים לא רק גמול אלא שינוי סדרי הנהגה בעקבות בחירתו של האדם. לאחר המהפכה הראשונה בתבנית העולם, עדיין השפע האלוקי נשאר בו. השפע אומנם אינו מצוי מאליו, והוא דורש עבודה של האדם, אך כשלבסוף ניזונים ממנו זוכים לחיים ארוכים. לא חיי נצח כפי שהיה ראוי להיות לפני החטא, אך עדיין תקופת חיים ארוכה של קרוב לאלף שנה. כל זאת הודות לחסד האלוקי. מצב זה השתנה אחרי המבול: לאחר חטא אדם הראשון הוא היה יכול להישאר בעולם של חיים ארוכים, אבל הוסיף לבחור בדרך השלילית ונפל עוד יותר. התוצאה לפי הספורנו לא הייתה רק עונש המבול עצמו שהיה והסתיים, אלא שינוי בהנהגה האלוקית הקבועה – ירידה ברמת השפע האלוקי ומתוך כך ירידה בתוחלת החיים, שהמשיכה גם אחר תום המבול.

> וסיפר שלישית כי עם כל זאת חמל על שאריתם והתיר להם בשר כל בעל חי זולתם והארץ נתן לבני אדם בתת אימתם על כל חית הארץ. ועם זה היו ימי חייהם מגיעים לארבע מאות שנה ויותר מהמה, עד אשר נוסדו יחד לקרוא כלם בשם איזה אל נכר

נבחר אז אצלם ולתת צלמו במגדל אליו כולם ידרושו ולא יזכר שם האל ית' עוד ביניהם. ובכן הפיצם ולא חצו ימיהם, כי תיכף התמעטו חיי האדם וחיו כמו מאתים שנה ומאז היו הלוך וחסור.

גם לאחר השלב השני, מדור המבול ואילך, האלוקים בחסדו השאיר את האדם בחיים. כמו במקרים הקודמים, הספורנו מציין כי הייתה אפשרות של השמדת האנושות כיוון שכשאין היא מגשימה את ייעודה אין לה זכות קיום, אלא שבחמלת ה' היא ממשיכה להתקיים. החיים מתקצרים ונחלשים, והקדוש ברוך הוא בחסדו מתיר לאדם לאכול בשר בעלי חיים כדי לחזק את גופו ולתמוך בו, אך בני האדם מוסיפים ובונים את מגדל בבל – שמתפרש על ידי הספורנו כחטא של עבודה זרה – ובעקבותיו תוחלת החיים יורדת עוד יותר.

אנו רואים כי בדומה לרב אשכנזי, הספורנו מייחס משמעות רבה לבחירה של האדם, לא רק בהקשר של הגמול האישי אלא גם בהיבט ההיסטורי הרחב. גם הוא קורא את התורה כשרשרת של הכרעות אנושיות. בכל צומת בהיסטוריה האנושית, בחירתו של האדם ברע משנה סדרי עולם.

מעבר מבחירה מוחלטת לברית

אחרי שלוש נפילות – של אדם הראשון, של דור המבול ושל דור הפלגה, כלומר אחרי שלוש הזדמנויות שלא נוצלו, השתנתה התוכנית מאוניברסלית ללאומית:

ובכן סיפר כי בסור תקות תשובת המין האנושי בכללו כאשר כונן להשחית כל תקון אלהי פעמים שלש, הפליא ה' חסיד לו מכל המין ובחר באברהם וזרעו להשיג בם התכלית המכוון אצלו מני שום אדם עלי ארץ כאשר התבאר. והחוט המשולש באברהם נינו ונכדו, אשר מלא כבודו את כל הארץ בקראם בשמו, מצא חן בעיניו לכרות להם ברית להיות להם לא־להים ולזרעם אחריהם

> לחיי עולם, ולתת מקום לזרעם כאשר יהיו לגוי מספיק לקבוץ מדיני ובו יהיו לאחדים בידו לעבדו שכם אחד.
> ומרב שלמות שלשה אלה היו פעולותיהם המסופרות בתורה מספיקות להורות לדורות עקרי הקורות, עם איזה עזר למציאותם כענין תנועת המטה במופתי מצרים, וכענין ירה ויור בענין אלישע.

לשון הספורנו לקוחה מספר איוב, "כל אלה יפעל א־ל פעמיים שלוש עם גבר" (איוב לג, כט). אחרי שלוש פעמים נוצרת מעין חזקה. הקדוש ברוך הוא אינו פועל שוב באותו כיוון שלא הצליח, אלא משנה את הכיוון – ועכשיו מתרחש דבר שלכאורה מנוגד ליסוד הבחירה: כריתת ברית. הקדוש ברוך הוא כורת ברית עם האבות, ובזאת נוצר מצב בלתי תלוי בבחירה. הבחירה בעם ישראל אינה מותנית במעשיו, והיא תישאר גם אם יחטאו, כפי שמתבטא למשל בברית הכתובה בפרשת בחוקותי – גם לאחר שבני ישראל יחטאו, וגם ייענשו ויגלו, בכל זאת ברית ה' עם האבות לא תופר.

עם זאת, התמונה עדיין לא השתנתה לחלוטין. יש עדיין מרחב בחירה שמשפיע על הנהגת ה', אלא שעתה הוא מצומצם ועומד על תשתית בלתי הפיכה. בסופו של דבר, הספורנו ממשיך עם יסוד הבחירה, גם בעולם שאחרי הברית. בדרך זו הוא הולך בפירוש הספרים שמתארים את מסע בני ישראל במדבר. בתוך מרחב הבחירה המוגבל יש עדיין עליות וירידות, שכולן בעקבות הבחירה החופשית. וגם במרחב זה ממשיך הספורנו ומרבה להזכיר את חסדי ה'. דוגמה לזה היא חטא העגל: גם בחטא העגל עם ישראל מקלקל והקדוש ברוך הוא בחסדו מתקן, ואף שוכן בתוך בני ישראל.

> וסיפר ראשונה כי כאשר חפץ ביקרם דיבר אליהם פנים בפנים ובזה זכו אל עדי רוחני וזולתו בהר חורב. והמה מרו והתנצלו את עדיים, וסלקו שכינה מאתם. וסיפר שנית כי בכל זאת לא

חדל האל יתברך לתקן עניינם באופן מה לשכנו בתוכם, וצוה על מלאכת המשכן וכלים ותקון כהנים לעבודתם, ובזה השיב שכינתו לתוכם אחר תכלית הקלקול והיאוש.

יש אם כן דמיון משמעותי בין שיטתו של הרב לבין שיטתו של הספורנו בנוגע למשקלה של הבחירה החופשית והשפעתה על התפתחות ההיסטוריה.

אומנם חשוב גם להצביע על הבדל שבין שיטת הספורנו לשיטת הרב אשכנזי: לפי הספורנו עיקר הסיפור הוא סיפור של כישלון חוזר ונשנה מצד האדם, ושל חסד חוזר ונשנה מצד הקדוש ברוך הוא שנותן שוב ושוב הזדמנויות. לזרימת ההתרחשות יש ממד פסימי יותר אצל הספורנו ואופטימי יותר אצל הרב אשכנזי. אצל הרב הציר המרכזי הוא פעולת האדם. הקדוש ברוך הוא נתן לאדם מרחב של בחירה, ודרכו האדם הולך ומתעצב והעולם מתנהל ומתקדם. אומנם לא בכל רגע הוא מתקדם, אבל הוא גם לא זקוק כל הזמן לקביים. העולם אינו עומד רק על חסדי ה׳, אלא בעיקר על הבחירה של האדם.

פרק 11

תורת החלופות – שיטת הרב אשכנזי ושורשיה בשיטת השל"ה

אנחנו עוברים לעסוק במקור שהרב אשכנזי מייחס לו משמעות רבה, ורואה בו תשתית ל'שיטת החלופות' שלו ולהבחנתו בין קריאה בדיעבד לקריאה לכתחילה שעליהן למדנו. המקור לקוח מתוך הספר 'שני לוחות הברית' של רבי ישעיה הורוביץ, שבעצמו מכונה על שם ספרו – השל"ה הקדוש (והרב רואה בו גם את אחד המקורות המרכזיים ל'תורת התולדות' שלו). השל"ה הוא מן המפורסמים שבמקובלים. הוא חי באירופה ואחר כך בארץ ישראל, כמאה שנה אחרי האר"י, וספריו – ששילבו בין הגות דרוש ופרשנות – מכילים יסודות רבים מתורת הקבלה.

השל"ה מגיע אל סוגייתנו מתוך הסוגיה הפילוסופית המפורסמת של הידיעה והבחירה. הוא מתחיל בהצגת הסתירה הלוגית בין השתיים ובתשובתו של הרמב"ם, שלפיה הקדוש ברוך הוא ודאי יודע את העתיד ידיעה שלמה ושאין סתירה בין ידיעה זו לבין בחירתו החופשית של האדם. כבר בתחילת דבריו מערער השל"ה על דברי הרמב"ם, וטוען כי אי ידיעת העתיד אינה חיסרון עבור הקדוש ברוך הוא. השל"ה טוען שדווקא מאחר שהקדוש ברוך הוא יודע את הכול

בידיעת עצמו, והוא היודע והידוע והדעה כפי שהסביר הרמב"ם בהלכות יסודי התורה (ב, י) ובמורה נבוכים (א, סח), הרי שדווקא ידיעת דברים שאינם מהותיים-הכרחיים אלא 'אפשריים', שמצויים מחוץ לו וטרם התרחשו, היא חיסרון עבורו. כיוון שהידיעה האלוקית אינה כוללת את הדברים האפשריים שטרם התרחשו, אין שום מניעה לכך שתהיה לאדם בחירה חופשית.

אלא שאת השל"ה מעסיקה שאלה עמוקה יותר, כיצד בכלל תתכן בחירה – לא מצד ההתנגשות מול הידיעה האלוקית, אלא מצד העובדה שאלוקים הוא השורש של כל המציאות ובשל כך כל מה שמתרחש נובע ממנו. לא הידיעה האלוקית סותרת את הבחירה כי אם ההשגחה האלוקית, וכאן הסתירה חזיתית. אם אלוקים הוא מקור ההתרחשויות, אז בחירת האדם איננה מקור ההתרחשויות.

> כי האמונה האמיתית המוחלטת היא, כי בשמים ממעל ועל הארץ מתחת אין עוד (דברים ד, לט). ואין פירוש הפסוק כמ"ש אין עוד שאין עוד אלהים אחר רק הוא יתברך, כי זה כבר ידענו ה' אלהינו ה' אחד, אלא הפירוש הוא שאין עוד בעולם שום ענין רק אלהותו, רצוני לומר שאין דבר בעולם יהיה מה שיהיה לו איזה חיות וכח ותנועה, וגם הדומם, שלא ישתלשל ממנו יתברך. כענין ואתה מחיה את כולם, הוא יתברך היוה את כולם ומחייה הוא יתברך אותם, דאם לא כן לא היו במציאות. וקודם שהוא המציאם הוא ידעם, כי הוא ממציאם, וידיעתו היא גזירתו, גזר ואמר וציוה ויהי. ומי שאינו מאמין כן, ומפריד ונותן לאיזה דבר כח לעצמו, חס ושלום עושה שתי רשויות.
>
> (של"ה, חלק בית הבחירה)

הסתירה אם כן איננה של הבחירה מול הידיעה האלוקית, אלא של הבחירה מול הגזרה האלוקית, מול העובדה ש"אין עוד בעולם שום עניין, רק אלוקותו". אם אלוקים הוא מקור הכול, איך ייתכן שיש דברים בעולם שמקורם הוא האדם?

השל"ה מביא חיזוק לשאלתו משורה של דברי חז"ל המתייחסים לאירועים עתידיים כסגורים מראש: "'כי יפול הנופל ממנו' – ראוי זה ליפול משׁשת ימי בראשית" (שבת לב ע"א), "זה ספר תולדות אדם – מלמד שהראהו הקדוש ברוך הוא דור דור ודורשיו דור דור וחכמיו כיוון שהגיע לדורו של רבי עקיבא שמח בתורתו ונתעצב במיתתו" (סנהדרין לח ע"ב), וכן לאור מדרש שאומר שהקדוש ברוך הוא הראה למשה סמוך לפטירתו את "כל המאורעות שעתידים ליארע לישראל עד שיחיו המתים" (ספרי, וזאת הברכה, שנז). האם מול המדרשים הללו יש עדיין מקום לבחירת האדם?

כאן מפתח השל"ה רעיון עמוק:

> והנה קודם עשיית אדם איזה ענין הן טוב הן רע, כבר היו מוכנים אלו הדרכים, והא ראיה שהפסוק אומר בפרשת ראה, ראה אנכי וגו', שאומר הרי דרכים לפניך, שמע מינה הדרכים קודמין לעשייתן. וכן בפרשת נצבים, ראה נתתי לפניך היום את החיים ואת הטוב וגו' עד ובחרת בחיים. הרי יש דרך צדיקים ודרך רשעים, ושורש כולם הרצון העליון והיא הידיעה ידיעת עצמות רצונו בשרשי כל ההשתלשלות, וכל מה שאדם עושה בכח עליון, אלא הצדיק בוחר והולך בדרך הישר הקודש, והרשע בתמורה. וכפי פעולתם כן אחיזתם ודביקותם, ותלוי הכל בהתעוררות התחתון.

בתשובתו מחדש השל"ה שהתוכנית האלוקית כוללת את המרחב של כלל האפשרויות. בכל צומת נתון יש שורת אפשרויות מקבילות, ולכל אחת מהאפשרויות יש תסריט שיתרחש אם היא זו שתתממש. כל הדרכים מוכנות מראש. האדם צריך רק לבחור באחת מהאפשרויות, וכתוצאה מבחירתו יקרה כל מה שאמור לקרות על פי אותה אפשרות. אפשר לדמות זאת למפה מרובת צמתים, כשמכל צומת מסתעפות דרכים: האדם בוחר לאן לפנות, ולפי זה הדרך נמשכת. כל הדרכים כבר סלולות ומשורטטות במפה.

במבט ראשון, הדברים מזכירים את התפיסה הדטרמיניסטית המודרנית – הדרכים סלולות מראש על ידי הקדוש ברוך הוא, הן לא נסללו בבחירת האדם, וממילא לא משנה איזו מהן תתממש כי כולן מעשי ידי ה'. אבל השל"ה מבהיר שלא זו כוונתו: יש דרכים טובות ודרכים רעות. אומנם הקדוש ברוך הוא שרטט ועיצב את כולן, אבל הוא מורה באילו מתוכן נכון ללכת. במפה יש גם מסלולים שאינם רצויים. את הדרכים הרעות יצר הקדוש ברוך הוא, אך לא כדי שנלך בהן, אלא כדי שנבחר שלא ללכת בהן. השל"ה מביא את הפסוק "עשה הא-לוהים את האדם ישר" (קהלת ז, כט). נקודת ההתחלה של האדם היא היושר. כל האפשרויות פתוחות מבחינה מעשית לפני האדם, אבל הוא נתבע לבחור דווקא באלו שמכוונות אל הטוב, ובדרך זו הוא נדרש לצעוד.

מכאן חוזר השל"ה למקורות שהביא, המוכיחים לכאורה שהכול נקבע מראש: הוא מסביר כי האפשרויות הן שידועות, אך לא ידוע באיזו מהאפשרויות המוכנות מראש יבחר האדם. ידוע רק מה יקרה בהמשכה של כל אפשרות במקרה שהיא זו שתיבחר. האדם היה 'ראוי' ליפול משׁשת ימי בראשית, אך לא היה מוכרח שיפול. הוא לא נפל במקרה, יש תוכנית אלוקית שהובילה לנפילה שלו, אבל בדרך היו לו הרבה הזדמנויות לצאת מהמסלול הזה בבחירתו ולעבור למסלול אחר שגם הוא היה מוכן. זה לא היה חייב לקרות. הקדוש ברוך הוא הראה למשה לאן ימשיך עם ישראל לפי מצבו הנוכחי, אך שום דבר אינו מוחלט כי יש אפשרות שעם ישראל ישנה את דרכיו. באופן זה מסביר השל"ה גם את הפסוק שבפרשת העקדה: "עתה ידעתי כי ירא א-לוהים אתה" (שמות כב, יב). "עתה" בהווה, "ידעתי" בעבר – אברהם אבינו היה ראוי מראש לעמוד בניסיון העקדה, אבל הוא מימש את הבחירה הנכונה רק עכשיו. זה היה יכול להימנע. מדברי השל"ה עולים באופן בולט שני כיוונים, שבשניהם הוא הולך עד הקצה: הוא מדגיש מאוד את מרכזיותה של הבחירה האנושית, ומדגיש מאוד שכל האפשרויות הן אלוקיות.

חידושו של השל"ה הוא יסוד הגותי, רוחני, היסטורי ופרשני. הוא

מיישב את הסתירה הפילוסופית בין ידיעה לבחירה; מסביר את היחס הרוחני בין היותו של הקדוש ברוך הוא מקור כל הבריאה ובין השפעתו של האדם; הוא מבהיר את אופי מהלך ההיסטוריה שמכיל הרבה אפשרויות אלוקיות שהאדם בוחר ביניהן, ובכך גם מתווה דרך לפרשנות התורה. לפי דרך זו, בכל שלב ושלב נפתחים שערים, ובידיו של האדם להכריע לאן יתקדם כל הסיפור מעתה והלאה. זהו יסוד לקריאה חדשה לגמרי של התורה, בכל צעד ושעל בה יש לבדוק מה היה יכול לקרות ומה קרה לבסוף – אלא שהשל"ה לא עובר לבאר את הצמתים וההכרעות שלאורך ההתרחשויות שבתורה. הרב אשכנזי הוא הראשון שפירש את התורה ביסודיות על פי עיקרון זה. כאמור, הוא רואה את דברי השל"ה כאחד המקורות לפרשנות זו:

> אני נאמן למסורת שקיבלתי מרבותיי, ובמיוחד לדברי השל"ה הקדוש המסביר היטב את הדברים, מהו מהות מחשבת הבורא ומה קורה בעקבות הבחירה של האדם [...] מחשבת הבריאה – הרצון האלוקי הקדום עבור הבריאה – כוללת מראש את כל החלופות, את כל האפשרויות. זה בעולם האצילות. מתוך כל האפשרויות, האדם בוחר במה שהוא בוחר וזה קורה בעולם העשייה.

(סוד מדרש התולדות ה, עמ' 55)

במקומות נוספים הרב מרחיב את דברי השל"ה ומדגיש, שאחרי הבחירה של האדם בחלופה מסוימת חלופה זו היא "אמת" ואין בלתה. במסגרת סיפרנו נסתפק בהצבעה על יסוד עמוק זה, שדורש ליבון מעמיק.

בין השל"ה לרב אשכנזי: הביטחון בהגעה ליעד

יש בכל זאת כמה הבדלים בין השל"ה לרב אשכנזי. הראשון נוגע לאחרית המובטחת. השל"ה שם את הדגש על כך שהאדם התחיל מנקודה ישרה ומשם והלאה הכול תלוי בבחירתו, ומדברי הרב נראה

כי האדם יגיע לבסוף לנקודת האחרית של קניית זכות הקיום, שאליה כל הדרכים מתנקזות. יש הרבה תסריטים אפשריים ולחלקם עלולים להיות מחירים כבדים, אבל כולם בסופו של דבר מוליכים למגמה אחת, לייעוד של כל העולם. אפשר לדמות את מבנה ההיסטוריה לגלובוס: שני אנשים שיתחילו יחד מסע מהקוטב הדרומי ויבחרו ללכת בכיוונים שונים, יעשו אומנם מסלול שונה שגם אורכו משתנה, אך ייפגשו לבסוף בקוטב הצפוני. יש דרכים רצויות יותר ויש דרכים מלאות מכשולים, אבל כל הדרכים מובילות לראש הפירמידה. יש תוכנית אלוקית, שבסופו של מסע ארוך ומפותל דרך בחירות רבות חיוביות או שליליות של האדם, תגיע ליעדה.

עוד מוסיף הרב כי מלבד התחנה הסופית, יש גם כמה תחנות בדרך שחייבים לעבור דרכן, כפי שעולה למשל מהמדרש: "זמן היה לו לאדם הראשון שיכנס לגן עדן [...] וזמן היה לו שיצא משם [...] זמן היה לו לנח שיכנס לתיבה [...] וזמן היה לו לצאת" (קהלת רבה ג). גם תחנות שעבוד ויציאת מצרים היו חייבות להתרחש לפי כל תסריט. יש תחנות שחייבים לעבור בהם, אך השאלה מי יעבור שם ומתי נשארת פתוחה. לפי הדימוי לגלובוס, יש קווי רוחב שרק אם חוצים את כולם אפשר להגיע לקוטב הצפוני, השאלה היא דרך איזו נקודה על הקו יעבור הנוסע – זה כבר תלוי במסלול המסוים שבו בחר.

הרי שבעוד הסברו של השל"ה בקטע הנ"ל משאיר את כל האפשרויות פתוחות, הרב אשכנזי מבהיר כי מימוש הייעוד של העולם מובטח.

שער שני

הערכים הרוחניים:
מוסר, קדושה, תורה ותפילה

פרק 12

פרשת קין והבל כפרשה מכוננת

סיפור קין והבל אינו נתפס בדרך כלל כסוגיה מרכזית בספר בראשית. התחנות הבולטות בתחילת הספר הן אלו של אדם, נח ואברהם, וזה גם הרושם שעולה מהמשנה במסכת אבות המונה את הדורות שביניהם. קין והבל הם תחנה פחות בולטת ומצוינת ברצף הדורות הללו.

אולם לדעת הרב אשכנזי זו פרשה מכוננת, שמלווה את ההיסטוריה כולה. לשיטתו, המסע העיקרי של האנושות כולה הוא לתיקון חטא קין דווקא, ולא לתיקון חטא אדם הראשון כפי שיכול להשתמע ממקורות רבים.

לפני שניכנס לסיפור עצמו, אפשר לראות בטענת הרב חידוד של מגמה שכבר ראינו בפרקים הראשונים. חטאו של אדם הראשון הוא קודם כול חטא בין אדם למקום, על הציר הדתי. הצבת קין והבל במוקד מעמידה במרכז את התחום שבין אדם לחברו, כלומר לא את הציר המטפיזי אלא את הציר המוסרי.

הקריטריון המוסרי משמש מפתח להבנת המסופר בתורה מתחילת פרק ד של חומש בראשית. אני רגיל להתחיל את לימוד החומש בעיון מן הפרק הזה משום שמוצגת בו לראשונה בהיסטוריה בעיה מוסרית דרך סיפור קין והבל. בעיה זו היא הבעיה שעלינו לפתור במהלך ההיסטוריה. אני יודע כי רבים שמים דגש על

חטאו של אדם הראשון, אולם זו טעות משום שברמת הכלל כבר תוקנה בעיה זו על־ידי דוד המלך. כל היסטוריית העולם היא תיקונו של חטא קין, ובעיה זו צריכה להעסיק אותנו ברמת הכלל במהלך ההיסטוריה, במהלך 'התולדות' – תיקון יחסי האחווה בין אדם לחברו.

(סוד מדרש התולדות ג, עמ' 151)

בהמשך הפרקים נרחיב בהתמקדות הרעיונית של הרב בפרשת קין והבל ובהסטת המוקד מחטא אדם הראשון, אך כרגע נתבונן בפרשנותו לפרשת קין והבל עצמה.

הבן המרכזי והבן הנוסף

וְהָאָדָם יָדַע אֶת חַוָּה אִשְׁתּוֹ וַתַּהַר וַתֵּלֶד אֶת קַיִן וַתֹּאמֶר קָנִיתִי אִישׁ אֶת ה'.

(בראשית ה, א)

הפרשה מתחילה בלידתם של קין והבל. אפשר להחמיץ את ייחודו של השלב הזה, אך באמת זהו רגע שיא, פסגת הבריאה. לידת קין היא הלידה הראשונה בתולדות האנושות, האדם יוצר אדם. אפשר להתייחס לכך כמימוש ייעודו של האדם, לפרות ולרבות ולמלא את הארץ.

הרב מסב את תשומת הלב לניסוח קריאת השם של קין. הוא מציין כי בדרך כלל המקרא כותב קודם כל שנולד הילד ואחר כך שנותנים לו שם, אבל קין נולד קין – "ותלד את קין". הוא נולד עם השם שלו, עם המהות שלו. מהמשך הפסוק, "קניתי איש את ה'" מבינים מה המהות – קין מלשון קניין. השם מגדיר את מבטו של קין על העולם: העולם הוא קניינו, הוא שייך לו. הדבר נגזר מעצם מעמדו כיצור הראשון שנוצר בעולם לאחר שהקדוש ברוך הוא סיים את יצירתו. קין הוא הבן היחיד בעולם. כביכול העולם כולו חיכה רק לו. בהיוולדו לבד הוא חווה את העולם כעולם שכולו שלו. הוא הרי

מימוש מגמת חייהם של אדם וחוה, ומתוך כך הוא רואה את עצמו במרכז ואת כל העולם כקניינו.

> קַיִן הוא הראשון שנולד מרחם אישה, והוא בְּעֵינֵי אימו ׳קנוי׳. הוא מכיר את עצמו כאדם הקיים בצורתו המושלמת. העולם כולו שלו. אין אצלו מקום לזולת – אין מקום לאח ואין מקום לבורא. הוא הוא העולם. כמו ש׳אדם׳ הוא שם האדם בדור הראשון של האנושות, קַיִן הוא שמו של האדם בדור השני. מבחינתו הוא כל העולם כולו, הוא כל מהות העולם בדור השני והוא כבר כביכול מושלם. לכן מבחינתו אין צורך במאמץ מוסרי כלשהו. הוא לא צריך לקנות את נפשו. מי שרואה את עצמו כקנוי, חוטא בחטא הגאווה.
>
> (סוד מדרש התולדות ג, עמ׳ 151)

מבטו של קין מנוגד למעשה למגמה הבסיסית של הבריאה שראינו בפרקים הקודמים – חובתו של האדם לקנות בעצמו את זכות קיומו. האדם אמור לראות את קיומו בעולם כחסד, ולעשות מאמץ מוסרי כדי להיות ראוי לקיומו; אולם קין מתעלם מהחסד שהביא אותו לעולם, וקיומו נתפס בעיניו כזכות מובנת מאליה. בפירושו לעשרת הדיברות מסביר הרב את מרכזיותה של מצוות כיבוד הורים: האדם חייב להכיר טובה להוריו שהביאו אותו לעולם, ובזאת להיות מודע לחסד שהביא ללידתו. כך מסביר כבר הרמב״ן את מצוות כיבוד הורים בזיקה לדיבר הראשון, ״אנכי ה׳ א-לוהיך״: כשם שאין לכפור במי שהוציאך ממצרים, אסור לכפור גם במי שהביא אותך לעולם. לא זו ההכרה של קין.

> וַתֹּסֶף לָלֶדֶת אֶת אָחִיו אֶת הָבֶל.
>
> (שם, פס׳ ב)

לידת הבל מנוסחת אחרת. היא מתוארת כתוספת: ״ותוסף ללדת את אחיו את הבל״. בלידתו של הבל יש ממד של הפתעה. כבר היה בן אחד בעולם, ונוסף בן שכביכול לא ציפו לו. בשביל מה יש צורך בעוד בן?

"ותוסף" – קין הוא העיקר, והבל הוא התוספת. הוא בא לעולם בתור אח של קין, טפל לו, נחשב כהבל לעומתו. הוא נקרא "אחיו" עוד לפני שמוזכר שמו הפרטי. קין הוא ה'בן' והבל הוא ה'אח', האח הראשון בהיסטוריה. הוא אינו מתחרה עם קין על אותו תפקיד. הוא פחות מרכזי. הוא כביכול משני ומיותר. גם שמו מבטא זאת, הוא 'הבל', רוח שאינה אמורה לתפוס מקום. מאחורי תיאור לידת הבל כתוספת, עומדת שאלה נסתרת: למה הוא נולד? מה חסר בעולם בלעדיו? מה זכות הקיום שלו? לעומת קין, שנולד לעולם שמחכה רק לו, הבל נולד לעולם שכבר יש בו מישהו שתופס את המקום, ולא מחכים בו למישהו שיופיע.

מצב זה של חוסר זהות לכאורה של הבל, דווקא מייצר זהות. כשיש עוד אדם בעולם, נדרשת מוסריות. הבל מגיע לעולם שבו יש זולת וצריך להתנהל מולו. המצב שנוצר אינו סימטרי: מול כל אחד משניהם יש עוד אח זולתו, אבל קיומו של אח אחד ברור הן לו והן לאחיו, ואילו סביב קיומו של האח השני מרחפת שאלה, הן בתודעת אחיו והן בתודעתו שלו.

מי שנולד שני נולד לעולם שכבר יש בו זולת, זולת שאף קדם לו. על כן יש לו מוסריות בטבעו. מי שנולד ראשון נולד לעולם שבו הוא כביכול היצור הבלעדי, ונדרש למאמץ על מנת לפתח נטייה מוסרית. קין והבל הם הבן והאח, העיקר והתוספת, ועל כן זה נטייתו לגאווה וזה נטייתו להתבטלות. הבל מעצם היותו בבחינת תוספת חי בחוויה של סכנה קיומית שמא הוא תוספת מיותרת.

העיסוק והשמות כביטוי לזהות

וַיְהִי הֶבֶל רֹעֵה צֹאן וְקַיִן הָיָה עֹבֵד אֲדָמָה.

(שם, ב)

ההבדל בזהותם של השניים מתבטא גם במקצועות שלהם, עובד אדמה מול רועה צאן. קין כשמו הוא איש קניין, איש חומר, והבל כשמו הוא איש רוח. לקין יש קרקע, יש לו מקום. יתרה מזאת – כל מרחב המקום

בעצם נתפס בעיניו כשלו. מצב זה אינו מותיר להבל אחיזה בקרקע, ולכן הוא נע כמו הרוח, אין לו מקום משלו, הוא רועה שנודד עם צאנו. מצבו הבסיסי הוא זה שאצל קין נחשב לעונש – נע ונד. בהמשך קין לא יוכל לשאת את מצב הנדודים, יערער על עונשו וינסה בכל זאת לבנות לעצמו עיר של קבע.

האפיונים של קין והבל מתבטאים גם בלשון של הפסוק: "וקין היה", זו ההגדרה שלו, לעומת "ויהי הבל" – תיאור של התהוות. יציבות מוצקה מול תנועה.

כעת אנו מגיעים לשאלה הקריטית מבחינתו של הרב אשכנזי: מהו הצומת שבו עומדת האנושות בשלב זה, מהו האתגר שקין והבל היו אמורים לעמוד בו. האתגר של קין והבל הוא למעשה האתגר הראשון של האנושות, כיוון שאדם וחוה כביכול שייכים למציאות שלפני העולם הזה שלנו, טרום האנושות. הדור הראשון של האנושות מוצב בכוונה תחילה בתנאים כאלה, במציאות של שני אחים שקיומו של האחד מהם ברור ושל השני מוטל בספק. השאלה הגדולה היא אם כל אחד יצליח לצאת מהעמדה שהוא נמצא בה: קין צריך להגיע לתחושת אחווה כלפי הבל ולתת לו מקום, וגם הבל צריך לצאת מעמדת ההתבטלות כלפי קין ו'לחנך' אותו לאחווה. קין, שניצב כמעין בעל הבית של העולם, צריך להבין את חשיבות קיומו של הבל.

השאלה העומדת על הפרק היא האם הֶבֶל הוא בגדר של תוספת מיותרת, ואם כן, הוא נמצא בסכנת חיים מתמדת, או שמא בעל העולם הזה, כלומר קַיִן, מבין את תפקידו המיוחד, היחידאי של הבל, בעולמו של קין? שאלה זו היא השאלה הנשאלת מאז בכל דור ודור: האם יש לאחר מקום בעולמו של מי שרואה את עצמו כבעל הבית של העולם הזה? שאלה זו מגיעה לשיא במערכת היחסים בין אומות העולם, הרואות את עצמן כבעלות העולם הזה, ובין ישראל.

(סוד מדרש התולדות ג, עמ' 151)

הרב מציין כי לא נדרש מקין והבל לטשטש את זהותם, אלא שכל אחת מהזהויות הללו פתוחה לשתי אפשרויות. הבל יכול להיות מצד אחד כ"הבל ורעות רוח" ומצד שני כ"הבל פיהם של תינוקות של בית רבן", כלומר רוח בעלת נוכחות והשפעה; מנגד, קין הוא לא רק מלשון קניין ובעלות, אלא גם מלשון 'קן', ועמדתו היציבה יכולה לספק ביטחון גם לזולת. גם כאן אנו רואים את תורת החלופות של הרב, את הבחירה החופשית לאן לקדם את ההיסטוריה. אפילו שמותיהם של קין והבל משקפים צמתים, ובידם הבחירה איזו משמעות לתת לזהותם. האם קין יישאר בתודעת הקניין או יספק קן יציב לאחיו, והאם הבל יישאר כרוח חסרת מקום ממשי או יתפתח לרוח המניעה את העולם ומנכיחה בו את המוסריות.

הקורבן – שאלת היחס לזולת

> וַיְהִי מִקֵּץ יָמִים וַיָּבֵא קַיִן מִפְּרִי הָאֲדָמָה מִנְחָה לַה׳, וְהֶבֶל הֵבִיא גַם הוּא מִבְּכֹרוֹת צֹאנוֹ וּמֵחֶלְבֵהֶן וַיִּשַׁע ה׳ אֶל הֶבֶל וְאֶל מִנְחָתוֹ, וְאֶל קַיִן וְאֶל מִנְחָתוֹ לֹא שָׁעָה. וַיִּחַר לְקַיִן מְאֹד וַיִּפְּלוּ פָּנָיו.

(שם, ג-ה)

קין והבל מביאים קורבנות, קין מפרי אדמתו והבל מבכורות צאנו. הפער ביניהם אינו בולט בפסוקים; באופן פשוט נראה שקין נהג כשורה, עשה את המוטל עליו, והבל נהג לפנים משורת הדין. במונחים אחרים אפשר לומר שקין צדיק שעשה את חובתו והבל חסיד שעשה מעבר לחובתו. אולם חז"ל חושפים פער הרבה יותר עמוק, ויש להתבונן יותר בלשון הפסוקים כדי להבחין בו.

קודם כול, אנו רואים גם כאן את ההבדל בין הבן הראשון לבן השני – קין הוא יוזם הקורבן, ואילו הבל מצטרף אחר כך ומביא "גם הוא". שנית, יש לשים לב למילים הפותחות, שלכאורה אינן מלמדות דבר: "ויהי מקץ ימים". לכאורה זהו תיאור זמן סתמי, אך יש לשים לב שהוא מתאר קץ, סוף. סוף של מה? של התקופה

הנקראת "ימים", שפירושה 'שנה' (ראה רש"י בראשית כד, נה), כלומר סופה של שנה שלמה. קין לוקח את התבואה שלו לעצמו, ורק מקץ ימים – כלומר בסוף השנה – הוא נותן גם לקדוש ברוך הוא ממה שנשאר. אם כן, התורה מציבה את קין והבל זה לעומת זה: קין מביא מקץ ימים – ממה שנשאר בסוף, והבל מביא מבכורות צאנו – מהראשית, מההתחלה. אין זה רק תיאור זמן, אלא גם תיאור של איכות – קין מביא מהשאריות שנותרו בסוף אחרי שהשתמש בעצמו בכל מה שרצה לטובת עצמו (ראה בראשית רבה כב, ה), והבל מביא מהתוצרת הראשונה.

כל קורבן משקף את תודעת החיים של המביא אותו: קין תופס קודם כול את עצמו ורק בסוף את הזולת – אפילו אם יהיה זה הקדוש ברוך הוא – והבל רואה קודם כול את הזולת ולאחר מכן את עצמו. התפיסה הבסיסית שלהם כלפי עצמם וכלפי האחר משתקפת עתה במישור שבין אדם למקום. קורבנות מסוג הקורבן של קין היו רווחים אצל עובדי אלילים: מבחינתם הקורבן היה התמודדות עם בעיה, הם נאלצו לתת משלהם לאלילים, ולכן לא נתנו להם את הטוב ביותר אלא אם כן היו מוכרחים. לאור זאת מובן מדוע קורבנו של הבל התקבל, וקורבנו של קין לא.

החמצה הדדית של דו־שיח

וַיֹּאמֶר ה' אֶל קָיִן לָמָּה חָרָה לָךְ וְלָמָּה נָפְלוּ פָנֶיךָ, הֲלוֹא אִם תֵּיטִיב שְׂאֵת וְאִם לֹא תֵיטִיב לַפֶּתַח חַטָּאת רֹבֵץ וְאֵלֶיךָ תְּשׁוּקָתוֹ וְאַתָּה תִּמְשָׁל בּוֹ.

(שם, ו–ז)

בשלב זה הקדוש ברוך הוא מדבר אל קין. גם כאן ניגש הרב עם שיטתו הפרשנית של הקריאה לכתחילה וקובע כי זה לא היה מוכרח להיות השלב הבא. הייתה גם אפשרות אחרת: שקין והבל ידברו זה עם זה. זו הייתה אף האפשרות המתבקשת, שהרי סוף סוף מתברר שיש להבל

דבר מה שאין לקין. עד עכשיו קין ראה את הבל כמיותר, אבל פתאום מתברר שדווקא קורבנו של הבל מתקבל; אם כן, כדאי לקין לדבר עם הבל ולהבין מהו ייחודו שגרם לקורבנו להתקבל, וכדאי גם להבל לנצל את ההזדמנות ולומר זאת לקין, שכן המשבר שעובר על קין הוא סדק שדרכו יכולים דבריו של הבל להיכנס אל ליבו.

נדרש דו־שיח בעקבות המאורע הזה, והדרישה הופנתה הן כלפי קין והן כלפי הבל, אבל שניהם שתקו, והקדוש ברוך הוא נצרך לדבר עם קין. הוא מתייחס לעובדה שפניו של קין נפלו, כיוון שחווה כישלון מוחלט, ומדבר אליו על פי המבט שלו: המבט הטבעי של קין הוא מבט מעיניים של בכור, אבל זה בר שינוי. בתור הבן הבכור, מובן שקשה לו להכיר בכשלונו, אך עליו להבין שטעה ושביכולתו לתקן. בניגוד לתפיסה הטראגית, שלפיה טעות קריטית אחת של הגיבור גוררת בהכרח הידרדרות מוחלטת, מבהיר הקדוש ברוך הוא לקין: גורלך לא נחרץ, בכל שלב אפשר לתקן, ההיסטוריה אינה כדור שלג מתגלגל אלא שורה של תחנות יציאה. קין יכול לשנות את התמונה, אם ייטיב.

כאן מתגלה יסוד התשובה. באופן טבעי העתיד נגזר מהעבר, אך בהווה יש נקודת בחירה שיכולה להטות את המסלול. החרטה היהודית אינה חרטה טראגית התופסת שלקלקול אין תקנה, כי אם חרטה אופטימית שמניעה לתיקון.

> וַיֹּאמֶר קַיִן אֶל הֶבֶל אָחִיו וַיְהִי בִּהְיוֹתָם בַּשָּׂדֶה וַיָּקָם קַיִן אֶל הֶבֶל אָחִיו וַיַּהַרְגֵהוּ.

(שם, ח)

בין דיבורו של הקדוש ברוך הוא ובין הרצח יש פסוק שכל הפרשנים התחבטו בו, הפותח במילים "ויאמר קין אל הבל אחיו" אך עוצר מלתאר מה נאמר. פירושים רבים מנסים להסביר מה אמר קין להבל. הרב מדגיש שהתחיל דו־שיח. קין דיבר, הוא עשה מאמץ ראשוני מצידו

והצליח לפתוח פתח צר, ולהבל הייתה הזדמנות לענות לו – אבל הוא לא ענה. הוא נותר בשתיקתו, והחמיץ את האפשרות להיות נוכח ולהקרין על קין. כיוון שהדו־שיח לא צלח, הבל הפך להבל, קין הפך לרוצח הראשון בהיסטוריה, והאנושות החמיצה את ההזדמנות לנהל חיים משותפים.

מכאן והלאה, אומר הרב אשכנזי, זו השאלה היסודית שהאנושות עומדת מולה: האם תצליח לתת מקום לזולת, במקום שכל אחד ינסה לבלוע הכול. השאלה הזו נוגעת לאומות לא פחות מאשר לאנשים הפרטיים. כל מלחמה בין עמים קשורה בשורשה לשאלה היסודית הזו, איך בעלי השלטון ובעלי הרגישות המוסרית יבנו יחד עולם שלם.

פרק 13

משוואת האחווה

ראינו כי סיפור קין והבל הוא סיפור מכונן. אם נשווה אותו לחטא אדם הראשון נראה כי חטא אדם הראשון נוגע ליחסים בין האדם למקום, ואילו פרשת קין והבל נוגעת ליחסים בין האדם לחברו. הרב אשכנזי מצטרף לאלו שרואים במערכת היחסים שבין אדם לחברו את הציר המרכזי של התורה. תפיסה זו מופיעה כבר בדברי חז"ל, למשל בדברי הלל שמלמד את הגֵר את כל התורה כולה על רגל אחת – מה ששנוא עליך אל תעשה לחברך, או באמרתו של רבי עקיבא כי "ואהבת לרעך כמוך" זה כלל גדול בתורה. בדור האחרון אפשר למנות בתוכם את הרב אשלג, שהרב למד אצל אחד מבניו ממשיכי דרכו (הרב שלמה בנימין אשלג) בתקופה שהיה בארץ. אצל הרב אשלג המצוות שבין אדם לחברו נמצאות במוקד (ראה הקדמה לספר הזהר סוף אות יט ומאמר מתן תורה, וראה גם בדברי הראי"ה קוק בפנקס יג אות פו). עדיין אין זה אומר שהזולת הוא המטרה, ומובן שהזולת אינו חשוב יותר מהקדוש ברוך הוא, אלא שזה המבחן העיקרי של האדם בדרך אל הדבקות באלוקים.

הרב אשכנזי מזהה נושא מרכזי בספר בראשית: האחווה. כל הספר סובב סביב יחסים בין אחים. המתח בין האחים מתחיל בקין והבל, ממשיך אצל ישמעאל ויצחק, אחר כך אצל עשו ויעקב, ורק

בסוף הספר מגיע המצב המתוקן בין יוסף ליהודה לאחר מתחים עמוקים וקשים בין האחים. ספר בראשית יסתיים בתיקון ראשון לקלקול זה – ניסיון האחים להרוג את יוסף מבטא בעוצמה את אותו המתח שבין אחים שעלה בין קין להבל, ולבסוף יוסף עצמו בוחר שלא להרוג אותם כשהדבר בידו, ובמקום זאת מאכיל אותם, נותן להם קיום ומממש את משוואת האחווה המתוקנת (ראה סוד מדרש התולדות ח, עמ׳ 71 הערה 107).

לגישה זו יש השלכה עמוקה כלפי עבודת ה׳. מערכות היחסים עם הזולת תופסות חלק נרחב מהחיים, ואם זה גם המישור שבו מתקיימת עבודת ה׳ העיקרית – הרי שברוב החיים אנו עוסקים בעבודת ה׳. כל היחסים, כל המפגשים, כל הדיבור וההתנהלות מול האחר, הכול הופך להיות עבודת ה׳ הבסיסית והיסודית של האדם. בשל כך העבודה היא תמידית, ונוכחת מאוד באירועים היומיומיים שלנו.

> למעשה, כל מפגש עם האחר הוא מפגש עם הבורא. בכל יום, בכל שעה אנו נבחנים במשוואת האחווה. אם זה נהג האוטובוס, הדוור, פקיד הבנק, השכן או בני המשפחה, בכל פגישה עם אדם אחֵר אנו פוגשים את הבורא שבו. בדרך כלל אין אנו מודעים למצב זה, אבל בכל מפגש כזה עם אדם אחר, אנו עצמנו עומדים במבחן. מאחורי החיצוניות של ה׳אחריות׳ המוסרית הזו קיימת התופעה המופלאה הזו האומרת שהתנהגות האדם עם רעהו, היא ראי להתנהגות אותו אדם כלפי בוראו.
>
> כל מקרי בני האדם מתגלגלים כאילו מאליהם, אך מגמתם היא בחינת התנהגותנו כלפי האחר, כדי שיֵדע הקדוש ברוך הוא אם יכול הוא להזמין אותנו אליו, לעולם האמיתי. זו גם הסיבה שהבעיה המוסרית מקבלת משקל עצום כל כך בתורה.

(סוד העברי א, עמ׳ 118-119)

המבחן המוסרי העיקרי של האדם הוא מול האנשים הקרובים אליו;

פעמים רבות אנשים מרחמים על אלו שרחוקים מהם, אבל לא מתייחסים כראוי למי שבמעגל הקרוב. האנשים הקרובים מהווים איום עלינו, נמצאים בתחרות איתנו, איתם קשה מכול לכונן מערכת ערכים רצויה. לכן המבחן הראשון של האדם היה בין שני אחים, קין והבל; האחווה בין הקרובים היא האתגר הגדול ביותר.

האחווה במישור הלאומי

אתגר האחווה מתבטא לא רק בין יחידים, אלא גם בין אומות. רבות מבעיות האנושות נובעות ממציאות שיש בה שני גורמים שנמצאים במקום אחד. מצב זה מזמין תחרות וקנאה ומתוך כך גם אלימות, כי כל אחד נאבק להגן על עצמו מול הגורם המאיים עליו. במישור הלאומי זה מתבטא בפוליטיקה, במלחמה, ביחסי איבה ויריבות בין עמים שרואים את עצמם כמתחרים; מתחרים על טריטוריה, מתחרים על משאבים ועוד. לכל בעיה פוליטית, חברתית או כלכלית היה נמצא פתרון אילו הצדדים היו מסוגלים לחיות כאחים. הכול היה נראה אחרת אילו האומות לא היו רואות את זולתן כאיום; את כל המשאבים שהן מבזבזות על מלחמות, הן היו יכולות לנצל לעזרה הדדית ולהתקדמות משותפת. כל אומה הייתה יכולה לפתור את הבעיות של האחרת. הסיבה למצב הזה היא ההפרדה בין הפוליטיקה למוסר: כל האומות מתנהלות בלי קשר למטרה מוסרית, בלי לכוון את עצמן למימוש ערכים כלשהם. אילו שאיפתן הייתה תיקון מוסרי, הן היו עוזרות זו לזו ולא להפך. המטרה של עם ישראל היא להתנהל כממלכה מוסרית, שטובת כל העמים לנגד עיניה. "ונברכו בך כל משפחות האדמה". "בני בכורי ישראל" – משמעות הביטוי היא שכל העמים הם בניו של הקדוש ברוך הוא, ויש בכור שאחראי לדאוג להם, ולהזכיר להם שכולם בני אותו אב.

משוואה בעלת ארבעה פתרונות

כאמור, מבחן האחווה היה המבחן הבסיסי שהוצב לפני קין והבל – שני האנשים היחידים בעולם אז, שנדרשו להכיר איש במקומו של אחיו. שניהם לא עמדו במבחן: קין הפך לרוצח והבל הפך לקורבן. כל אחד מהם סטה ממצב האחווה המתוקן והגיע לקיצוניות. הרב אשכנזי מדגיש שהבעיה לא הייתה רק של קין, אלא גם של הבל – הוא הנציח את מעמדו כקורבן פסיבי, ובזאת אפשר את הרצח שלו עצמו. הרב אף מביא מדרש שלפיו הבל כבר התגבר על קין, אבל קין התחנן והבל ויתר לו – ואז קין גבר עליו ורצח אותו. לפי מדרש זה הרצח לא התרחש במפתיע, אלא שהבל היה מודע לאיום מצד קין, ובכל זאת נכנע ובחר במודע להיות פסיבי ונשלט.

אם כן, בכל מערכת יחסים יכולים להיווצר כמה מצבים. ראינו את הבחירה של קין להיות שולט ושל הבל להיות נשלט, אך למעשה מונה הרב ארבעה מצבים אפשריים. תחת ההגדרה 'משוואת האחווה' הוא מגדיר מצב של יחס בין שני גורמים הכרחיים לכאורה, שולט ונשלט, ומונה ארבעה פתרונות שעלו במהלך ההיסטוריה למשוואה זו:

א. **חברה טוטליטרית**: אני אהיה השולט, והאחר יהיה נשלט. אדון לעבד, שולט מול נשלט, סובייקט מול אובייקט. זהו המצב שראינו אצל קין: כיוון שצריכים להיות שולט ונשלט, אני מעדיף להיות השולט. מבין דפוסי החברה הקיימים באנושות, מצב זה מאפיין את המשטר הטוטליטרי. משטר שהופיע כבר במצרים של בית העבדים, ובהמשך גם ברומא, דרך אירופה האימפריאליסטית ועד לקומוניזם ולנאציזם. מבין הדתות, דפוס זה מופיע באסלאם, השואף להכניע תחתיו את כל האנושות.

ב. **חברה קורבנית**: אני אהיה הנשלט, והאחר יהיה השולט. עבד לאדון. זהו המצב שראינו אצל הבל: כיוון שצריכים להיות שולט ונשלט, אני מעדיף להיות קורבן. בין התנועות והדתות, אנו פוגשים גישה זו בפציפיזם ועוד קודם אצל הנצרות, הקוראת להתרפס ולהושיט

את הלחי השנייה למכה. יש לציין כי זו הגישה התאורטית של הנצרות, אך בפועל יישמו אותה רק נזירים אחדים, והכנסיות לאורך הדורות היו אחראיות לא אחת לשפיכות דמים נוראה.

ג. **חברה מיסטית:** לא להיות שולט ולא נשלט, אלא לצאת מהעולם החברתי. זו אפשרות נוספת שטרם ראינו: כיוון שצריכים להיות שולט ונשלט, אני מעדיף לא להיות חלק מהמשחק. יש להפסיק את דינמיקת החיים כי כל פעולה עלולה להביא לרצח. האידיאל הוא שכולם יהיו עבדים, אף אחד לא יהיה שולט, כיוון שהשלטון רק מזיק ויוצר מאבקים ומלחמות. רק כך נציל את הכבוד ואת המוסר. זו הגישה המיסטית שמכוונת לברוח מהמציאות ולהתאחד עם עולם רוחני מנותק. זו הנטייה הבסיסית של דתות המזרח.

ד. **חברה מוסרית על פי התורה:** אני אהיה שולט וגם האחר יהיה שולט. לדעת הרב זו גישת התורה. אני אדון והוא אדון, אני סובייקט והוא סובייקט. כל אחד מחויב לדאוג הן לעצמו והן לאחר. לצד דאגתו לקיומו שלו עליו לכבד את האחר, לתת לו מקום, ולא לראות בו מתחרה ומאיים אלא יצור שווה ערך. התורה מכוונת אותנו לקבל את השפע שניתן למציאות – ולתת ממנו גם לזולת.

החיבור ההכרחי בין המוסר לדת

תמונת העולם שמציגה היהדות היא כעין משולש: אלוקים למעלה, ומתחתיו שתי בריות. שני אנשים שווים שנובעים ממקור אחד. הנטייה הראשונית של כל נברא היא נטייה אנוכית. כל אחד רוצה את כל השפע לעצמו. על כל אחד ללמוד לקבל את השפע מתוך הכרה שיש בריאה נוספת. האהבה לבריאה הנוספת מבטאת את האהבה לבורא.

היחס לזולת נגזר מכך שיש מקור אחד לכל הבריאה, ולכן גם הזולת הוא חלק מאותו אחד. אלוקים הוא גם אלוקי האחר כיוון שיש רק א־ל אחד. היחס לזולת נגזר גם מכך שהזולת אף הוא נברא בצלם אלוקים. האוהב את הזולת אוהב את חלק הא־לוה ממעל שבזולת.

את העובדה שהיחס לקדוש ברוך הוא משתקף מהיחס לאחר ראינו אצל קין והבל: היחס של כל אחד מהם לקדוש ברוך הוא היה זהה ליחס כלפי האח. קין הציב את עצמו במרכז, וגם כשהביא קורבן הוא נתן לקדוש ברוך הוא את השאריות, ואת העיקר השאיר לעצמו; הבל לעומתו שם את עצמו בצד, ואת העיקר הביא לקדוש ברוך הוא. הרי שהמבחן העיקרי, שהוא גם המבחן היומיומי שמתבטא בכל מערכות חיינו, הוא במישור שבין אדם לחברו – וממילא משתקף דרכו גם המישור שבין אדם למקום. היחס לזולת אינו רק בעיה נימוסית או חברתית, אלא מטפיזית. על פיו אנו נבחנים אם אנו ראויים להגיע אל הקדוש ברוך הוא בעולם הבא.

גישות אחרות ביהדות תופסות אחרת את היחס בין המערכת שבין אדם לחברו ובין המערכת שבין אדם למקום; יש המציבים את המוסר מעל הדת, ויש המציבים את הדת מעל המוסר. יש המצטטים רק את המילים "ואהבת לרעך כמוך", ויש שרואים ערך רק ב"אני ה'" (כמו למשל פרופסור ליבוביץ', שאומר כי מצד התורה למצוות אהבת הֵרַע יש ערך רק כמעשה דתי, ולא כערך במוסר. למצוות אין שום קשר לממד המוסרי שהוא ערך אנושי).

על שניהם חולק הרב אשכנזי, כיוון שהם מנתקים בין המוסר לדת. המוסרי משקף את הדתי. הדת אינה יכולה להיות מנותקת מהמוסר, וגם המוסר עלול להיות הרסני אם היחס לאחר אינו נגזר מהבריאה האלוקית. זו בעייתו של ההומניזם, הרואה את הזולת כערך מוחלט בפני עצמו, והופך אותו למעין אליל. הניתוק בין "ואהבת לרעך כמוך" ובין "אני ה'" מתבטא גם בשימוש בביטוי "חביב אדם שנברא בצלם" (אבות ג, יד). אין כוונת המשנה רק לומר שיש לו צלם ולכן הוא חביב, אלא כפי שהיא מצטטת בהמשך: "בצלם א־לוהים עשה את האדם" (בראשית ט, ו). האדם נברא בצלם אלוקים, ומזה נגזרת משמעותו, היחס אליו משקף נאמנה את היחס לאלוקים.

עיקרון ההדדיות

כפי שראינו, מהאדם נדרש לא רק להימנע מלשלוט באחר, אלא גם להימנע מלהיות נשלט. האדם לא אמור לנהוג כהבל, שבחר להיות קורבן ונתן לקין להרוג אותו. הרב מדגיש: פתרון משוואת האחווה הוא רק על ידי הדדיות. האדם צריך לדאוג לעצמו כשם שהוא דואג לאחר, ואם צריך – להגן על עצמו מול האחר. הבא להורגך השכם להורגו. אם כל אדם מוסרי יוריד את ראשו בפני התוקפים אותו, יקרה מה שקרה כשהבל נהרג – בעולם נשאר רק הצד הרוצח.

עיקרון זה לא נאמר בחלל הריק, כי אם מתפלמס עם משנתו של ההוגה עמנואל לוינס, יהודי ליטאי בן למשפחה מסורתית, שהיגר ופעל בצרפת באותם מחוזות שבהם פעל הרב, והתפרסם בתור פילוסוף בעל שם עולמי. גם אצל לוינס המוסר נמצא בלב ההגות. לוינס דוגל בא־סימטריה אתית, ואומר שהדאגה לאחר צריכה להיות בלתי תלויה ביחס של האחר כלפיך. חסד חד־כיווני, אחריות בלעדית על המוסר, בלי לצפות להדדיות. הרב חולק על לוינס:

> בנקודה זו טמונה הסכנה: כאשר אני עוסק בחסד חד־כיווני, האחר ניצל אבל אני עלול ללכת לאבדון. האם אין לאני שלי גם ערך בפני עצמו? [...] התורה מדברת על החברה האנושית, וחברה זו מורכבת לא רק מצדיקים אלא גם מבינונים ורשעים. רק על עיקרון ההדדיות אפשר לבנות תודעה מוסרית אמיתית. גם בחיי החברה, ללא עיקרון ההדדיות אין אפשרות ליישם הלכה למעשה מוסר אמיתי.
>
> (סוד מדרש התולדות ג, עמ' 44, בהערה 73)

הרב אשכנזי מקשר את שיטתו של לוינס למידתו של אברהם אבינו; מידתו אכן הייתה חסד מוחלט, אך עם ישראל אינו אמור להמשיך את

אברהם בלבד, אלא לשלב בין דרכי כל האבות כפי שנראה בפרקים הבאים. רק על ידי השילוב הזה, שנותן מקום שווה לזולת ולאדם עצמו, אפשר לבנות אומה.

פרק 14

הזוגיות לאור משוואת האחווה

הרב אשכנזי רואה בזוגיות זירה מרכזית של אתגר 'משוואת האחווה', שגם בו יש הקבלה למערכת היחסים של האדם עם הקדוש ברוך הוא.

> האדם נתון לבעיה המוסרית והוא חי אותה, קודם כול, במסגרת חיי הזוגיות שלו. הוא מחזר על אבדתו, שהוא איבד בזמן הנסירה, והוא מקים עם בת זוגו מוסד ייחודי לו ולה – הזוג: "עַל כֵּן יַעֲזָב אִישׁ אֶת אָבִיו וְאֶת אִמּוֹ וְדָבַק בְּאִשְׁתּוֹ וְהָיוּ לְבָשָׂר אֶחָד".
> האדם נתון לשני מתחים: הראשון, הנובע ממודעותו להבדל האינסופי בינו לבוראו, והשני, המתגלה במסגרת חיי הזוג, מול בת זוגו. כך שנמצאים זה מול זו שני נבראים בעלי תודעה מוסרית, המנסים לפתור יחד את משוואת האחווה ולהתקדם יחד לקראת מימוש מלוא זהותם, דרך תולדותיהם.
>
> (סוד מדרש התולדות ה, עמ' 147)

בפרק זה נראה כיצד עיקרון משוואת האחווה מתבטא בקשר הזוגי בין איש לאשתו.

הזוג הראשון שמופיע בתורה הוא אדם וחוה. הפסוק הראשון שמתאר את הבריאה של אדם וחוה אומר:

> וַיִּבְרָא אֱ־לֹהִים אֶת הָאָדָם בְּצַלְמוֹ בְּצֶלֶם אֱ־לֹהִים בָּרָא אֹתוֹ זָכָר וּנְקֵבָה בָּרָא אֹתָם.
>
> (בראשית א, כז)

הרב מסב את תשומת הלב למושגים שבהם מגדירה התורה לראשונה את המצב הזוגי. המושגים 'זכר' ו'נקבה' משמשים לא רק ביחס לבני האדם אלא גם ביחס לבעלי החיים, הם שייכים למישור הביולוגי הטבעי. המישור הזה כולל את כל התחום הפיזיולוגי בחיים, ואכן כל המערכת הזוגית יכולה להתנהל במישור זה. הדחף המיני וההולדה הם תופעות טבעיות המשותפות לכלל עולם החי.

בפרק הבא של ספר בראשית מתוארת עוד זווית של אדם וחוה:

> וַיַּפֵּל ה' אֱ־לֹהִים תַּרְדֵּמָה עַל הָאָדָם וַיִּישָׁן וַיִּקַּח אַחַת מִצַּלְעֹתָיו וַיִּסְגֹּר בָּשָׂר תַּחְתֶּנָּה, וַיִּבֶן ה' אֱ־לֹהִים אֶת הַצֵּלָע אֲשֶׁר לָקַח מִן הָאָדָם לְאִשָּׁה וַיְבִאֶהָ אֶל הָאָדָם. וַיֹּאמֶר הָאָדָם זֹאת הַפַּעַם עֶצֶם מֵעֲצָמַי וּבָשָׂר מִבְּשָׂרִי לְזֹאת יִקָּרֵא אִשָּׁה כִּי מֵאִישׁ לֻקֳחָה זֹּאת, עַל כֵּן יַעֲזָב אִישׁ אֶת אָבִיו וְאֶת אִמּוֹ וְדָבַק בְּאִשְׁתּוֹ וְהָיוּ לְבָשָׂר אֶחָד.
>
> (שם, כא-כד)

הזכר והנקבה מקבלים כאן שמות חדשים – איש ואישה. אלו שמות שאינם משותפים לאדם ולבעלי החיים, אלא שייכים רק לעולם האנושי, ומבטאים בכך דרגה גבוהה יותר.

הגדרות אלו ניתנות לאחר תהליך שחז"ל מכנים 'נסירה', הפרדת האדם לשתי ישויות נפרדות. כל ישות היא בהכרח חסרה, היא חלק מדבר שלם. הרב הולך כאן בעקבות המהר"ל, המסביר שהאדם במהותו נברא חסר (בניגוד לבהמה ש'בה-מה', כל מהותה כבר מופיעה

בה בפועל), האדם לאחר הנסירה הוא בעל חיסרון ושואף לשלמות. כפי שכבר הסברנו, הפער בין האדם שנברא חסר ובין השלמות הוא זה שיוצר את ההיסטוריה, שהיא מהלך התנועה לעבר היעד השלם. יש היסטוריה כלל אנושית והיסטוריה אישית, יעד לכלל ויעד לכל פרט, אך במקרה של אדם וחוה היעד הכללי והיעד האישי חד הם.

מה משמעות החיסרון? יש קשר בין האדם ובין מה שחסר לו. החיסרון שלו יוצר את זהותו, הוא המוביל לקביעה מה יהיו הערכים המרכזיים בעולמו ומה יעמוד במוקד חייו. האדם שואף למה שחסר לו כדי להיות שלם. לא תהיה זו שלמות סטטית כמו שלמותו של הקדוש ברוך הוא, אלא תנועה תמידית של השתלמות; ומה שמאפשר לאדם את התנועה הזו הוא האדם האחר שנמצא לצידו, שאצלו טמון בדיוק מה שחסר לו. במעבר מאדם שלם לשתי ישויות שמשלימות זו את זו, הזכר והנקבה עולים למדרגה של איש ואישה, מהמישור הביולוגי למישור המוסרי.

> הקטגוריות של זכר ונקבה באות לתאר רמה נמוכה מאוד של יחסים בין המינים, ברמה הפיזיולוגית, לשם קיום המין בעיקר. כאשר אדם נותן שם לאשתו חלה התקדמות ממשית ביותר והדבר קורה בשני שלבים. בשלב הראשון היא נקראת 'אישה' "כִּי מֵאִישׁ לֻקְחָה זֹּאת" ובשלב השני היא נקראת 'חַוָּה' "כִּי הִוא הָיְתָה אֵם כָּל חָי". המדרש מציין התקדמות זו בביטוי "פנים כנגד פנים".
>
> (סוד מדרש התולדות א, עמ' 120–121)

על פי התורה, בסוגיית הקידושין מתחדדת השאלה המוסרית כיצד לפגוש את הזולת. האם יהיה זה מפגש של דחף טבעי של זכר ונקבה, או מפגש מוסרי של איש ואישה. על אף שזה נראה דומה, זה שונה מאוד. הזכר הפועל על פי טבעו מרגיש רק את הדחף הטבעי שבו. גם כשהוא פועל כלפי הזולת הוא אינו חש אותו. ניקח לדוגמה את החיזור. החיזור של זכר ונקבה בבעלי החיים נראה דומה לחיזור שבין איש ואישה, אך באמת הוא שונה באופן מהותי. טווס שמחזר אחרי הנקבה

מרגיש רק את הדחף שבו, אף שהוא כביכול פונה אליה באופן מיוחד. לעומת זאת אדם שמחזר באופן אמיתי מכוון עצמו לאישה ורגיש אליה.

אולם, לעיתים גם האדם פועל מהמישור של הדחף הטבעי, ואפילו אם הוא עושה זאת בצורת מנומסת ותרבותית הרי שמצד כוונתו הוא מחזר כבעל חיים, עסוק רק בדחף הטבעי שלו וחפץ לכבוש את הנקבה ולא באמת לתת לה את מקומה (גם התייחסות הבעל לאישה כמי שכל תפקידה לשרתו במשימות הבית היא סוג של יחס של כיבוש חפץ). התורה תובעת מאיתנו להימצא מעל לרובד זה, ועל כן קידושין תלויים בדעתה של האישה (האישה אינה רק הדבר הנקנה, אלא היא קודם כול מי שמקנה, ולכן בה תלויים הקידושין לגמרי).

המימוש הבסיסי של משוואת האחווה – בקשר הזוגי

הבנה זו מחזירה אותנו לנושא משוואת האחווה שעסקנו בו. השאלה הבסיסית שביסוד נושא זה היא כיצד ייתכן קיומם של שניים ביחד: יסוד הבריאה הוא צמצום ההופעה האלוקית ויצירת מצב של שניות – אלוקים ועולם, ואצל קין והבל אנו כבר פוגשים את אתגר השניות גם באנושות עצמה. אולם כמו שאמרנו זה עתה, עוד לפני קין והבל היו בעולם אדם וחוה. השניות מופיעה דרך איש ואישה שיכולים להתנהל כמו הזכר והנקבה בעולם החי, שפועלים כל אחד מתוך הדחפים הגופניים שלו, אך יכולים גם ליצור קשר אנושי. כל עוד האדם פועל במערכת הזוגית בשביל הצרכים האישיים שלו, הוא עדיין מתנהל כמו בעלי החיים; זוגיות אנושית היא זוגיות מוסרית, כלומר נתינת המקום לאחר. המעבדה הבסיסית ביותר והאינטנסיבית ביותר לפיתוח מוסריותו של האדם, לפיתוח נתינת המקום לאחר, היא הקשר הזוגי.

התכלית של הנסירה של האדם לאיש ואישה היא בנייה של מערכת יחסים בין בני הזוג כדי לחוות אחרות מהי, וללמוד לנהל

מערכת זו כדוגמה מהותית ביותר למערכת היחסים ביני ובין האחר שלי – מה שאני רגיל לכנות 'משוואת האחווה'. הדרך שבה אני מנהל מערכת זו, על כל מישוריה, מגלה מהי מידת המוסריות שלי. יש כמובן מקום במערכת זו לאושר. אושר בעצם מתן האפשרות לאחר שלי להשלים את עצמו.

(סוד מדרש התולדות ו, עמ' 141)

בעקבות הנסירה, מה חסר לאיש ומה חסר לאישה ללא הנישואין? לפי התיאור בפרשת גן עדן, לאישה חסרה עצם. הרב מוסיף שלאיש הייתה חסרה נפש. "וחייתה נפשי בגללך" (בראשית יב, יג). האדם כביכול חסר את נפשו ועליו לחזר אחר אבדתו. הנפש נמצאת אצל האישה, ולכן היא היולדת, שבכוחה להוליד נפש חדשה בעולם. השניות בין האיש לאישה היא מהותית, ואצל כל צד נמצא מה שחסר לצד השני. האיש נותן מקום יציב והאישה מביאה איתה את הנפש והעומק. אך לפני שנתמקד בפרטי ההבדלים, חשוב בעיקר להבין את העיקרון האומר שלכל אחד מבני הזוג יש משהו שאין לאחר.

קידושין ונישואין מול 'חשק'

גם בהמשך התורה אנו יכולים למצוא את הדגם של 'זכר ונקבה' מבלי להפוך ל'איש ואישה'. יחסים זוגיים כאלה נקראים בתורה 'חשק', כפי שאנו רואים בפרשת שכם ודינה ובפרשת אשת יפת תואר. על שכם נאמר "חשקה נפשו בבתכם" (בראשית לד, ח). הוא אינו רואה את האדם האחר שמולו, אלא רק את הדחפים האישיים שלו. לא מדובר בהכרה באחר, אלא בכיבוש האחר. מציאות של כיבוש עומדת גם ברקע של פרשת יפת תואר: "וראית בשביה אשת יפת תואר וחשקת בה" (דברים כא, יא). הדרישה של התורה במקרה זה היא "ולקחת לך לאישה" (שם), לא להישאר ברמת החשק. האדם מצווה להכניס את האישה לביתו למשך חודש, שבו מוטל עליו לדאוג לה, ובינתיים היא בוכה את אביה ואת אמה. מה יקרה בחודש הזה? יכול להיות שהיא תהפוך בעיניו

למעמסה, ומנגד יכול להיות שהוא ירגיש בכאבה ויזדהה עם אנושיותה. אבל מה שבטוח הוא שהחשק יצטנן, והקשר הזוגי לא ייבנה מתוך דחף וכיבוש אלא מתוך אורך רוח ומודעות. אם אחרי חודש מגלה האדם שאין לו עניין באותה אישה, אומרת התורה: "ושלחתה לנפשה, ומכור לא תמכרנה בכסף" (שם, יד). היא אינה רכוש שלך, יש לה נפש.

דין אשת יפת תואר הוא מציאות חריגה ולא דרך המלך של התורה. המסלול האידיאלי לזוגיות הוא דרך קידושין ונישואין; אבל גם במערכת של נישואין צריך ליישם את העיקרון של פרשת אשת יפת תואר, שלא יבוא אדם לשאת אישה כדת משה וישראל, ינהג בה כשבויה או כשפחה ויפעל רק מתוך הדחפים הטבעיים של עצמו. הזמן שבין הקידושין לנישואין (שנה) בא להעלות את החשק הראשוני לאהבה מכבדת.

הזוגיות של האבות והאימהות: שיח, אחווה ואהבה

אל מול מצב הכניעה לתכתיבים הטבעיים, מציבה התורה כשאיפה את הזוגיות של האבות והאימהות. אצל אדם וחוה איננו מוצאים כלל דו־שיח, ולעומתם אברהם ושרה מדברים ביניהם.

בני זוג שאין ביניהם שיחה חיים רק זה לצד זה. עד הנסירה חיו אדם ואשתו גב אל גב, לאחר הנסירה הם עברו לחיות זה לצד זה. אברהם ושרה מתחילים שלב חדש של חיים פנים בפנים. המהלך של הרב אשכנזי שופך אור חדש על כמה פרשיות דומות. לדברי הרב, כשאברהם אומר לפרעה על שרה שהיא אחותו, וכן יצחק על רבקה, זהו לא רק שקר שנועד להציל מסכנה, אלא ביטוי למשהו אמיתי. אברהם ושרה באמת הגיעו למדרגה של קשר של אחווה, מדרגה שהיא חדשה בתולדות האנושות.

> כדי להפיץ את דבר ה' האמִיתי, אברהם ושרה חייבים להעלות את רמת **הזוגיות** שלהם, מהרמה הנוכחית של 'איש־אישה' לרמה חדשה של '**אח־אחות**'. יתרה מזו, יש כאן התחלה של **דו־שיח**

> אמִתי בין אברהם לשרה. זהו הדו־שיח הראשון בין איש לאישה בחומש. חידוש גמור – פסיעה עצומה בתולדות האדם. הדו־שיח רק מתחיל בפרשה הזו. השיא שלו בפרק כ, אצל אבימלך, כאשר גם שרה אומרת על אודות אברהם שהוא אחיה: "הֲלֹא הוּא אָמַר לִי אֲחֹתִי הִוא וְהִיא גַם הִוא אָמְרָה אָחִי הוּא" [...]. כל עוד אברהם לא אמר ששרה היא אחותו, הנפש של אברהם לא הייתה חיה באמת. הנפש של אברהם צריכה 'תיקון' – השלמה. הדבר אפשרי רק אם הוא מגיע למדרגה של 'אח־אחות'. הוא צריך ששרה תגיד "אחי הוא". אז נפשו של אברהם, שהיא החיבור של הגוף עם הנשמה, חיה, לא רק גופו.
>
> (סוד מדרש התולדות א, עמ' 119-120)

אצל יצחק ורבקה רואים כי הקשר הוא השלמת חיסרון מהותי, שהרי יצחק הוא איש מידת הדין ורבקה היא דמות מובהקת של מידת החסד. בקשר זה בא לידי ביטוי בולט המרכיב של פינוי מקום לאחר, "גם מקום ללון" (בראשית כד, כה), רבקה מפנה מקום בבית בשביל השליח של אברהם. גם קשר זה, כמו תהליכים אחרים שהרב מציין, הולך וצומח לאורך ספר בראשית: אברם אומר במצרים על שרי שהיא אחותו, אחר כך בארץ פלשתים מופיעה הדדיות – אברהם אומר על שרה שהיא אחותו ושרה אומרת על אברהם שהוא אחיה. אצל יצחק כבר מופיעה האהבה, אבל היא עדיין נכנסת לחלל שהותירה אהבת האם – "ויאהבה, וינחם יצחק אחרי אימו" (שם, סז), ואצל יעקב ורחל זו כבר אהבה גמורה, "ויאהב יעקב את רחל", אהבה מתוקנת שאינה תלויה בדבר אחר. הרב מציין, על סמך מקורות היסטוריים, שאצל הפרעונים הנוהג היה שהמלך נושא את אחותו, כלומר הופך את האחות הטבעית לאישה; אברהם ושרה מביאים למצרים בשורה חדשה, שאפשר להפוך את האישה ה'אחרת' להיות כמו אחות טבעית.

פרק 15

איחוד הערכים והמידות

נחזור אל מהלך התורה בספר בראשית. כזכור, הרב אשכנזי מסביר כי אקט הבריאה הוא אקט של חסד, שעניינו נתינת המקום לזולת. מכאן נגזר גם מבחנו היסודי של האדם, לתת מקום וקיום לזולתו לצידו. המבחן מתחיל בסיפורם של קין והבל. מבחנו של קין הבכור הוא לתת מקום להבל האח, ה'טפל'. קין נכשל ורוצח את הבל – מוחק את קיומו. עקבנו גם אחר היחס לזולת בסוגיית הזוגיות לאורך ספר בראשית.

נמשיך עתה להתבונן בצורה מפורטת יותר בסיפורו של אברהם אבינו. גם כאן נוכל לראות את הנושא שבו עסקנו בפרקים האחרונים – נתינת המקום לאחר ומשוואת האחווה.

כבר ראינו בפרקים הראשונים שהמידה המכוננת את הבריאה, שבגללה נברא העולם, היא מידת החסד; זו גם המידה המכוננת של אברהם אבינו. את המידה הזו רואים במקומות רבים בפרשות העוסקות באברהם, ובאופן בולט בהכנסת האורחים. הכנסת אורחים היא מימוש של נתינת המקום לאחר, הכנסת האחר לאוהל הפרטי. אצל אברהם זה קורה אפילו בתנאי מחלה, תנאים שבהם האדם נוטה להתכנס בתוך עצמו. רואים זאת גם במאבקו של אברהם להציל את אנשי סדום מחורבן, אברהם נותן מקום גם לאלה שמנוגדים אליו

לגמרי וסותרים את דרכו המוסרית. הרי שאברהם אבינו מממש את מטרת הבריאה, ולכן הוא אבי האומה.

לעמים רבים ולתרבויות רבות יש דמות מכוננת. כזה הוא אברהם עבורנו. אולם לא מדויק לומר שאברהם הוא אבי האומה, כיוון שהוא רק אחד מתוך שלושת אבות האומה. אין זה מובן מאליו: בשונה ממשפחה רגילה שבה יש אב אחד, לעם ישראל יש שלושה אבות. אברהם לבדו אינו מספיק, לא נכון לבנות את כל האומה רק עליו. בנקודה זו מתגלה הערך שהרב קורא לו 'איחוד המידות': לא מידה אחת מכוננת את עם ישראל, כי אם רק השילוב הנכון בין המידות השונות שדרכן מתגלה הקדוש ברוך הוא בעולם.

הבעיה במידת החסד המוחלטת

עם כל התיאור של מידת החסד כגילוי הבסיסי של הקדוש ברוך הוא, ומתוך כך כיעד המרכזי של האדם, מידה זו אינה עומדת לבדה. במכלול מידותיו של הקדוש ברוך הוא קיימת גם מידת הדין. אנו רואים אותה באופן בולט בחטא העגל, שבעקבותיו הקדוש ברוך הוא חורץ בתחילה את דינם של ישראל למוות. זהו גילוי של מידת הדין, על פי העיקרון שנאמר עוד לפני כן בעשרת הדברות: ה' הוא א־ל קנא, שמעניש את מי שעובד עבודה זרה. רק לאחר מכן מוחל הקדוש ברוך הוא לעם, מכוח מידות הרחמים שמתגלות אז. מתגלה כי הקדוש ברוך הוא גם רחום וחנון, ארך אפיים נוצר חסד לאלפים, נושא עוון ופשע וחטאה. יש להדגיש כי מידת הרחמים לא מחקה את מידת הדין אחרי החטא, אלא השלימה אותה, שהרי כשניתנו אז הלוחות השניים, גם בהם ממשיך להיות כתוב שהקדוש ברוך הוא א־ל קנא. זה לא השתנה.

אברהם הוא היסוד, החסד הוא הבסיס, אבל אי אפשר לעצור שם. לאחר מידת החסד מופיעה מידת הדין, מידתו של יצחק. אברהם מממש את מידת החסד, ומצידה יש לתת קיום לכל, ואפילו לחוטאים כסדום. יצחק מממש את מידת הדין. מצד מידת הדין אין מקום להפרה

כלשהי של הרצון האלוקי, ואכן לא מצאנו את יצחק מתפלל כאברהם להצלתם של רשעים. מצד מידת הדין המוחלטת אף אין כלל זכות קיום אם אין רצון אלוקי בקיומך – כפי שפגש יצחק בעקדה. יצחק מאבד ומקבל את קיומו מחדש מהקדוש ברוך הוא בפרשת העקדה, ובמקום לפגוש בכך את זכות הקיום שמצד החסד, הוא פוגש את תלות הקיום שמצד הדין.

יצחק מעמיד ערך חדש בתולדות האומה; אך שלא כמו אנשי סדום, שגם הם דוגלים בדין ומתנגדים לחסד, אצל יצחק מדובר בערך של קדושה. דרכו של יצחק אינה מתנגדת לדרכו של אברהם, חלילה, אלא מציבה ערך נוסף שצריך להתאחד עם ערך החסד.

כשעסקנו בפרשת קין והבל ומשוואת האחווה, ראינו את הדגש של הרב אשכנזי על ההדדיות: האדם אינו אמור לדאוג רק לזולתו אלא גם לעצמו, הוא וזולתו נובעים ממקור אלוקי אחד ושניהם שווים. ההדדיות אינה מבטאת את מידת החסד, אלא את מידת הדין. היא מייצגת את הצדק: לא צודק שהאחר יתקיים ואני לא.

סיפורו של אברהם מראה מדוע אי אפשר לאמץ את דרכו וללכת עם החסד עד הסוף. אברהם רצה להציל את סדום בשם הוויתור המוחלט למען קיומו של האחר, אך הקדוש ברוך הוא הפך בכל זאת את סדום, מפני שאת החוטאים צריך לכלות. אכן, ראינו בעינינו במהלך ההיסטוריה שחסד מוחלט מוביל גם לעיוות, כפי שהתבטא בנצרות, שמתוך תפיסה של חסד טוטאלי הידרדרה לאכזריות.

הבעיה בכל הצבת ערך מוחלט

ככלל, הליכה אחר עיקרון אחד בלבד מולידה עיוותים. כשאדם מונע בידי מטרה מסוימת אחת, היא מקדשת את כל האמצעים, כל הערכים בטלים כלפי האידיאל. הרב מדגיש שכמעט כל מהפכה בהיסטוריה שניסתה להנחיל ערך מוחלט כלשהו, לוותה במרחץ דמים בשמו. הליכה אחר עיקרון אחד הולידה גם משטרים טוטליטריים, ניסיון

לכבוש את כולם כדי להשליט אידיאל (כמו הקומוניזם והפשיזם). המהפכה הצרפתית, למשל, הביאה לשלטון יחיד של נפוליאון.

ססמתו של ישראל היא "שְׁמַע יִשְׂרָאֵל ה' אֱ-לֹהֵינוּ ה' אֶחָד". אנחנו מתייחסים אך ורק למקור איחוד המידות – ה' אחד, שהוא אחד, יחיד ומיוחד לישראל, ולעולם לא למידה זו או אחרת. התאולוגיה של עם ישראל מקבילה לתפיסה המוסרית שלו – איחוד המידות, איחוד הערכים, מונותאיזם מוחלט. ה' שהוא האלוקים, הוא המאציל, הוא הבורא, הוא היוצר, הוא העושה.
ססמתן של אומות העולם שונה. כל אחת לקחה על עצמה לטפח ערך מסוים, ברוב המקרים במנותק משאר הערכים, וזו צרה של ממש משום שערך מנותק משאר הערכים הופך לערך של הסטרא אחרא. הדוגמה שאני רגיל לתת היא מידת החסד. יש לחסד אמִתי גבולות, כלומר מידת הדין מגבילה אותו. חסד של הסטרא אחרא אינו מוגבל, ולכן הוא הופך חיש מהר להתנהגות בלתי מוסרית.
(סוד מדרש התולדות ה, עמ' 61)

למה לאברהם אבינו היה מותר ללכת רק אחרי החסד? כי היה צורך להחזיר את מידת החסד האלוקית לעולם. חז"ל (בראשית רבה יט) אומרים על הדורות הראשונים של האנושות, שהשכינה הסתלקה בהם לשבעה רקיעים, עד שבאו אברהם, יצחק, יעקב ואילך והחזירו אותה רקיע אחר רקיע. המקובלים מבארים שכל רקיע במדרש מבטא עוד מידה, עוד גילוי אלוקי שחוזר להופיע בעולם. בשביל זה מידת החסד הייתה צריכה להופיע בדמותו של אברהם עד הסוף; ואחר כך הייתה צריכה להופיע מידה אחרת שתאזן זאת. אברהם מבקש רחמים על סדום, אך עולם שאין בו לצד חסדו של אברהם את הדין של יצחק גורם חיזוק לרשע. אנו יודעים גם מה יכול לקרות ללא המידה המאזנת – גם לאברהם וגם ליצחק נולדו בנים שלא איזנו אותם. ישמעאל החריף את מידת החסד, ועשו החריף את מידת הדין. שניהם הוכיחו כמה בעייתית כל מידה כשהיא עומדת בפני עצמה, מה שמחייב את הופעתם של

כל שלושת האבות. אברהם לא הופיע בעולם כדי שנחקה אותו, אלא כדי שעם ישראל ילמד הן את המידה שלו והן את המידות הנוספות של יצחק ויעקב, ויבנה אומה שלמה. אברהם הוא הצדיק של מידת החסד, יצחק הוא הצדיק של מידת הדין ויעקב הוא הצדיק של איחוד המידות – הרחמים המאחדים את החסד והדין להנהגה שיש בה גם ציפייה וגם התחשבות, גם חסד וגם זכות. כיצד מתאחדות המידות, וכיצד בכלל הצליח כל אחד להוליד את מי שנושא מידה אחרת? עוד נצטרך להרחיב בזה בפרקים הבאים.

הרב אשכנזי מביא בהקשר זה את מאמר חז"ל: "האבות הן הן המרכבה" (בראשית רבה מז ועוד). מרכבה אינה יכולה לנסוע על גלגל אחד, היא מורכבת משלושה גלגלים לפחות. משלושה יסודות נוצרת אמת מלאה, ולכן גם התורה הייתה יכולה להינתן רק לעם ששלוש המידות עומדות ביסודו. חידושה של התורה הוא המכלול של המידות.

נוסיף לעסוק בעיקרון איחוד המידות גם בפרק הבא.

פרק 16

איחוד המידות ובניית הזהות

ראינו כי למרות העובדה שאברהם אבינו מממש את ערך החסד ונתינת המקום לזולת, שעומד ביסוד הבריאה, עם ישראל אינו נבנה מאברהם בלבד. יש צורך גם במידות המאזנות של יצחק ושל יעקב. רק כשמצטרפות מידות הדין והרחמים למידת החסד נוצר הבניין השלם.

הדברים אמורים לא רק בנוגע למידת החסד, אלא בנוגע לכל ערך – לא נכון לממש שום ערך באופן טוטאלי, תמיד יש צורך באיזון. עיקרון זה הוא מיסודות קבלת האר"י: בראשית הבריאה היה עולם התוהו, שבו הופיעו כל הספירות־המידות האלוקיות, אלא שכל אחת אמרה "אני אמלוך" ורצתה לשלוט בכול. עולם התיקון בנוי על איזון וסדר בין המידות, העמדת כל מידה על מקומה הנכון כחלק ממכלול המידות. הרב אשכנזי מקשר זאת גם להתמודדות מול התפיסה האלילית: כל אליל הוא כוח רוחני בעולם, ומשמעות העבודה הזרה היא הענקת שלטון בלתי מוגבל לכוח יחידי. בעיה זו מאפיינת גם את הדתות שקמו בהמשך ההיסטוריה, הנצרות והאסלאם, ובולטת גם בקרב תנועות בדורות האחרונים, כגון הסוציאליזם והקומוניזם. קידוש מוחלט של ערך אחד מביא לחורבן.

התנועה לאיחוד: מדור הפלגה לאבות

תופעת הפילוג בין הערכים מתחילה בדור הפלגה. אם אצל קין והבל זיהינו את כשלונו של האדם בנתינת מקום לאחר, בדור הפלגה נכשל האדם בהכרה בערכים אחרים. האנושות הפכה ממערכת אחת להרבה כוחות שונים, שכל אחד עומד בפני עצמו. היא איבדה את המשפחתיות שלה, את היכולת להכיל גוונים שונים ולמצוא את היחס הנכון ביניהם, והתפרקה לכל הכיוונים.

אחרי ההתרסקות של דור הפלגה, הוצעו שני פתרונות למשבר: הפתרון של נמרוד והפתרון של אברהם. נמרוד שאף לצבוע את כולם בגוון אחד, תחת שלטונו הבלעדי. שכולם יהיו אותו דבר, תוך התעלמות מהשוני בין הגוונים. אברהם, לעומתו, ניסה לבנות חברה מאחדת, חברה שבה אנשים נותנים מקום זה לזה. שאיפתו הייתה שהאחדות תתפשט לכל האנושות, וייווצר מצב שבו כל עם שומר על הגוון המיוחד שלו, ובכל זאת מתקיימת הרמוניה בין כל העמים.

> האנושות דומה לזר פרחים. לכל פרח בזר יש מקום וחשיבות, ואם אותו סוג פרח חסר, הזר אינו שלם. הזר של פרויקט המלכויות, כפי שהוא בא לידי ביטוי לראשונה עם נִמְרֹד, הוא אוניפורמי. יש בו מקום רק לסוג פרח אחד. הזר של פרויקט המשיחיות של ישראל הוא רב־גווני, מורכב משבעים פרחים מסוגים שונים, ויחד הוא מבחינת זר אמִתי. תפקידו של ישראל הוא להיות הגורם המאחד, המחזיר את הזר כזה. משימתו של ישראל כפולה: קודם כול להשיג אחדות פנימית, ומתוך אחדות זו לאחד את האנושות כולה, קרי לאחד אותה כך שיהיה מקום לכל אחד ואחד, לכל משפחה ממשפחות האדמה, ולהביא לידי ביטוי מלא ואותנטי את הגניוס המיוחד שבה.

(סוד מדרש התולדות ה, עמ׳ 190)

מאברם לאברהם – תהליך בניית הזהות

האתגר העומד לפני האנושות בנוי מכמה קומות, שממשיכות את תהליך הבריאה שנותנת מקום לקיומו של עולם. הקומה הראשונה היא של נתינת המקום לזולת, שהיא החובה המוסרית הבסיסית ופיתוחה מביא למדרגה של אחווה. קומה זו היא קומה של חסד. הקומה השנייה – איחוד המידות. כאן המידות השונות מאורגנות יחד לפרצוף הרמוני שיש בו ביטוי מידתי לכל אחת מהן (ובדומה לקדוש ברוך הוא ששיתף את מידת הדין במידת הרחמים). המשימה המלאה היא איחוד המידות, אך הכול צריך להתחיל בחסד.

כמו שההיסטוריה של העולם נתפסת אצל הרב כתהליך מתפתח שהולך ומקרב אותנו למימוש מחשבת הבריאה, כך גם חייו האישיים של אברהם הם תהליך של צמיחה שהולך ובונה את קומתו השלמה. עשרה ניסיונות שנתנסה אברהם הם לא ניסיונות שמוכיחים שמתחילת הדרך הוא היה בעל שלמות גמורה, אלא שהוא הולך ומצמיח קומה אחר קומה מניסיון לניסיון עד שהוא נעשה מוכשר לייסד אומה שתכיל את כל המידות. הביטוי הבולט ביותר לכך שאברהם עובר תהליך הוא העובדה שהוא לא נולד בשם 'אברהם'. הוא מתחיל את דרכו תחת השם 'אברם', ומקבל בגיל מאוחר את השם 'אברהם'. תהליך הצמיחה בין שתי הקומות שהזכרנו צומח מאישיות החסד אל איחוד המידות. זהותו של 'אברם' היא זהות של חסד כערך בלעדי. זהותו של אברהם היא זהות שנותנת מקום גם למידת הדין, וביתר דיוק – זהות של איחוד המידות.

במבט על חייו של אברהם אפשר להצביע על תחנות מרכזיות של התהליך. אנו מוצאים זאת למשל בתפילתו על סדום: מצד מידת החסד המופלגת הוא התפלל שהרשעים לא יאבדו, אך הוא שם גבול לתפילתו. אם אין מספיק צדיקים בעיר, הדין נותן שהיא תחרב. בתפילה על סדום אברהם לומד שיש גבול לחסד.

אברהם נבחן בתשעה ניסיונות סביב מידת החסד. אך הניסיון העשירי, ניסיון העקדה, בודק את יכולתו של אברהם להיות קשור למידת הדין. העקדה בוחנת את יכולתו של אברהם לשים גבול לאהבתו, לנהוג הפוך ממידתו ולהפסיק את קיומו של האחר – בנו. במידה מסוימת, ליצחק היה קל יותר בעקדה מאשר לאברהם; היכולת להיענות לצו ה׳ ולעקוד את הבן תלויה במידת הדין. בסוף העקדה מתגלה "כי ירא א-לוהים אתה", כלומר שאברהם מכיל בקרבו גם את היראה ולא רק את האהבה, את הדין ולא רק את החסד.

לאורך כל ספר בראשית יש בבית יעקב מתח בין אחים, ובסוף הספר נוצר מפגש מחבר בין יוסף ליהודה. רק מכלול בניו של יעקב, המגלים את כל המידות ומבינים את הצורך בכל אחת מהן, הם המגלים את התמונה האחת. זו משמעות המדרש המתאר את שיחתם של יעקב והבנים בפגישתם: "דאמר רבי שמעון בן לקיש ויקרא יעקב אל בניו ויאמר ׳האספו ואגידה לכם׳. ביקש יעקב לגלות לבניו קץ הימין ונסתלקה ממנו שכינה. אמר שמא חס ושלום יש במטתי פסול כאברהם שיצא ממנו ישמעאל ואבי יצחק שיצא ממנו עשו, אמרו לו בניו ׳שמע ישראל ה׳ אלהינו ה׳ אחד׳, אמרו **כשם שאין בלבך אלא אחד כך אין בלבנו אלא אחד** באותה שעה פתח יעקב אבינו ואמר ברוך שם כבוד מלכותו לעולם ועד" (פסחים נו ע"א).

לאורך כל השנים מרחף סימן שאלה מעל המשפחה: האם ייווצר בניין שלם או שמישהו ייפלט החוצה? אך בסוף דרכו של יעקב, מתברר שעם כל השוני בין הגוונים של בניו, כולם קוראים בשם ה׳ יחד. בזאת הם מיישמים באופן מלא את איחוד הערכים והמידות: אף שהם אנשים שונים שכל אחד מהם נושא דגל אחר, מתוך כל הערכים השונים מתגלה שה׳ אלוקינו ה׳ אחד. זהו תפקידם של בני ישראל עד היום: האבות הורישו לנו את המידות, ותפקידנו הוא לאחד ביניהן.

איחוד המידות – הבשורה של התורה

הרב אשכנזי מוסיף שבכל פעם שתנועה דוגלת בערך מסוים ונלחמת עליו, זה נובע מהערך שחסר לה. האסלאם מתאפיין בדין, בגבורה ובאכזריות, דווקא מפני שמידת החסד כבר נטועה בו. הוא מתאפיין בחוסר גבולות מוחלט, הן בנוגע למעשי חסד רצויים כמו הכנסת אורחים, והן בנוגע לתחום המשפחה והעריות. את מידת החסד של אברהם קיבל האסלאם דרך ישמעאל, והגבורה היא זו שחסרה לו. הנוצרי נלחם על החסד, מפני שהגבורה כבר נמצאת אצלו, הוא קיבל אותה מיצחק דרך עשו.

איך עיקרון זה מיושם במשפחתו של אברהם אבינו? אנחנו פוגשים בה שלוש דמויות, ישמעאל, עֵשָׂו ויעקב, וכל אחד הוא אב־הטיפוס של אומה, של תרבות שונה: ישמעאל של האומה הערבית, עֵשָׂו של האומות הנוצריות, ממשיכי דרכה של האימפריה הרומית, ויעקב של ישראל. מהו המוטו המרכזי של החברה הערבית אם לא הדין? מהו המוטו המרכזי של החברות הנוצריות אם לא החסד?

מתגלה אפוא שכל אחד ואחד מגדיר לעצמו אידאל שונה, בהתאם למה שחסר לו במציאות. במציאות עֵשָׂו הוא איש דמים – "וְעַל חַרְבְּךָ תִחְיֶה". האומות הנוצריות אחראיות למלחמות הקשות ביותר, הנוראיות ביותר בעולם. כאשר הנוצרי מגדיר את האידאל שלו, הוא מדבר על החסד משום שזה חסר לו. הדת המרכזית באותן אומות מבוססת כל כולה על ערך זה. העולם הערבי מאמץ דת המבוססת כל כולה על ערך הדין משום שהוא מרגיש שערך זה בעיקר חסר לו. לא צריך ללמד ערבי מהי הכנסת אורחים, מהו חסד. הוא יודע זאת. אולם חסד זה אינו מאוזן על־ידי הערך ההופכי, הדין. לכן הוא שם כאידאל את הערך החסר לו.

(סוד מדרש התולדות ד, עמ' 185)

כל התנועות הללו, שמחוץ ליהדות, אינן זקוקות לתורה. בשביל להניף דגל אחד ולדבוק רק בו – לא צריך תורה. כל מעשה יכול להיבחן על פי השאלה אם הוא משרת את אותו הערך. הצורך בתורה נובע קודם כול מהדרישה לאיחוד המידות. בני נוח לא הזדקקו לתורה, אלא למצוות אחדות שמאפשרות לקיים את משוואת האחווה, כך שיהיה אפשר לחיות זה לצד זה. מטרתן היא לפנות מקום לאחר ברמה הבסיסית, אבל הן משאירות אותו אחר, משאירות את הכוחות מפולגים. התורה שואפת ליותר מזה: לא רק לתת מקום לאחר, אלא גם לאחד בין כולם. מבט כולל זה יכול להגיע רק על ידי גילוי אלוקי. זה בא לידי ביטוי בכך שיש מצוות רבות בתורה שכל אחת מהן עשויה לבטא ערך אחר, וביניהן גם מצוות שבעצמן כוללות איזון בין ערכים.

התורה שבעל פה פיתחה זאת, ודנה בפסיקת ההלכה ביחס לכל מצב ומצב מצד כל היבטיו ומכלול הערכים שהוא מכיל. יש פעמים שבמציאות כלשהי חל איסור תורה, אבל ברגע שהמציאות משתנה ומתעורר צורך גדול, מתברר שיש גבול לאיסור, ובתנאים כאלה יש היתר. השינוי שנוצר מכניס לתמונה שיקול אחר, ערך אחר, והוא גובר ביחס לאותה מציאות. ההלכה בוחנת את כל השיקולים. כך בנויה כל ספרות התורה שבעל פה: הגמרא מעמידה אוקימתות כדי ליישב בין משניות ובריתות, כלומר מסבירה את העיקרון הטהור שכל אחת באה ללמד כשמנטרלים את כל השיקולים הצדדיים. אבל העבודה של הגמרא ושל הפוסקים אחריה היא בכיוון ההפוך – לשקלל את כל העקרונות, לבחון את כל השיקולים ולהגיע להכרעה ההלכתית. בספרי הפוסקים נראה בדרך כלל שורה תחתונה אחת, אבל בספרות השו"ת רואים את הפסיקות המורכבות והמאוזנות.

אם כן, המעבר משבע מצוות בני נח לתרי"ג מצוות אינו רק החמרה, אינו רק הוספת מצוות רבות, אלא גם מעבר מהותי – מתורה שעניינה רק לאפשר קיום לבני האדם זה לצד זה, לתורה שמכוונת אל איחוד כל המידות, ובונה את האיחוד הזה בפועל.

אהבת ישראל

שלב האבות היה נחוץ, אי אפשר היה להגיע לאיחוד המידות בלי לתת תחילה לכל מידה להופיע בפני עצמה. לו נאמר לנו מראש להכיל חסד, דין ורחמים, היינו חיים את שלושת הערכים הללו באופן בינוני ופושר. לא היינו קולטים שום ערך עד הסוף, והתוצאה הייתה תפיסה של כל ערך באופן מוגבל מראש כדי שלא יפגע באחרים. לכן היינו זקוקים בראשית הדרך לשלוש דמויות מופת, שכל אחת מהן תממש מידה אחת בעוצמה, במלאות ובאיכות יוצאת דופן. האבות היו השלב הראשון בדרך לאחדות המידות, והשלב השני היה נתינת התורה המלמדת את דרך האחדות הנכונה.

יש גם מרכיב שלישי: אהבת ישראל. עם ישראל בנוי מגוונים שונים כדי לבטא את כל המידות. מבנה זה של העם יצר מתחים רבים לאורך ההיסטוריה. במהלך הדורות הופיעו בעם ישראל תנועות שונות ואפילו סותרות – המשיכה לפילוסופיה מול המשיכה לנסתר, החסידות מול ההתנגדות ועוד. המתח הוא רצוי, כי כל תנועה בפני עצמה יכולה להביא נזק אם תעבור את גבולה, והתנועה הנגדית מאזנת אותה; אך כדי לגלות את האחדות בין כל הצדדים דרוש יחס של אהבה. הגוונים באים לידי ביטוי גם על ידי קיבוץ הגלויות – עם ישראל התפזר לכל קצוות תבל, וכעת חוזר למקום אחד כשהוא נושא את כל התרבויות בעולם. נוצרת כאן מעבדה לאיחוד תרבויות שאין דומה לה בכל האנושות:

> דרך שני יהודים שעלו לארץ, נפגשים למעשה שני גוים שונים, שתי תרבויות שונות, שתי צורות להיות אדם: האשכנזי פוגש את הספרדי, הספרדי את התימני, הרומני את העירקי, האמריקני את הטוניסאי וכו'. כל זה קורה אחרי כמעט אלפיים שנה ומתרחש בו זמנית באינספור מסגרות – במסגרת האוטובוס, במסגרת ועד הבית, במסגרת בית הספר וכו'. אין דוגמה דומה בעולם כולו. רק

בארץ ישראל נבנית חברה המאחדת את כל הערכים של ה'אדם'. המשימה קשה ועלינו לעלות את הניצוצות הטובות, לקחת את הדברים החיובים, לאחד אותם על־פי כללי התורה ולהשליך לפח ההיסטוריה את הדברים הרעים.

"צִיּוֹן בְּמִשְׁפָּט תִּפָּדֶה וְשָׁבֶיהָ בִּצְדָקָה". המבחן שלנו הוא פשוט: האם אנחנו נצליח לבנות חברה שבה מיושמים כל הערכים במידת האיזון הנדרשת, שבה כל אחד ימצא את מקומו ויוכל להוציא אל הפועל את כל הפוטנציאל שבו? זהו התיקון המצופה מדורותינו.

(סוד מדרש התולדות ה, עמ' 82)

האתגר שלנו, אומר הרב אשכנזי, הוא לאחד את כל המידות על פי התורה, ולבנות חברת מופת. לעשות מכל האנושות זר פרחים.

פרק 17

הקדושה

אנו נכנסים לסוגיית הקדושה. תחילה נציג את הקו המרכזי של הסוגיה אצל הרב אשכנזי, ולאחר מכן נעסוק בהשלמות חשובות לסוגיה.

הקדושה היהודית אל מול האלילות והמיסטיקה

הקדושה הוצבה בתור יעד לעם ישראל, "קדושים תהיו". אפשר לומר שזה הייעוד של העם, ולכן חשוב להבין מהו.

תפיסת הקדושה אצל אומות העולם נחלקת לשני כיוונים מרכזיים. האחד הוא הכיוון של האלילות, שלוקחת חפצים מסוימים בעולם ומתייחסת אליהם כאל אלוהים. הרב מביא דוגמה חריפה דווקא מהנצרות, אף שהיא גלגול מתקדם של האלילות ולא האלילות הקדומה בהתגלמותה, ומצביע על אחד המרכיבים בה שמשקף את האלילות בצורה בוטה: ה'מיסה', טקס שבו המאמין הנוצרי כביכול אוכל מגופו של האל ושותה מדמו, היא ביטוי לתפיסה האלילית שעומדת גם ברקע של הנצרות. אכילת חומרים אלוהיים הופכת גם את הצד החומרי באדם לקדוש, זו הדרך שלו להתקדש.

מהאלילות נגזרת בדרך כלל המאגיה, והיא כוללת פעולות שמכריחות את האלילים לשתף את האדם בקדושתם, כמו האכילה

מבשר האליל, שמשמש כאמצעי טכני לאדם לקבל מעט מהקדושה של האלים.

הכיוון המנוגד בתכלית הוא הכיוון המיסטי, הרוחני הקיצוני, שמבטל כל קשר אל החומר. ביטול הצד הגשמי של האדם, ביטול הקשר לחברה, ביטול ה'אני'. רק כשהאדם מתאיין ומבטל כל ייחוס שהוא לעולם, יש לו סיכוי להשתחרר מהעולם ולבוא במגע עם עולם הקדושה.

שני הכיוונים הללו כמובן שליליים, אך יש תופעות שנראות קרובות אליהם ונמצאות בתוך היהדות, והן דורשות מאיתנו להיזהר כדי להבין אותן נכון. למשל, מה משמעות העובדה שספר תורה הוא קדוש? אם אנחנו שוללים מכול וכול את האלילות, איך ההלכה מייחסת קדושה לעצמים? ומנגד, אם אנו מתנגדים לפרישות מוחלטת מהעולם, כיצד נקבל את רש"י שמפרש את הביטוי קדושים תהיו – "פרושים תהיו"? האם היהדות איננה אומרת אף היא שהעולם כשלעצמו בעייתי, וצריך להתנזר ממנו כדי להגיע לקדושה? אחרי ששללנו את הקצוות, שני הכיוונים שנמצאים בתוך היהדות דרושים טיפול זהיר ומדוקדק, כדי שלא יביאו אותנו לידי הבנה מוטעית שדומה לאלילות מצד אחד, או לידי התנזרות קיצונית מצד שני.

אכן, רבים מחכמי ישראל עסקו בממדים אלו של הקדושה, ועיקר עיסוקם היה לברר מה באמת קדוש ומה אלילי או מיסטי־שלילי. מהם התמקדו בקידוש העולם החומרי והבהירו במה הוא שונה מהאלילות, ומהם התמקדו בפרישות מהעולם החומרי והבהירו במה היא שונה מהמיסטיקה הטוטאלית. ככלל, אפשר לומר שחכמי ישראל הנוטים לקבלה עסקו יותר בצד הראשון, והנוטים לפילוסופיה עסקו יותר בצד השני.

לעומתם, הרב מתמודד עם הסוגיה בצורה אחרת לגמרי: שלילת הקצוות אינה מביאה אותו לדיוק ועידון של הכיוונים הקרובים אליהם ביהדות, אף כי גם לזה יש מקום, אלא למציאת מוקד שלישי, שונה לחלוטין מהשניים שקיימים בעולם.

קדושים תהיו – בקדושה המתאימה לכם

עיקרון היסוד של הרב אשכנזי: אין קשר בין הקדושה שהאדם יכול להגיע אליה ובין קדושתו של הקדוש ברוך הוא. איך זה ייתכן, הרי הקדוש ברוך הוא מורה במפורש ״קדושים תהיו כי קדוש אני״? הרב מסביר שהכוונה היא: אני קדוש בקדושתי, ואתם קדושים בקדושתכם. אין הכוונה שתהיו קדושים כמו אלוקים, אלא שתהיו קדושים על פי הקדושה המתאימה לכם. מהי הקדושה המתאימה לכם? שתחיו על פי מטרת הבריאה. לא ׳תהיו כמו אלוקים׳ אלא ׳תהיו כמו שאלוקים רוצה שתהיו׳, כמו שחשב במחשבת הבריאה, שבה עסקנו לאורך הפרקים עד עתה.

זו תפיסה אחרת מכל מה שנאמר עד כה על הקדושה. הוא אינו מקבל את הגישה הקוטבית הראשונה של הקדושה, בגלל הממד האלילי שבה. הוא אינו מקבל גם את הגישה הקוטבית השנייה – המיסטית, מפני שברור לו שהקדושה צריכה להתבטא בתוך העולם, כפי שעולה מקריאה פשוטה של התורה, ולא בהינתקות ממנו. המצוות פונות לעולם הזה, וגם דמויות המופת של עם ישראל המתוארות במקרא פועלות בעולם. אפילו משה רבנו, אדון הנביאים שזכה למדרגה הגבוהה ביותר, מנהיג את עם ישראל באופן מעשי מבוקר עד ערב. למעט יחידים יוצאי דופן כמו חנוך, שאינו נתפס כדמות מרכזית בתורה ואולי אפילו מתואר בכוונה כדמות שולית (רק בתקופות משבר בעם היהודי נכתבו סביבו ספרים), גדולי האומה מצויים בכל תחומי החיים. זהו המישור שדרכו מופיעה הקדושה במצוות שבפרשת קדושים תהיו, ולמעשה בתורה כולה.

קדושה על ידי מוסר

אם כן, היכן הקדושה באה לידי ביטוי בעולם? באופן לא מפתיע, הרב טוען כי היא מתבטאת בשדה המוסרי. זו גישה שונה לחלוטין מהגישה הדוגלת בפרישות, כיוון שהפרישות כוללת גם הינתקות

מהחברה, ומתוך כך אי־הימצאות במישור שבו מתממש המוסר. לעומת הפרישות, שעניינה רק שלילה, לפי הרב הקדושה היא קריאת כיוון חיובית לפעילות.

אולם המוסר הוא רק התשתית למדרגת הקדושה. עניינה של הקדושה הוא מימוש תכלית הבריאה. משעה שסיים הקדוש ברוך הוא את הבריאה, העולם נשאר בתור מערכת טבעית מכאנית. עולם אילם, שמעמיד בפני האדם שתי אפשרויות – לנצל אותו לצרכיו או לגלות את האלוקות שבו. קדושה היא להפוך עולם טבעי סטטי, יבש ו'מת', לעולם חי ופרסונלי. לא שהוא יהיה זהה לאלוקים חלילה, אלא שיופיע כיצירה אלוקית חיה ומשמעותית. הקדושה היא מאמץ ההתעלות מהחיים הטבעיים אל חיים התואמים את מחשבת הבריאה.

> הקדוש ברוך הוא שם בעולמו את כל שנדרש כדי שהאדם יוכל למלא משימה זו. לפני ששבת, מברך הקדוש ברוך הוא את העולם: "וַיְבָרֶךְ אֱ־לֹהִים אֶת יוֹם הַשְּׁבִיעִי וַיְקַדֵּשׁ אֹתוֹ". הברכה הנמצאת בבריאה מאפשרת לאדם למלא את משימתו. האדם ניצב מול שתי חלופות: הראשונה, להסתפק במצבו הנוכחי של העולם, ליהנות ממנו, ליהנות מאותה ברכה הנמצאת ממילא בעולם, ולא להידרש למאמץ כלשהו כדי להתעלות מעל מצב 'טבעי' זה. השנייה, וזה מה שבורא העולם מצפה מן האדם כשותפו, להשתמש באותה ברכה כדי להתעלות מעל החיים הטבעיים, להעלות את העולם כולו, הבריאה כולה למדרגתה האמִתית כפי שהיא במחשבת הבריאה.
>
> (סוד מדרש התולדות ג, עמ' 55)

מגמה זו דורשת עבודה רבה, מה שמבדיל את תפיסת הקדושה הזו מהתפיסה המאגית, שבה האדם מנסה למשוך אליו השפעה רוחנית מבלי לעבוד; רק על ידי עבודה אקטיבית הופך העולם לחי, לעולם אלוקי.

קדושה על ידי איחוד המידות

הרב אשכנזי מוסיף עוד משמעות למושג הקדושה, שמתחברת לסוגיה הקודמת שעסקנו בה. הוא מביא מדרש העוסק במצבה של האנושות לפני מגדל בבל: "שפה אחת ודברים אחדים". לפי דעה אחת כולם דיברו בשבעים לשון, ולפי הדעה האחרת דיברו בלשון האחת של 'יחידו של עולם'. הרב מסביר שאלו שני צדדים של אותו המטבע: לשון הקודש האחת היא היחידה שיכולה לתת מקום לכל הלשונות, ההרמוניה בין שבעים הגוונים מתאפשרת רק על ידי גורם שמאחד אותם. זו אחת המשמעויות החשובות של הקדושה: להפוך את העולם למקום שמופיעה בו אחדות המידות. כפי שראינו בפרקים הקודמים, עם ישראל צריך לחיות את אחדות המידות, ולשם כך הוא נבנה על ידי שלושה אבות; בשלב הבא עליו להיות מגדלור לכל העמים – לאחד את האנושות על כל גווניה.

> חידושה העיקרי של התורה הוא שימת דגש על **קדושת הכלל**. הכלל ככלל צריך להשיג את מדרגת הקדושה, וזה מתחיל עם כלל ישראל מבחינת מַמְלֶכֶת כֹּהֲנִים וְגוֹי קָדוֹשׁ. דרישתה של התורה להקים חברה אנושית שבה כל המידות, כל הערכים ממומשים יחד ובהרמוניה מלאה, גם אם הם סותרים זה את זה, היא חידוש של ממש. זו משימת האדם – לא אדם זה או אחר אלא **האדם** בה"א הידיעה.
>
> (שם)

זהו אם כן הסולם שמשרטט הרב אשכנזי: הקומה הראשונה היא המוסריות, מעליה קומת איחוד המידות, ועל ידי זה מופיעה בעולם הקומה הגבוהה – הקדושה.

פרק 18

קדושת הכלל

אנו ממשיכים לבאר את מושג הקדושה. עיקר הפרק יוקדש לקביעתו של הרב אשכנזי כי הקדושה מתגלה דרך הכלל, אבל לפני כן נחדד את הבנת עצם מושג הקדושה.

מושג הקדושה מופיע לראשונה בסיום הבריאה, ביום השבת. אלוקים מברך את יום השבת ומקדש אותו. אם השבת היא ביטוי מייצג של הקדושה, לכאורה זו הוכחה שעניין הקדושה הוא פרישות, שהרי בשבת עוזבים את חיי החול. אך הרב מסביר שיש להבין אחרת: קדושת השבת באה בסוף הבריאה, ובכך היא נקודת הסיום של ששת ימי המעשה, השלב שבו הבריאה האלוקית משלימה את ייעודה. מדרגת הקדושה, אם כן, אינה מנוגדת לעולם המעשי של הבריאה, כי אם הגעתו לייעודו.

ממלכת כהנים וגוי קדוש

מושג הקדושה מופיע שוב בהמשך התורה לפני מעמד הר סיני: ״וְאַתֶּם תִּהְיוּ־לִי מַמְלֶכֶת כֹּהֲנִים **וְגוֹי קָדוֹשׁ**״ (שמות יט, ו). הקדושה מוצגת כייעוד של עם ישראל – ודווקא בתור עם, ממלכה, גוי. העיקרון הזה מופיע כבר בציווי האלוקי הראשון לאברהם אבינו; אומנם מושג

הקדושה אינו מופיע שם, אך נאמר מפורשות כי מטרתו של אברהם אבינו היא להעמיד עם, ולא רק לפעול בתור אדם יחיד. ״ואעשך לגוי גדול [...] ונברכו בך כל משפחות האדמה״. זהו היעד של האבות בספר בראשית, זה המוקד של המהלך שעובר עם ישראל בספר שמות, וזה גם המוקד בספר ויקרא. בתחילה הספר עוסק בעבודת המשכן, והציוויים בחלק זה של התורה מיועדים בעיקר לכהנים, אבל במרכז הספר עומדת פרשת קדושים. כשהתורה מציגה את יעד הקדושה היא פונה לכלל ישראל, ״דבר אל כל עדת בני ישראל ואמרת אלהם: קדושים תהיו״ (ויקרא יט, א). פרשה זו, שמצויה בלב הספר וכוללת מצוות רבות הנוגעות לתחום המוסר והחברה, מלמדת כי הספר כולו פונה כלפי הכלל, שדרכו מתגלה הקדושה.

הקדושה אינה יכולה להתגלות רק דרך יחידים, יש בזה פתח לחוסר מוסריות. שאיפתו של האדם לקדושה עלולה להביא אותו להתעלמות מסביבתו, להתרכזות בעצמו בלבד. תפיסת קדושה כזו מובילה לאלילות, המייחסת משמעות לכוחות נקודתיים. זו איננה דרך הקדושה.

> התורה אינה רואה בעין יפה את ׳הקדושה׳ של מי שמנתק את עצמו מן החברה שבה הוא חי, של מי שדואג לעצמו ולעצמו בלבד, כגון אותם נזירים המתבודדים והחיים מחוץ למעגל החיים החברתיים. רצונו של אותו נזיר להיגאל, להיוושע במנותק מן הכלל, חשוד בְּעֵינֵי התורה ואומר ׳דרשני׳: האם הוא נובע מעמדה של התנשאות, של גאווה, האם הוא נובע מאי הבנת מהות כלל ישראל ומהתייחסות לתורה כסתם ׳דת׳ הדואגת רק לפרט כפרט? הדגש של התורה הוא דווקא על קדושת הכלל, קדושת החברה האנושית כולה, ובשלב הראשון קדושת החברה הישראלית האמורה לשמש מגדלור לאנושות כולה, חברה המבוססת על איחוד כל המידות, כל הערכים שאנחנו כבני ישראל יורשים מן האבות.
>
> (סוד מדרש התולדות ג, עמ׳ 58–61)

כיוון שהקדושה מתגלה דרך הכלל, היא אינה מצטמצמת לתחומים מסוימים. לו הייתה מתגלה דרך יחידים, אפשר היה לומר שהיא נחלת העוסקים בתורה ובענייני דת, ואילו כל תחומי הביטחון, החקלאות, הכלכלה, התרבות וכדומה אינם קשורים לקודש. אבל אם כל חלקי העם שייכים לקדושה, חייבים להבין שהקדושה מופיעה בכל התחומים שהעם עוסק בהם. כל התחומים אמורים להיות מוארים באור הקדושה: להתנהל באופן מוסרי, להיות מותאמים למחשבת הבריאה, לשלב את כל הערכים באופן ההרמוני הנכון. כיוון שמחשבת הבריאה מתממשת במישור שבין אדם לזולתו ועל ידי איחוד המידות והערכים, הקדושה יכולה להופיע רק בחברה האנושית על כל תחומיה. היא לוקחת את כל הממדים של החיים ומרוממת אותם ממערכת טכנית וטבעית לחיה ומשמעותית.

קדושת המערכת הציבורית

יתרה מזאת: לא רק שכל תחומי החיים אמורים להיות מוארים באורה של הקדושה, אלא שהכלל עצמו אמור להיות קדוש – הפוליטיקה אמורה להיות קדושה. המערכת הציבורית היא ממד בפני עצמו שדורש התייחסות. בעולם, המערכת הפוליטית מתנהלת בדרך כלל באופן מנוגד לדרישות המוסריות. ניקח לדוגמה את המושג 'הקופה הציבורית', שנעשים סביבו הרבה מעשים פסולים. אנשים שלא יחשבו לעולם לקחת כסף בלי רשות מזולתם, ירשו לעצמם לקחת מכספי ציבור. מדוע? כי הרושם הוא שהכסף אינו שייך לאף ישות פרטית, אין שום אדם שנפגע מלקיחת הכסף הזאת.

גורם נוסף שמביא לבעיות מוסריות במערכת הציבורית הוא מאבקי הכוחות. כיוון שאנשים שונים וקבוצות שונות פועלים במערכת הכללית, כל אחד מנסה להטות את הכף לכיוון שלו. מתנהלת מלחמה תמידית, גם אם היא סמויה ועדינה, על חלוקת המשאבים המשותפים. הסיבה היא שבעיני גורמים רבים שנמצאים במערכת, המערכת נועדה בשביל הפרט ולא לשם השגת מטרות כלליות, לכן בסופו של דבר כל אחד פועל כדי לשרת את הצד שלו.

למערכת הכללית יש יעד כללי, היא צריכה לתת מקום לכל הגוונים ולבטא הרמוניה, אך בפועל אנשים נאבקים זה בזה כדי להשיג את מטרותיהם האישיות או המגזריות. עם ישראל, בתור עם קדוש, אמור לשנות את כל המבט על הפוליטיקה. הוא צריך לבנות מערכת שבה כל הפרטים שותפים ליצירת חברה כללית. עליו להיות כמו החושן שעל לב הכהן הגדול, המייצג את כלל ישראל תוך מודעות לגוונים השונים של האבנים המרכיבות אותו.

התחום הכלכלי הוא רק דוגמה אחת למערכת כללית, ויש גם ביטויים אחרים שלה, כגון הצבא. גם המערכת הצבאית נראית לכאורה מנותקת מהחיים המוסריים של הפרט; הרי הפרט הממוצע אינו יורה באף אחד למוות, אבל במסגרת הכלל הוא הורג בני אדם. גם במישור זה באה התורה ומציבה דרישות מוסריות למערכת הכללית. אלו דרישות מורכבות, האומרות לעיתים גם להרוג את האויב במצבים של "הבא להורגך השכם להורגו" – אך גם אז מדובר בצו מוסרי; ועל כן שאלת המוסר ממשיכה ללוות את הצבא הישראלי גם בשעת מלחמה. אכן, מרגע שעם ישראל חזר לחיות בארצו ולהגן על עצמו בין השאר בכוח הנשק, הוא אינו משתמש בנשקו בדורסנות ובאכזריות מבלי לשאול את עצמו שאלות מוסריות, אלא שואף לשמור על נאמנות למוסר ומברר כל הזמן את דרכו. אולי לפעמים הוא טועה, לדין עודף או לרחמים עודפים, אך הוא חותר ליישם את העיקרון הכללי של העלאת המערכת הצבאית מעבר לכוחנות ולאטימות.

על עם ישראל להקים חברה שאין בה ניתוק בין מוסר לפוליטיקה, שלא כברוב החברות שבהן המוסר נשאר ליחידים, אך הפוליטיקה מנוהלת על ידי הכוח או החוק.

יתרון קדושת הכלל על קדושת היחיד

אם המערכת הציבורית מזמנת אתגרים כאלה, מדוע היא בכל זאת קדושה יותר מחיי היחיד? ראשית, הציבוריות מבטאת ממד אלוקי בשל היותה נצחית. היחיד מנוגד לקדושה מצד העובדה שחייו זמניים,

הרי המוות הוא אבי אבות הטומאה. מעשיו של אברהם אבינו כאדם פרטי היו בני חלוף, ואילו מה שהקנה לאברהם אבינו את נצחיותו הוא העובדה שייסד אומה.

עוד מאפיין של הציבור הוא הקפת מכלול שלם של אנשים. אילו עם ישראל לא היה עם, אלא אוסף של יחידים מאמינים, שכל אחד מצטרף אליו מתוך בחירה, היו בו רק צדיקים. אבל אם כל אחד שנולד מעם ישראל משתייך אליו שלא מבחירתו, יכול להיות שהוא יהיה בינוני ואפילו רשע, מה שמצריך את כל עם ישראל לעבור תהליך. ציבור מכיל את כל האומה, ולא רק את קהילת הנאמנים כמו בכנסייה הנוצרית. הזהות היהודית מותנית בשאלה למי נולדת ולא מה מדרגתך. כל יחיד נמצא במקום כלשהו על סולם ההתקרבות לקדושת האומה.

"רבי מאיר אומר: בין כך ובין כך אתם קרויים בנים" (קידושין לו ע"א). ההלכה נפסקה כדעת רבי מאיר. הגדרתו של רבי מאיר היא הגדרה לאומית. אני שייך לכלל ישראל משום שנולדתי מאם יהודייה ואין זה תלוי בי. הציבור כציבור, הכלל ככלל צריך להתעלות למדרגת הקדושה. האם זה אומר שאותו ציבור מורכב אך ורק מצדיקים? התשובה שלילית. זה לא הכרחי. לא בחינם דורשים את המילה 'ציבור' כנוטריקון: צדיקים, בינונים ורשעים. הימצאות רשעים אינה כמובן רצויה – בלי להיכנס לשאלת גורלם הפרטי. כל הדיון הזה קשור לסוגיה נוספת בגמרא, במסכת סנהדרין: האם תלויה הגאולה בתשובה או לא? גם בסוגיה זו פוסקת ההלכה שלא. לא בכדי פסקו חכמי ההלכה את מה שפסקו. נקודת מוצאם היא שהגדרתו של ישראל אינה הגדרה של קהילת מאמינים אלא של עם המאמין בתורת משה, אדון הנביאים.
מבחינת דרש אפשר להוסיף שבמעמד הר סיני היו נוכחים גם רשעי ישראל. לפי המדרש היו דתן ואבירם משוטרי ישראל במצרים והם מתוארים בכל הזדמנות כרשעים המבקשים למשל להחזיר את העם למצרים בזמן חטא המרגלים, ואף על פי כן,

> הם היו גם במעמד הר סיני. האם מנעה נוכחותם את התגלות הקדוש ברוך הוא? צריך לתפוס ולהפנים נקודה זו: כאשר מדברת התורה על הקדושה, היא קודם כול מדברת על משימת הכלל ככלל. כלל ישראל נדרש להיות קדוש.
>
> (שם)

החברה הישראלית היא ציבור לכל מדרגותיו, כי היא אמורה לשמש כמגדל של אור לכל החברות האנושיות, להראות שאפשר לכונן חיים על ערכי המוסר והתורה ולאחד סביבה את כלל האומות וערכיהם.

הקדושה בגלות ובארץ ישראל

כיון שמדובר בחיי הכלל ובמימושם בכל צדדי החיים, עם ישראל ממלא את תפקידו רק כאשר הוא מתנהל כעם, ומצוי בארצו. כשחסרים לו שני מאפיינים אלה, הוא נראה דומה לדתות אחרות, והקדושה שבו מקבלת סגנון של פרישות. אומנם התורה נשארה אותה תורה, ויהודים המשיכו לקיים מצוות מעשיות ולקיים חיי משפחה – שלא כדתות אחרות שדגלו בפרישות (כגון הנצרות); אבל גם אם היהדות נשמרה מלהגיע לפרישות קיצונית בסגנון שזר לה, בכל זאת היא אימצה באופן כללי את הסגנון של הפרישות הזו. עם שובו של עם ישראל להתנהל בתור עם בארצו, בא הזמן לחזור לתפיסת הקדושה המקורית של התורה. לממד החיובי של הקדושה, שאינו מתבטא רק בפרישות על דרך השלילה.

נציין שגם הרב אשכנזי מסביר לעיתים את מושג הקדושה במושגים של פרישות, אבל בדרכים מקוריות, כגון פרישות מכל מה שמפריע לממש את הייעוד של עם ישראל. גם במקומות אלה לא מדובר בפרישה מהמציאות.

עם ישראל אמור לשאת את דגל קדושת הכלל. לשמש דוגמה לכל העולם, ולהראות שציבור יכול להתנהל על אדני המוסר והתורה.

לעמים אחרים קשה לשאת זאת. הם מזדהים יותר עם הפתגם הנוצרי: ״תנו לקיסר את אשר לקיסר ולאלוהים את אשר לאלוהים״. לעומת זאת, אנחנו צריכים להציג מול העולם כולו את האידיאל: ״קדושים תהיו״.

ברמת הפרט יכול כל גוי, כל נוצרי להיות מוסרי ולשמש דוגמה אישית למוסריות. אם אני מדבר לפניכם היום, זה בזכות הטיפול המסור שקיבלתי מאותה נזירה שהייתה אחות במקצועה ושטיפלה בי לילות כימים כאשר נפצעתי בחזית המלחמה. היא הייתה גיבורה של ממש בכל הקשור לגמילות חסדים. אני מדבר כמו תמיד ברמת הכלל. ברמת הפרט אפשר למצוא המון גוים בעלי מוסר אמִתי, וזה דבר חיובי ביותר. אולם מה בנוגע לאומות הנוצריות? האם אפשר להגיד שהן משמשות דוגמה ומופת למוסר? אתם בוודאי זוכרים את הפתגם ״תנו לקיסר את אשר לקיסר ותנו לאלוקים את אשר לאלוקים״. משמעותו פשוטה ביותר: אין קשר בין הפוליטיקה למוסר. זה נוגד את התפיסה היהודית לגמרי. זו תפיסה דואליסטית. התורה מדברת אל בני ישראל ומצווה את **העם** להקים חברה שבה אין ניתוק בין המוסר לפוליטיקה. הדגש הוא על העם, על העמים, על החברה האנושית ולא על קומץ נזירים החיים חיים מלאכותיים, מנותקים מן העולם במנזר כלשהו. אותם נזירים יכולים להיות קדושים, אולם זה לא מה שמצווה אותנו התורה. היא מצווה אותנו ״קְדֹשִׁים תִּהְיוּ״ כאשר אתם חיים חיים אמִתיים, מלאים, בתוך החברה. הציווי הוא לפרט החי בתוך כלל ישראל ככלל [...].
אומות העולם מתקשות להבין זאת והגויים מחפשים את הרוחניות למעלה, בפרישה מן החיים הארציים כפי שהם אומרים. הסיבה העמוקה לכך היא שהם בעלי תפיסה דואליסטית והם אינם מצליחים להתגבר עליה ולהבין שהקדוש ברוך הוא רוצה דווקא שדרך החיים הארציים תתגלה הקדושה.

(סוד מדרש התולדות ג, עמ׳ 161)

הרב אשכנזי מציג בצורה מיוחדת את הייעוד הזה. לדבריו, ביום השביעי של הבריאה – בשבת – הקדוש ברוך הוא עוצר את מעשה הבריאה שלו, על מנת לפנות מקום לאנושות כדי שהיא תממש את מחשבת הבריאה. ייעוד זה הולך ומתממש לאורך ההיסטוריה, שהיא בבחינת היום השביעי – המסור לידי האדם. כשיוגשם הייעוד ברמת הכלל, יגיע 'היום השמיני' – העולם הבא, אז כביכול ייכתב: ויאמר אלוקים אל האדם קדושים תהיו, ויהיו קדושים, וירא אלוקים כי טוב, ויהי ערב ויהי בוקר יום שביעי.

פרק 19

הקדושה והמצוות

אנו עוברים לסוגיה שעונה על שאלה המתבקשת מכל מה שראינו עד כה במשנתו של הרב אשכנזי.

הנקודה היסודית שראינו בפרקים הראשונים הייתה שמוקד הבריאה והנושא שסביבו מרוכזת משימתה של האנושות, הוא התחום המוסרי. גם כשעברנו לסוגיית תפיסת ההיסטוריה, וראינו שבכל שלב יש כמה חלופות והאדם בוחר כיצד העולם יתקדם, התחום המוסרי נשאר במוקד – הכרעתו המוסרית של האדם קובעת את מהלך ההיסטוריה. אבל התורה הרי דורשת מאיתנו מעגל מצוות רחב הרבה יותר מהתחום המוסרי המובהק, כיצד ניתן להסביר זאת?

שאלה זו מזכירה את שאלת היחס לתרבויות וזרמים בעולם היהודי מחוץ לעולם התורה. בתנועת ההשכלה, וכן בתנועה הציונית, טענו שתרומתה של היהדות מסתכמת בתביעות המוסריות שלה, ואילו את המצוות שבין אדם למקום שמו במקום מינורי יותר או ויתרו עליהן. אולם ודאי לא נכון לתפוס כך את התורה, שהרי המצוות שבין אדם למקום תופסות בה מקום נכבד ומרכזי, ומערכת היחסים שבין האדם לאלוקיו מלווה אותה מתחילתה ועד סופה. יש להבין כיצד גישתו של הרב שונה מאותם זרמים, ומתיישבת עם עולם המצוות בכללו.

מוסריות - גם כלפי האלוקים

ראינו כי אחד המקורות היסודיים למשנתו של הרב הוא תורת האר"י ותפיסתו את הבריאה כצמצום של אור אינסוף. על גבי זה בנה הרב את נתינת המקום לאחר כיסוד התורה, דבר שמסביר היטב את חשיבותן של המצוות שבין אדם לחברו. הרב מסביר שגם המצוות שבין אדם למקום בנויות על אותו עיקרון: האדם נדרש לפנות מקום לקדוש ברוך הוא, שתהיה לו "דירה בתחתונים", כלשון המדרש – לתת מקום לנוכחות אלוקית בעולמו של האדם. כשם שאדם נותן מנחלתו מתנות לעניים, למשל, כך הוא נותן מנחלתו לכהן כמשרת ה', ובמצוות הביכורים הוא נותן מפרי אדמתו לה'. בכך הוא כביכול מפנה מקום משלו לקדוש ברוך הוא.

תפיסה זו מתבטאת בעיקר בשני מישורים מרכזיים – קדושת הזמן וקדושת המקום. במישורים הללו מתנהלות רוב המצוות שבין אדם למקום. על ידי מצוות אלו נותנים לקדוש ברוך הוא להיות נוכח בעולם, בזמנים מסוימים ובמקומות מסוימים.

גם קדושת ישראל שייכת לאותו עיקרון של נתינת מקום לקדוש ברוך הוא בעולם – וזהו המבחן של אומות העולם, האם הן נותנות מקום להופעה האלוקית להתגלות דרך עם ישראל. מתוך כל העולם, יש עם מסוים שעובד את ה' בשביל כולם. האומות אינן אמורות לחקות אותו ולקיים את מכלול המצוות שבין אדם למקום, אלא זה התפקיד של ישראל בתוך לב האומות, ותפקידן של האומות הוא לתת לזה מקום. כשם שעם ישראל אינו אמור לעבוד במקדש כמו הכהנים אלא לתת לכהנים משלו, גם האומות אמורות לתת מקום לעם ישראל ולא לנסות לאמץ את ההתנהגות שלו. מלבד מבחן זה של נתינת המקום לעם ישראל, שאר העמים אינם נדרשים לפנות מקום לקדוש ברוך הוא, זו משימה שמיועדת לישראל. דווקא כשעמים אחרים מנסים ליצור דתות בדומה לתורה, ולבנות מערכות מקבילות בין אדם למקום, נוצרים עיוותים.

כדוגמה לזה מביא הרב אשכנזי את האבטיפוס של אומות העולם ביחס לישראל – קין לעומת הבל. האתגר של קין והבל היה בתחום המוסרי, אולם הסיפור סובב סביב קורבנות, וזו תוצאת הבחירה של קין – הוא שבחר להסיט את המוקד מהתחום המוסרי לתחום שבין אדם למקום. יוזמת הקורבן נולדה מתוך בריחה מהמצוות שבין אדם לחברו, קין לא רצה להתמודד עם האתגר האמיתי שלו – יחסו להבל. על כן הקדוש ברוך הוא קורא לו לזנוח את העבודה ה'דתית', ובמקום זאת להתרכז בתיקון האמיתי שנדרש ממנו ולהיטיב: "הלא אם תיטיב – שאת".

> אין זה מתפקידן של אומות העולם לטפל בבעיה הדתית, מן הסיבה הפשוטה שבכל פעם שהן מנסות לעשות זאת, מסתיים הדבר באסון. המלחמות הקשות ביותר שהיו בין האומות נגרמו בגלל הבדלי 'דת' בין העמים. התורה מספרת מה קרה בדור אֱנוֹשׁ כאשר "הוּחַל לִקְרֹא בְּשֵׁם ה'". במקום לפנות לריבונו של עולם בכבודו ובעצמו, התחילו להשתמש במתווכים – כך התחילה העבודה הזרה. אסור לטעות במשימה. על אומות העולם מוטלת המשימה לפתור את הבעיה המוסרית, לא את הבעיה 'הדתית' – זו משימתו של ישראל. ישראל משמש כהן ולא אומות העולם, ואין שום תחושה של יוהרה באמירה זו. ישראל הוא "בני בכורי", הוא הבן הבכור, אולם אין זה אומר ששאר העמים אינם בנים, ח"ו.
>
> (סוד מדרש התולדות ג, עמ' 250–251)

הרב אשכנזי אומר שבית המדרש של שם ועבר מחולק לשתי מגמות – של שם ושל עבר. שם מופקד על התחום שבין אדם למקום, "וישכון באוהלי שם", תפקידו להופיע את הנוכחות האלוקית במציאות. לעומתו, עבר הוא הראשון שבהקשרו המילה 'אח' חוזרת להופיע בכתוב מאז קין והבל ("כל בני עבר אחי יפת הגדול"), וזה רמז לכך שתפקידו להשיב את האחווה שבין אדם לחברו.

מוסריות בין אדם לעצמו

מצוות רבות דורשות הבנה לאור הדגם הזה. מאכלות אסורות, למשל, כיצד חטיבת מצוות זו קשורה לנתינת מקום? וכיצד תוסבר מערכת איסורי העריות? ניאוף עם אשת איש הוא בוודאי עבירה מוסרית כלפי משפחת הנואף והנואפת, אבל בעריות עם קרובות לכאורה אין פגיעה באחר. האם אלו מצוות שבין אדם לחברו, או שמא שבין אדם למקום?

התשובה של הרב היא שיש תחום נוסף של מצוות – מצוות שבין אדם לעצמו. האיסורים הבולטים ששייכים לתחום זה הם איסורי אכילה ואיסורי עריות. כשאדם אוכל, הוא בונה ראשית כול את עצמו, ואם כן איסורי האכילה הם מצוות שבין אדם לעצמו.

מה משמעות התחום הזה? מדוע דאגת האדם לעצמו תהיה למצווה מוסרית? כשם שהאדם צריך לקדם את הבריאה כולה אל שלמותה ולגרום לה להתאים למחשבת הבריאה, כך הוא צריך לקדם גם את עצמו כך שיתאים למחשבת הבריאה. אפשר לומר ש'בין אדם לעצמו' פירושו בין אדם לעצמיות שלו, למהות שלו. הוא צריך לפנות מקום בתוך עצמו לאדם השלם שהוא נועד להיות, להקצות משאבים להוצאת הפוטנציאל שלו מן הכוח אל הפועל, להצמחת צלם האלוקים שבו.

> לתחום זה שייכות מצוות רבות שאנשים מחשיבים אותן בטעות כמצוות דתיות, כאשר הן למעשה מצוות השייכות לתחום שבן האדם לעצמו, מצוות 'זהותיות' אם אפשר להתבטא כך: המצוות הקשורות לאוכל – הכשרות, המצוות הקשורות ליחסים בינו לבינה – פריה ורביה, כל אלו שייכות לקטגוריה זו: בין האדם לעצם שלו, למהות שלו.

(שם, עמ' 249)

שלוש קבוצות המצוות הללו – בין אדם לחברו, בין אדם למקום ובין אדם לעצמו – אינן רק שלושה תחומים בחיים, אלא שלוש מערכות

יחסים שמנהל האדם: מול האחר, מול הקדוש ברוך הוא ומול השלמות הנדרשת ממנו עצמו. מחשבת הבריאה באה לפתור את כל מערכות היחסים – בין האדם לחברו, בין האדם לקדוש ברוך הוא ואפילו בין האדם לעצמו, ועל כן התורה חייבת לטפל במכלול התחומים הללו.

יש לכך ביטוי בדברי הגמרא בבבא קמא (ל ע"א), על כך שמי שחפץ להיות חסיד עליו לקיים מילי דנזיקין, מילי דברכות ומילי דאבות. מילי דנזיקין שייכות למרחב שבין אדם לחברו. מילי דברכות שייכות למרחב שבין אדם למקום. מילי דאבות שייכות למצוות שבין אדם לעצמו. המחויבות לעמוד בדרישות של מסכת אבות אינה מפני שאמרו אותן רבנים גדולים, אלא מפני שהם האבות שלנו, ומפני שהם הדמויות שמימשו את צלם האלוקים שבהן, וכן נדרש גם מאיתנו על מנת שנשלים את קומתנו כך שתתאים למחשבה האלוקית, שבראה אותנו בשביל שנגיע לשלמות זו.

מוסריות בשלושה ממדים

הרב אשכנזי ממשיך לדבוק בעיקרון האומר שמוקד התורה הוא המוסריות, אלא שבניגוד לזרמים שמחוץ ליהדות הוא מבהיר שהמוסריות איננה רק בין אדם לחברו. בזרמים אחרים מפצלים בין המוסר, בין הדתיות ובין העיסוק בעצמיות ובנפש, אבל בתורה הכול שייך למארג אחד. היא מלמדת אותנו כיצד להיות מוסריים בשלושת הממדים.

יתרה מזאת, הרב טוען שבכל אחת מהמצוות כלולים שלושת הממדים. בעבירה שבין אדם לחברו יש גם פגיעה מסוימת כלפי הקדוש ברוך הוא וכלפי האדם עצמו. אלא שלפעמים ממד אחד דומיננטי יותר ולפעמים אחר, ורק על ידי ניתוח פנימי אפשר לזהות את כל הממדים. זה משתנה בין המצוות וגם בין התקופות – בגלות, למשל, הממד שבין אדם למקום היה בולט יותר. בדורות האחרונים גבר עליו הממד שבין אדם לחברו, ובדורנו מתעצם אולי עוד יותר הממד הנפשי שבין אדם לעצמו.

> הקדושה ניתנת להשגה רק אם נפתרה הבעיה המוסרית. חז"ל מתארים את מהלך ההיסטוריה האנושית של היום השביעי כך: אלפיים שנות דרך ארץ, אלפיים שנות תורה ואלפיים שנות משיח. תיאור זה מקביל לשלושת הממדים הכלולים במצוות התורה: בין אדם לחברו, בין אדם למקום ובין אדם לעצמו. כל פעם שאני מדבר על התורה, אני אומר כי התורה היא החוק המוסרי המוחלט, והסיבה לכך היא שהיא כוללת בבת אחת את שלושת הממדים האלו. בכל מצווה כלולות ג' ממדים, אולם בכל פעם יש דגש על ממד זה או אחר.
>
> (שם, עמ' 248)

יש כמה תשובות בדברי חז"ל לשאלה מהו "כלל גדול בתורה". התשובה הידועה ביותר היא "ואהבת לרעך כמוך" (בראשית רבה כה, ז), וידועה גם התשובה "זה ספר תולדות אדם" (שם). יש גם דעה במדרש שמובא בהקדמה לעין יעקב: "את הכבש אחד תעשה בבוקר ואת הכבש השני תעשה בין הערביים". שלושת הכללים הללו מקבילים לשלושת הממדים – בין אדם לחברו, לעצמו ולמקום. בדומה מסביר המהר"ל על שלושת הדברים שעליהם האדם עומד (אבות א, ב): "על העבודה" הוא בין אדם למקום, "על גמילות החסדים" הוא בין אדם לחברו, ו"על התורה" הוא בין אדם לעצמו, שכן התורה באה לאפשר לאדם לבנות את עצמו לשלמות. גם שלוש העבירות החמורות מקבילות לשלושת המישורים הללו: עבודה זרה (בין אדם למקום), שפיכות דמים (בין אדם לחברו), וגילוי עריות (בין אדם לעצמו, כפי שהוסבר לעיל), והן עומדות בהתאמה לתורה, עבודה וגמילות חסדים. אלה שלושת המישורים שבהם נדרש האדם לממש את המוסריות.

פרק 20

תורת משה ותורת אהרון

אנו ממשיכים לעסוק בתפיסת המצוות ומהותן לפי הרב אשכנזי. נקדים ונזכיר את אחד היסודות שפגשנו בתחילת הדרך, על המתכונת שבה נברא העולם.

לפי הרב העולם נברא חסר בכוונה, כדי שהאדם יבוא וישלים אותו. "אשר ברא א־לוהים – לעשות", במובן של לתקן. הפסוק המסיים את הבריאה מלמד כי היא לא הושלמה, ותפקידו של האדם לבוא ולהשלים אותה. מחשבת הבריאה היא שלמה, יש אופן שבו הבריאה צריכה להיראות, אך יש פער בין מחשבה זו ובין הבריאה בפועל. כל הציר ההיסטורי הוא תנועה מהמציאות כפי שהיא בפועל למציאות כפי שהיא צריכה להיות. העולם בכוונה לא נברא בפועל באופן השלם, כדי שכל אדם יפעל בכוחות עצמו להשגת השלמות, ואז השלמות תהיה עצמית לאדם.

הרב מעיר כי יכולה להיות הסתכלות אחרת: הקדוש ברוך הוא ברא עולם שלם, והאדם קלקל אותו. מאז האדם עסוק בתיקון מה שקלקל. הוא מציין שמי שהביא תפיסה זו לקיצוניות שלה הוא הנצרות. לדעת הנצרות האדם יצר בעולם קלקול שאינו בר תקנה, ועד היום הוא שקוע בחרטה על כך. התפיסה הזאת גורמת לאדם להרגיש אבוד. לפי היהדות האדם בא לתקן את העולם, וזו הייתה

מטרתו מלכתחילה. זו גם מטרת התורה: להורות לאדם כיצד לתקן את העולם מחסרונותיו, חסרונות שלא התחילו מהאדם. באמצעות התורה עולה העולם מחסרונו לשלמותו. התורה בונה מערכות שלמות של תיקון – בין אדם לחברו, בין אדם לאלוקיו, בין אדם לעצמו. כל מערכת של מצוות פונה למערכת יחסים של האדם מול אלוקיו, מול סביבתו ומול עצמו, ומקדמת אותה אל שלמותה.

תורת תיקון ותורת כפרה

תוך כדי תהליך התיקון, האדם עושה גם חטאים. זו תוצאה טבעית ממשימתו של האדם לתקן – הרי מי שאינו עושה אינו טועה. העובדה שהאדם קיבל על עצמו משימה כבדה כל כך אומרת גם שתהיינה לו תקלות. "אדם אין צדיק בארץ אשר יעשה טוב ולא יחטא" (קהלת ז כ). פסוק זה לא נועד להעניק לגיטימציה לחטאים, בוודאי לא מלכתחילה, אבל הוא מסביר שהחטאים הם חלק בלתי נפרד מפעילותו של האדם. עדיף למנוע את התקלות, אין לנו רצון בהן, אבל זו תופעה מובנת. לכן מוכרח שבתורה יהיה מובנה גם ממד של כפרה. הכפרה אינה הנושא המרכזי של החיים, מטרת האדם איננה להיות עסוק כל היום בהתמודדות עם חטאיו, אבל יש בה צורך לשם המטרה המרכזית האמיתית של האדם, שהיא תיקון העולם.

> לצערנו מתגלה היום נטייה בקרב רבנים מסוימים של שימת הדגש על נושא הכפרה דווקא, ואצלם התיקון הופך להיות טפל. מצב זה מסוכן משום שאלו שיטות זרות ליהדות. אם יש חטאים צריך לכפר, אולם העולם לא נברא כדי שיהיו חטאים וכפרות! העולם נברא כדי שהאדם יזכה בו, יזכה בעולמו דרך תיקון העולם, דרך עמלו "אֲשֶׁר בָּרָא אֱ־לֹהִים לַעֲשׂוֹת". כאשר עסוק האדם באותו תפקיד של מתקן העולם כעבד ה', לפעמים הוא נכשל ויש חטאים. אז צריך לכפר אך זה משני. הקדוש ברוך הוא לא ביקש מלכתחילה חטאים כדי שהחוטא יביא כפרות, אלא

הוא אמר לבני אדם: שמעו בקולי, תתנהגו בצורה נאותה, בצורה מוסרית, כפי שכתוב בתורה, ואם קיים אי סדר, אזי צריך לכפר עליו. היעד הוא התיקון ולא הכפרות.

(סוד מדרש התולדות א, עמ' 281–282)

השקפה זו יכולה להסביר פסוקים שמעוררים תמיהה:

כֹּה אָמַר ה' צְבָאוֹ־ת אֱ־לֹהֵי יִשְׂרָאֵל, עֹלוֹתֵיכֶם סְפוּ עַל זִבְחֵיכֶם וְאִכְלוּ בָשָׂר, כִּי לֹא דִבַּרְתִּי אֶת אֲבוֹתֵיכֶם וְלֹא צִוִּיתִים בְּיוֹם הוֹצִיאִי אוֹתָם מֵאֶרֶץ מִצְרָיִם עַל דִּבְרֵי עוֹלָה וָזָבַח, כִּי אִם אֶת הַדָּבָר הַזֶּה צִוִּיתִי אוֹתָם לֵאמֹר, שִׁמְעוּ בְקוֹלִי וְהָיִיתִי לָכֶם לֵא־לֹהִים וְאַתֶּם תִּהְיוּ לִי לְעָם, וַהֲלַכְתֶּם בְּכָל הַדֶּרֶךְ אֲשֶׁר אֲצַוֶּה אֶתְכֶם לְמַעַן יִיטַב לָכֶם.

(ירמיה ז, כא–כג)

במבט ראשון פסוקים אלו אומרים שהקדוש ברוך הוא לא ציווה אותנו על הקורבנות, דבר שסותר לכאורה את כל ספר ויקרא. במבט נוסף האמירה שלהם איננה שהקדוש ברוך הוא לא ציווה כלל על הקורבנות, אלא שהוא לא עשה זאת ביציאת מצרים. פסוקים אלו מסבים את תשומת הלב לכך שבעשרת הדיברות ובפרשת משפטים לא דובר על קורבנות, אלא רק אחרי חטא העגל. במתן תורה הקדוש ברוך הוא הציב לעם ישראל יעד – להיות ממלכת כהנים וגוי קדוש, לתקן את העולם. עם שאמור להיות עסוק במשימתו אינו אמור לחטוא, וממילא אינו אמור להקדיש זמן רב לתיקון חטאיו, ולכן מתחילה אין עיסוק רב בזה. אבל אז מתברר שהעם גם חוטא ויש צורך לעסוק גם בכפרה.

אפשר לדמות זאת למפקד שיוצא עם חייליו למשימה חשובה, ומתרכז במישור המבצעי, אבל פתאום מגלה שהוא צריך לעסוק בבעיות משמעת של החיילים. התגובה הראשונה שלו עשויה להיות ביטול כל המשימה, כי לא רלוונטי לצאת אליה עם הכוח הנוכחי שאיתו. אמירתו של הקדוש ברוך הוא "הניחה לי ויחר אפי בהם ואכלם" (שמות לב, י) הגיעה לא רק כעונש, אלא באה מפני שהעם

לכאורה כבר אינו יכול למלא את שליחותו ותפקידו בעולם. אולם בהמשך ניתן פתרון אחר – קיומו של ממד כפרה בעם ישראל, על ידי הקורבנות במשכן. זה עניינה של 'תורת כהנים', אופני הכפרה על החטאים. הרב אשכנזי מכנה את שני הממדים שבתורה 'תורת משה' ו'תורת אהרון'. תורת משה היא התורה האידיאלית של מתן תורה, ותורת אהרון היא תורת הכפרה.

הדברים מתאימים לשיטת רש"י, שלפיה הציווי על המשכן נאמר רק לאחר חטא העגל, אבל גם לפי שיטת הרמב"ן האומרת שהמשכן תוכנן מלכתחילה – נראה כי במשכן עצמו יש שני ממדים: בספר שמות מדובר על המשכן עצמו כמקום נוכחות השכינה, ובספר ויקרא מדובר עליו בתור מקום הכפרה. הרב מפנה לדברי הרב חרל"פ (מי מרום, שיחות לספר שמות עח), שמציין כי בפרשת תצווה משה לא נזכר, ובפרשת תרומה אהרון לא נזכר, ללמד שכבר בפרשות בניית המשכן יש הפרדה בין תורת משה לתורת אהרון. גם אם חטא העגל עדיין לא התרחש אז, התורה כבר מכינה אותנו למשכן בעל שני תפקידים.

כיצד מתחלקת התורה לתורת משה ותורת אהרון? האם מלבד הקורבנות כל המצוות שייכות למשימת תיקון העולם, או שיש מצוות נוספות שעניינן כפרה? נראה שלא רק הקורבנות שייכים לממד הכפרה, שהרי גם במצוות אחרות אנו מוצאים לפעמים היבטים של כפרה, וייתכן ששני הממדים קיימים בכל המצוות. במצוות ציצית, למשל, נראה שיש שני ממדים – הציצית כבגד כהונה שכל ישראל אמורים ללבוש (המזכיר בשמו ובתכלת שבו את הציץ של הכהנים), והציצית כאמצעי התמודדות עם פיתויי הלב והעיניים, אמצעי שמופיע בתורה רק אחרי הנפילה בחטא המרגלים. בכל מצווה ומצווה עלינו להבחין בין שתי הרמות הללו.

העיקר הוא תורת משה. רק בדיעבד מתגלה עבודת הקרבנות כעבודה של כפרה, אולם מלכתחילה זו הייתה עבודה של הודיה.

לעתיד לבוא כל הקרבנות בטלין חוץ מקרבן תודה. העיקר הוא התיקון, לא הכפרה. איני תופס את הנפש הדתית של הדת שהיא בעיקר אבל וכפרה. זהו עולם של מפלצת! הם אינם תופסים את שמחת המצווה.

(שם)

הרב אשכנזי מדגיש כאן שגם הקורבנות עצמם מכילים את שני הממדים, קורבנות חטאת שייכים לכפרה אך קורבנות תודה אינם מותנים בחטא או בצורך לכפר.

פרק 21

תורת האב ותורת הרב

בפרק שעבר עסקנו בהבחנה של הרב אשכנזי בין תורת משה לתורת אהרון – תורת תיקון העולם ותורת הכפרה. הפעם נעסוק בהבחנה חשובה נוספת של הרב, בין ׳תורת האב׳ ל׳תורת הרב׳.

את הקטע הנושא את הכותרת ״תורת האב ותורת הרב״ הכתיב הרב לאחד מתלמידיו על מיטת חוליו, שלושה חודשים לפני פטירתו, והדברים פורסמו כנספח לספר סוד העברי כרך א. אפשר ללמוד מזה כמה העניין היה מרכזי בעיניו, עד שהוא הרגיש חובה להכתיב את הדברים. עם זאת, כנראה בגלל מצבו של הרב בעת הכתיבה, הדברים כתובים באופן פחות בהיר מהרגיל, אך ניתן להעמיק את ההבנה בהם ממקומות אחרים בדבריו.

שלושת האבות מול משה

מיהם ׳האב׳ ו׳הרב׳? אם ננסה לזהות אותם עם דמויות קונקרטיות בתורה, ׳האב׳ מכוון לשלושת האבות, ו׳הרב׳ מכוון למשה רבנו. בנוגע לאבות, כבר ראינו שבכוונה הם אינם אב אחד אלא שלושה – שלושתם משלימים זה את זה, כל אחד מחדש מידה בעולם, וההרמוניה בין כל המידות בונה את הזהות הישראלית השלמה. כל אחד דבק במידה אחת

באופן מוחלט אך אינו מבטא את השלמות הכוללת, והשלמות נבנית דווקא מתוך האיחוד בין שלושתם.

משה, לעומת האבות, הוא אחד. בתורה הוא מצטייר כאחד ומיוחד, היחיד שיכול לקבל את התורה, זה שלא קם כמותו. עם זאת, הרב אשכנזי מציין כי איננו קוראים לקדוש ברוך הוא 'אלוקי משה' אלא רק "אלוקי אבותינו, אלוקי אברהם אלוקי יצחק ואלוקי יעקב". רק התורה נקראת 'תורת משה'. להלן נראה מה משמעות הדברים.

האבות הם ההורים שלנו, הם הביאו אותנו לעולם. משה הוא הרב שלנו, הוא הביא לנו את התורה. האבות מוגדרים כך כיוון שכל מי שנולד מהם הוא מעם ישראל; אצל משה, לעומת זאת, אין שום משמעות להשתייכות ביולוגית אליו (בניגוד למשל לכהנים או מלכים, שבניהם ממשיכים אותם), אנו שייכים רק לתורתו. למשה היו גם בנים, אבל הם לא הטביעו חותם לדורות; מנגד, גם לאבות היו תלמידים, "הנפש אשר עשו בחרן", אך לא הייתה המשכיות לאותם תלמידים. האבות יצרו את עם ישראל, ומשה היה כבר פרט בתוך עם ישראל שנתן את התורה לעמו. האבות בנו את גוף העם, ומשה העניק לו את רוחו ונשמתו, נתן לו את הכיוון. אם כן, זהותו של עם ישראל בנויה משתי קומות: זהות אנתרופולוגית ישראלית מעצם היותנו צאצאי העם העברי, וזהות תורנית־דתית מכוח קבלת התורה.

זהות בכוח, זהות בפועל

לפי זה, אפשר היה לומר שלאבות אין קשר לתורה, והם רק עיצבו את הזהות הבסיסית שלנו. אולם מצינו שיש גם תורה של אבות:

> מאי מברך? מברך אשר קדשנו במצותיו וצונו להדליק נר של חנוכה. והיכן צונו? רב אויא אמר מלא תסור. רב נחמיה אמר שאל אביך ויגדך זקניך ויאמרו לך.

(שבת כג ע"א)

כשהגמרא מחפשת את המקור למצוות חכמים, היא מביאה שתי תשובות: ״לא תסור״ – החובה לשמוע לדברי חכמים, ממשיכיהם של משה; ו״שאל אביך ויגדך״ – החובה לשמוע למסורת האבות. התורה עוברת לא רק דרך הרבנים, אלא גם דרך האבות. אולי לא במקרה הגמרא אומרת זאת דווקא בסוגיה הקשורה לחנוכה, שם היוונים תקפו את ישראל בשתי חזיתות – התורה והמשפחה. הם הבינו שגם החכמים וגם מסורת האבות הם צינורות להעברת התורה, ובשניהם עליהם להיאבק. יתרה מזאת, הציווי הבסיסי על לימוד התורה מוטל על האב – ״ושיננתם לבניך״, משמע שהתורה עוברת בראש ובראשונה דרך הציר המשפחתי, מאבות לבנים. המוסד המרכזי להעברת התורה הוא מוסד האבהות.

הרב מצטט את דברי הרב הוטנר על ההבדל בין תפקיד האבות לתפקיד הרבנים:

> אלקי אבותינו – יש לנו ירושה מאבותינו, את ההכשרה הטבעית שעל ידה נעשינו לכלי קיבול לתורת משה [...] על ידי האב נוצר ה׳בכוח׳, ועל ידי הרב – ה׳בפועל׳. ה׳בכוח׳ הוא העדיף, ועל כן ׳יפה שיחתן של עבדי אבות מתורתן של בנים׳.

(סוד מדרש התולדות ה, עמ׳ 197–198)

האבות נתנו לנו לא רק השתייכות ביולוגית אלא גם מידות, הם עיצבו זהות מסוימת ומאופיינת. אי אפשר היה להגיע למעמד הר סיני ללא כל ספר בראשית, שלב בניית הזהות. אלא שהזהות הזאת צריכה לבוא לידי ביטוי בחיים, צריך לדעת איך לממש אותה בכל תחום ובכל מצב. לשם כך באה תורת משה, והיא חלה על גבי הזהות שקיבלנו מהאבות. היא הדרך לממש את הזהות שלנו, את המפגש שלנו עם אלוקי אבותינו. התורה שעוברת מאבות לבנים היא הזהות הבסיסית, והחכמים מלמדים כיצד לממש אותה.

אנו מכירים את המושג 'סגולת ישראל'. יש תכונות בסיסיות בעם ישראל, שקיימות אצל מי שנולד משלושת האבות, ועל בסיס סגולה זו קיבל עם ישראל את התורה. אחד החידושים בדברי הרב הוא שהסגולה איננה רק נתון בסיסי סטטי, אלא זהות שהולכת וצומחת, תפקידם של האבות להצמיח ולבנות אותה.

הבחירה בעם ישראל קדמה לבחירה בתורה. העם שמקבל את התורה הוא לא לוח חלק, אלא עם שמתחילתו מיועד ל"ונברכו בך כל משפחות האדמה", הוא מקבל תורה כדי להיות "ממלכת כהנים". בעם ישראל מיסודו יש שייכות אל התורה. התורה ניתנת לאחר שמהאבות הולכת ומתגבשת זהות אשר תהיה לזהותו של העם היוצא ממצרים. התורה ניתנת על ידי משה, אך תוכן התורה הוא תרגום מידות האבות למצוות.

מבחן שתי הקומות – בחטא העגל וביחס לנצרות

הסוגיה הזו באה לידי ביטוי בפרשת חטא העגל. חטא העגל מתרחש אחרי מתן תורה, ומשה הוא הדמות המשמעותית שם. הוא נעשה משמעותי מדי בעיני העם, והם הופכים אותו מ'רב' ל'אב', לדמות בלעדית שעומדת בראש – בדיוק מה שהמבנה של שלושת האבות שולל. כשיש מנהיג אחד ויחיד, התוצאה היא טשטוש הגבול בינו ובין האלוקים אשר שלח אותו – "קום עשה לנו א-לוהים אשר ילכו לפנינו, כי זה משה האיש אשר העלנו מארץ מצרים לא ידענו מה היה לו".

> קיים תמיד חשש שהשולח יישכח, ויוותר רק השליח. בפירושו להגדה של פסח מעיר הגאון מוילנה על כך שמשה לא נזכר בהגדה ולו פעם אחת, ומסביר את דברי בעל ההגדה "אני ולא שליח – שליח זה משה רבנו", מפני שישנה סכנה לטעות כִּי זֶה מֹשֶׁה הָאִישׁ אֲשֶׁר הֶעֱלָנוּ מֵאֶרֶץ מִצְרַיִם (שמות לב, א); משה העלנו ולא ה'.
>
> (סוד העברי א, עמ' 210)

לאחר החטא עולה האפשרות לכלות את עם ישראל ולהקים עם ממשה. אין הכוונה שעכשיו משה יעבור לתפקיד של אב, אלא שכל הקונספציה תשתנה: במקום עם שמיוסד על אבות תבוא קהילה שמיוסדת על התורה שנלמדה מהרב. קהילה כזו מבוססת אך ורק על נאמנות לתורה, מי שחוטא נשאר בחוץ. משה אינו מקבל את הרעיון ונאבק כדי להשאיר את המסגרת המשפחתית של עם ישראל, שכל בני האבות משתייכים אליה. כשהוא יורד מההר הוא ממלא את תפקידו כנותן התורה בעזרת התלמידים שלו, בני לוי, שעוזרים לו להפסיק את החטא ולהחזיר את המצב לתיקונו; אך בתפילתו אין לזה משמעות, הוא אינו מבקש להשאיר רק את התלמידים ההולכים בדרכו. הוא דורש להשאיר את המתכונת כפי שהיא: עם שמשתייך לאבות ורק על גבי זה מקבל תורה, ולכן כשעם כזה חוטא שייכותו לקדוש ברוך הוא אינה מתבטלת.

הרב אשכנזי מזהה את שתי האפשרויות עם היהדות והנצרות. התשתית של ישראל היא הזהות התולדתית-לאומית, בעוד התשתית הנוצרית היא כנסיית המאמינים. עם ישראל בנוי על זהות תולדתית, לעומת האפשרות של 'כנסיית מאמיני דת משה', שרק מאמיניה בתוכה. ההשתייכות לדת תלויה במעשים (או בהצהרות האמונה), ההשתייכות לעם לא מותנית בזה.

יסוד זה שופך אור על ביטול המצוות של הנצרות, ואת הצורך בווידוי מכפר. משעה שאוחזים במודל הבלעדי של 'רב', שלא קודמת לו זהות אנתרופולוגית לפני התורה (ה'אב'), החטא גורם לאיבוד ההשתייכות וחייבים לבטל את המצוות, אחרת אין לך קיום. דווקא התפיסה הישראלית, שבה אפשר להכיל גם את החוטא כי הוא חלק מעם, היא המאפשרת להמשיך לדרוש את קיום המצוות. לא מקרה הוא כי תורת ישראל פונה לעם שבו ציבו"ר: צדיקים, בינונים, רשעים. בדת לעומת זאת אין מקום לבינונים ולרשעים.

הכיתות מתחילות בהחלפת האב ברב. בכל הדתות קיים מייסד הדת, ותלמידיו הם הנכללים בדת (הביטוי הכי חריף לכך מצוי בקתוליות – לא מתחתנים וכך עוצרים את צינור האב). בעם ישראל

קיימים מייסדי האומה, וצאצאיהם הם הנכללים ביהדות. התורה, שהיא תורת כלל, ניתנת לצאצאי האבות ולא לתלמידי הרב. יש לכך השלכה חשובה מאוד: גם מי שלא הולך בדרך התורה הוא חלק מהעם, מהקהילה, ולא רק 'אנשי שלומינו' נכללים בה.

האפשרות שדחה משה היא זו שנשענת עליה הנצרות: הנוצרים ביטלו את הזהות הלאומית, את קיומו של עם המשתייך לאבות, ושינו את המתכונת לדת שבוחרים אם לקבל או לא. במתכונת כזו, כל מי שחוטא נפלט החוצה, ולכן טוענים הנוצרים שעם ישראל איבד את תפקידו.

הגישה הנוצרית עלתה פעם אחת על הפרק בהיסטוריה של עם ישראל – בחטאו הראשון, חטא העגל. אז העלה הקדוש ברוך הוא כביכול את האפשרות לבטל את הבחירה בעם ישראל, ולהחליף אותו בקהילה שעומדת על בסיס דתי. זו הייתה השאלה היסודית אחרי חטא העגל: האם החטא יבטל את השייכות? האם יתבטל הדגם של תורת האב, ותישאר רק תורת הרב? והתשובה הייתה: תורת הרב תישאר כקומה שנייה על גבי תורת האב, ומהשייכות לאבות אי אפשר להתנתק בשום אופן. בן תמיד נשאר הבן של ההורים שלו.

> לפי מידת הדין היה צריך למחות ח"ו את עם ישראל ולייסד דת, כי עם ישראל נכשל. אך משה הבין שאין רצון הבורא להפסיק את הקשר לאבות. והדברים אמורים כנגד הכנסייה, שרצתה להחליף את עם ישראל כעם, בכנסת ישראל כדת. זו תחילת הכפירה, כי הצבת הרב בתפקיד האב נקראת מינות.
>
> (שם)

במקומות נוספים אנו מוצאים את היחס בין שתי הקומות. למשל, ביחס בין פסח לשבועות – יציאת מצרים קודמת למתן תורה. ראשית מופיעה הזהות הישראלית (דרך מצוות הפסח, שמתקשרות באופן הדוק לבית ולמשפחה), ורק לאחר מכן מגיעה התורה. גם בתהליך הגיור, קודם כול מצטרף הגר לעם ישראל, ולאחר מכן הוא מקבל עליו

תורה ומצוות – המילה, שיסודה באברהם, ועל גביה קבלת המצוות, שמקורן במשה. שתי הקומות בולטות גם בדברי רות בעת החלטתה ללכת עם נעמי ולהתגייר: "עמך עמי וא־לוהייך א־לוהיי". אפשר היה לומר שמי שמגיע מבחוץ, ואינו בן לשלושת האבות, יוכל להצטרף רק לתורת הרב – אך בעם ישראל אי אפשר לנתק בין שתי הקומות. לכן הגר מקבל על עצמו קודם כול את ההשתייכות לאומה, ועל גבי זה את ההשתייכות לתורת משה.

פרק 22

התפילה – תפילת הרשות ותפילת החובה

תפילת הרשות

אחר שעסקנו בשער זה בערכים הרוחניים של המוסר הקדושה והתורה, נחתום את השער בסוגיית התפילה, שגם עליה מוטבעת באופן מובהק שיטתו העקרונית של הרב. סוגיית התפילה נתבארה בהרחבה ובהעמקה בסדרת הספרים ׳שערי דמעה׳. אנו נעסוק ביסודותיה הראשיים והלומד מוזמן להרחיב ולהעמיק בספרים אלו.

בתחילת הסוגיה יתברר מה משמעותה של תפילת בקשה מהקדוש ברוך הוא, בעולם שבמרכזו על פי הרב עומדת הבחירה החופשית של האדם, ועליו מוטל לממש את מחשבת הבריאה, כפי שלמדנו בשער הראשון של הספר.

בדומה לדגש שראינו בפרק הקודם בסוגיית התורה, על הממד המיוחד של ׳תורת האב׳, גם בסוגיית התפילה מדגיש הרב את היסוד של האבות. תפילת עמידה נפתחת דווקא באבות, שמתחילים את ההסטוריה של עם ישראל. אנו נחתום את החלק השני של הספר בסוגיית התפילה, ומתוכו נוכל לעבור אל החלק האחרון של הספר, שער המהלך ההיסטורי.

גבולות התפילה: "דבר צורך שאינו ברשותו"

בפתח דבריו על התפילה, הרב מצטט את ההגדרה של המבי"ט לתפילה:

> המבי"ט הגדיר את מהות התפילה בספרו "בית א-להים" באופן מדויק כ"בקשת האדם מהא-ל דבר צורך שאינו ברשותו".

(שערי דמעה א, עמ' 22)

לכאורה זו ההגדרה הבסיסית של תפילת הבקשה. האם יש חידוש כלשהו בדברי המבי"ט? מדוע הרב מגלה בה עניין רב?

אם נתעמק בדברי המבי"ט נראה שהם לא ניסוח מילולי של המובן מאליו כפי שהם נראים במבט ראשון. יש בדבריו קביעה הגותית וערכית, ואפשר לשפוט על פיה איזו תפילה היא תפילה ראויה ואיזו לא. היא קובעת את הנורמות של התפילה. נעבור על כל אחד מהמרכיבים שכלולים בהגדרה זו:

המרכיב הראשון הוא "דבר צורך". לפני שאדם מתפלל, עליו לחשוב אם מושא התפילה שלו הוא דבר צורך. הוא צריך לשאול את עצמו: למה אני מתפלל על הדבר? אם התשובה היא "כי אני רוצה אותו", עדיין אין זה אומר שהדבר נצרך. קביעתו של המבי"ט מחודשת: על דבר שאינו נצרך לא אמורים להתפלל גם אם רוצים בו.

המרכיב השני הוא "אינו ברשותו". מושא התפילה צריך להיות מעבר לרשותו של האדם, כלומר מחוץ לתחומי השגתו. זו שאלה נוספת שהאדם לשאול את עצמו לפני התפילה: גם אם מדובר בדבר צורך, האם אדם אינו יכול להשיג אותו בכוחות עצמו? כדי לקבוע אם התפילה ראויה, יש לבחון תחילה אם אפשר להשיג את הצורך ללא תפילה. אין הכוונה רק לעשיית השתדלות בסיסית. האדם צריך קודם כל לעשות את המאמץ המלא להשיג את הדבר הנחוץ, באמצעות השתדלותו שלו.

ההנחה המקובלת היא שאם אפשר להתפלל, הרי שהאדם יכול להתפלל על כל מה שהוא רוצה. על זאת חולק הרב ואומר: התפילה איננה מובנת מאליה. הקדוש ברוך הוא איננו ארגון חסד שפתוח תמיד לכל אדם, ואפשר לפנות אליו בכל בקשה ללא תנאים. לקביעה הזו יש משמעות הגותית, שצריך לברר אותה. מדוע אי אפשר לפנות אל הקדוש ברוך הוא בכל בקשה שהיא? נוסף על זאת, יש לקביעה זו משמעות מעשית, היא דורשת לבחון כל תפילה אם היא עומדת בתנאים הללו.

הקביעה הזו מזכירה עמדה בעלת דמיון מסוים, עמדתו של הגרי"ד סולוביצ'יק. לפי הרב סולוביצ'יק התפילה זקוקה ל"מתיר", ובלעדיו האדם לא היה ראוי להתפלל. אצל הרב סולוביצ'יק, התשתית הרעיונית לכך היא שיש פער בין האדם לאלוקיו, ולכן האפשרות העקרונית להתפלל איננה מובנת מאליה. מכאן נגזר שיש פעולות מסוימות (כמו אמירת פסוקי דזמרא למשל), שצריך לעשותם לפני תפילת העמידה כדי לאפשר אותה.

גם אצל הרב הקביעה המגבילה את התפילה מבוססת על תשתית הגותית, אך זו תשתית אחרת, והיא קשורה לתפיסת עולמו השלמה של הרב שנתבארה עד עתה. התפילה ומגבלותיה הם פועל יוצא מדויק, של תפיסתו השיטתית של הרב.

התפילה כמוצא אחרון

אם הרב סולוביצ'יק הקשה על קיומה של התפילה מצד אפסותו של האדם, כיצד האדם הקטן יכול לעמוד מול האלוקים, העמדה של הרב אשכנזי קשורה ליסוד אחר, יסוד ההשגחה. כשאדם פונה אל הקדוש ברוך הוא ומבקש בקשה, הוא כביכול חולק על האופן שבו הקדוש ברוך הוא מנהל את עולמו. אם אדם מאמין שהקדוש ברוך הוא משגיח על העולם ומנהל אותו, לכאורה עליו לקבל את הניהול האלוקי ולא לנסות לשנות אותו. כדי להעמיק באמירה זו, עלינו לברר כיצד מנהל הקדוש ברוך הוא את העולם לפי הרב.

הקדוש ברוך הוא ברא את העולם כך שיוכל לתפקד מעצמו. אם מבינים איך הוא בנוי ומתנהלים בו נכון, אין צורך בעזרה מבחוץ כדי להתקיים. הבורא כבר הניח בעולם את כל מה שנחוץ לקיומן של הבריות. לפי זה לא אמורה להיות תפילה, שהרי כל מה שדרוש לנו בעולם ניתן להשגה. אכן, אומר הרב, יש אסכולות שתופסות כך את העולם, בתור עולם מטריאליסטי שכל מה שנחוץ בו קיים בתוכו. אלא שהרב מוסיף שאחרי ששת ימי הבריאה, הקדוש ברוך הוא הביא לעולם דבר נוסף, את הברכה. את הברכה קיבל העולם ביום השביעי. הברכה היא מעבר לממד החומרי שבעולם, ובה כלול הממד הנפשי. כשהושם האדם בגן עדן, הציווי שניתן לו היה "לעבדה ולשמרה". מה האדם צריך לעשות כדי לזכות לברכה שבמציאות? לעמול ולהצמיח את המציאות. הברכה האלוקית מצויה גם היא במציאות עצמה; האדם יכול להפיק מהמציאות לא רק את הדרוש לקיומו הפיזיולוגי, אלא גם את הדרוש לנפשו ולאישיותו. למשל, האדם עובד ומפתח את העולם, ונדמה לו שהוא עסוק בפיתוח פיזי, אך עיסוקו מסב לו סיפוק נפשי. "לעבדה ולשמרה" זו הדרך לקבלת הברכה האלוקית.

עם זאת, קורה שהאדם נתקל בחיסרון, ולמרות כל עשייתו אינו זוכה לברכה. במצב הזה נכנסת התפילה.

התפילה, לאור זאת, היא סעיף משנה בכל תפיסת העולם. אין היא הדרך המרכזית לפעולה בעולם, אלא מוצא אחרון במקרה שהפעולה של האדם אינה מספיקה. הדרך המרכזית היא לעבוד במציאות ולעשות כל מה שאפשר בעזרת המשאבים שהקב"ה כבר שם בתוכה והכוחות שהוא נטע באדם. רק אם האדם התאמץ כמיטב יכולתו, ובכל זאת גילה שאין בכוחו להשיג את הברכה לבד (וגם לא בעזרת הסובבים אותו שהוא יכול להעזר בהם), הוא רשאי להתפלל. התפילה היא פנייה לקדוש ברוך הוא שיפתח שוב את אוצר הברכה שלו, ויעניק לאדם עזרה מעבר למציאות.

לאור זאת מתברר גם התנאי הראשון לתפילה, "דבר צורך". התפילה משמשת לצורך הקיומי של האדם. לא הקיום הגופני דווקא,

אלא הקיום הנפשי, הקיום הנפשי קשור למילוי הייעוד של האדם בעולם. בתפיסה הרגילה של התפילה, כשאדם אומר למשל את ברכת "חונן הדעת", הוא אומר לקדוש ברוך הוא: אני אשמח לקבל עוד דעת. יש לי דעת, אבל אני רוצה עוד. לפי הרב, כשאדם מבקש בתפילה דעת, הוא עושה זאת כדי למלא את תפקידו בעולם. לאחר שהוא כבר התאמץ ולמד בכוחות עצמו, ונוכח לראות שזה לא מספיק כדי לממש את התפקיד שלו, הוא פונה לקדוש ברוך הוא ואומר: ריבונו של עולם, כדי למלא את השליחות שנתת לי אני זקוק לעוד דעת.

זו תפילה אחרת מהתפילה המקובלת. כשהתפילה באה כדי לממש את השליחות האלוקית המוטלת על האדם, יש בה עוצמה מיוחדת.

הרב מביא לדוגמה את תפילתה של חנה. זו התפילה שממנה למדו חכמים דיני תפילה רבים. חנה הייתה עקרה, אם בלי ילדים. היא הרגישה שאין ביכולתה לממש את הייעוד שלה, להיות מי שהיא אמורה להיות באמת, כלומר להיות אם. היא הייתה מוכנה לעשות הכל כדי ללדת, אך ראתה שזה מעבר ליכולותיה. בנקודה זו היא נזקקה לקדוש ברוך הוא, ופנתה אליו כדי שתוכל לממש את ייעודה בעולם.

ייעוד האדם – להשלים את עצמו בעצמו

כדי להבין טוב יותר את עניין הייעוד, ניזכר ברובד יסודי יותר בתפיסת העולם של הרב.

תכלית הבריאה, לפי הרב, היא נתינת מקום לזולת. הקדוש ברוך הוא צמצם את עצמו כביכול כדי לתת מקום לברואים. כדי לתת לאדם זכות קיום, הקדוש ברוך הוא העניק לאדם את היכולת לקנות בעצמו את זכות קיומו. בשביל זה הוא יצר פער מובנה בין העולם האידיאלי למציאות הממשית כפי שנבראה, בין מחשבת הבריאה ובין המציאות החסרה, והאדם נדרש להשלים את הפער. האנושות צריכה להשלים את הפער הזה בכוחות עצמה. כל אדם פרטי נולד עם פער

כזה, בין מצבו החסר ובין מה שהוא יכול להיות, ועליו להשלים את הפער בכוחות עצמו. כך הוא יקנה את זכות קיומו.

במצב שבו האדם אינו מצליח להשלים את עצמו בעצמו, עליו להתפלל. יש מקום לדון למה בכלל נוצרים מצבים שבהם אי אפשר להשלים את הפער לבד, אך לא ניכנס כרגע לשאלה זו. העיקרון הוא שהאדם צריך לפעול בעצמו, והתפילה מיועדת למצבים שבהם פעולתו איננה מספיקה.

נסגור כעת את המעגל שפתחנו בדבריו של המבי"ט: האדם מבקש על צורך קיומי שלו, שאין ביכולתו להשיגו בכוחות עצמו. העולם נברא בכוונה חסר כדי שהאדם ישלים את עצמו ואת המציאות, ויביא את המציאות למצב שבו היא אמורה להיות, כלומר להתאמה למחשבת הבריאה. כשהאדם מרגיש שמשהו חוסם אותו מלעשות זאת, הוא יכול לבקש מהקדוש ברוך הוא תוספת ברכה, כדי שיוכל להמשיך לחתור לייעודו. במצב זה הוא אומר: ברוך אתה ה׳, אתה מקור הברכה שבטבע, אתה הוא שנתת את הברכה למציאות. עשיתי כל מה שיכולתי באמצעות הברכה שנתת בידי, ועכשיו אני זקוק לתוספת ברכה, כדי להשלים את הייעוד שנתת לי.

התפילה כמשפט

לשני התנאים שהוצבו בתחילה, דבר צורך ואינו ברשותו, מוסיף הרב עוד תנאי: צדיקות. בעיקרון האדם צריך להיות צדיק כדי שתפילת הרשות שלו תיענה. הרב מראה שהמילה תפילה מתכתבת עם המושג "פלילים". יש מחכמי ישראל (כגון רבי חסדאי קרשקש ורבי יוסף אלבו) שמתמקדים בעיקר בממד החסד שבתפילה, הרב מדגיש יותר את התפילה כמשפט. כשאדם פונה בתפילה ומבקש דבר מה כדי להגשים את ייעודו, הוא נבדק אם הוא אכן ראוי לקבל זאת. האם הוא אכן ראוי לקבל עזרה להשלמת ייעודו? האם עד עכשיו הוא עשה מה שצריך למען ייעודו, או שרק עכשיו הוא נזכר בזה בגלל בעיות

בחייו? הרב מנסח זאת באופן מעניין: האדם מקבל עבודה למשך מאה ועשרים שנה. הוא עתיד להיבדק רק אחרי שיסיים את עבודתו ויעלה לשמים. אם הוא רוצה לקבל תוספת באמצע העבודה, יצטרכו לבדוק אותו כבר עכשיו.

מספרה במקום תפילה

נסיים את החלק העוסק בתפילת הרשות בשני סיפורים שמספר הרב. הסיפור הראשון ארע בילדותו: היה לו מבחן, והוא ביקש מאימו ברכה. היא הוציאה מהארון סוכריה ונתנה לו. הוא כמובן שאל: מה פתאום סוכריה, הרי ביקשתי ממך ברכה? השיבה לו אמו: בשביל להצליח במבחן צריך ללמוד. אם יהיה רופא שיצליח במבחני הרפואה בלי שלמד אליהם כי אמא שלו נתנה לו ברכה, המצב של החולים שיבואו להתרפא אצלו יהיה רע ומר. התפקיד של הסוכריה אחר. אם משום מה תרגיש במבחן מתח או הסחות דעת, ויהיה לך קשה לענות לפי מה שלמדת, הסוכריה תעזור לך להירגע; אבל המבחן עצמו הוא על בסיס מה שלמדתָ בלבד. בידך הדבר.

סיפור נוסף: תלמיד בא אל הרב וביקש ברכה לזיווג. הרב פתח את הארנק, הוציא שטר של עשרים שקל ואמר לו: לך למספרה.

אלו שתי דוגמאות למצבים שנמצאים בתחום השפעתנו. עם המצבים האלה אנחנו אמורים להתמודד בעצמנו, לא להם נועדה התפילה.

לפני סיום חלק זה, יש לציין סיוג חשוב של הרב: עם ישראל, בתור כלל, זקוק לתפילות יותר מהיחיד. הייעוד של עם ישראל, בהגדרתו, הוא מעל ומעבר למציאות הטבעית הנורמלית. לכן קיבלנו את היכולת לבקש בקשות כדי שנוכל לממש את ייעודנו. התפילה כוללת שני מרכיבים, כנגד אבות וכנגד קרבנות. האבות קיבלו את הזכות של תפילת הרשות, כי באורח קבע הם נזקקו לתוספת ברכה, כדי להצליח לממש את הייעוד שמעבר למציאות הרגילה. מכוח האבות, עם ישראל קיבל גם הוא את הזכות לבקש תוספת ברכה.

מאה ועשרים חכמי כנסת הגדולה, שביניהם היו נביאים, ידעו מהם הצרכים של עם ישראל לשם השלמת ייעודו, וקבעו את הצרכים הללו בנוסח תפילת העמידה.

בתפילת החובה, שהיא כנגד קרבנות, נעסוק עתה, ונראה כיצד היא משתלבת בתמונה.

תפילת החובה

נוסף על תפילת הרשות, עומדת תפילת החובה. תפילת הרשות שייכת יותר לעולמו של היחיד, ותפילת החובה שייכת בעיקר לציבור. את תפילת הרשות אדם יכול להתפלל בכל זמן ובכל נוסח, ולתפילת החובה יש זמן מוגדר ונוסח מוגדר. תפילת הרשות קדמה לתפילת החובה; האבות התפללו תפילת רשות, בתור יחידים, וגם בבית המקדש היחידים היו מתפללים בכוחות עצמם. עבודת החובה של בית המקדש הייתה נעשית דרך הקרבנות. האמירה שהתפילה היא ״כנגד קרבנות״ אין משמעותה שכל עוד היו קרבנות לא הייתה תפילה, אלא שהייתה תפילה מסוג שונה. התפילה איננה תחליף לקרבנות, הקרבנות לא היו מנהג פגאני שהוחלף בתפילה מעודנת ונעלית יותר כפי שיש הטוענים, אלא מלכתחילה היו שני ערוצים שונים של עבודה, תפילת הרשות וקרבנות החובה. לאחר חורבן המקדש, התפילה החלה למלא גם את מקום עבודת הקרבנות, ושתי המערכות התמזגו למערכת אחת.

ודאי שיש קשר בין שתי המערכות הללו, אחרת לא היה אפשר למזג ביניהן. לא סתם הועתקה עבודת המקדש למערכת קיימת של התפילה. עבודת הכפרה שייכת לתפילה באופן מהותי. כפי שראינו לעיל, אחד התנאים לקבלת התפילה הוא שהמתפלל יהיה צדיק, כלומר אדם שפועל להשלמת ייעודו. כשאדם כזה מבקש תוספת ברכה כדי להשלים את ייעודו, הוא מקבל; אבל אם הוא כלל אינו עסוק במילוי תפקידו ובטח אם הוא חוטא לה, אין הצדקה שתפילתו תתקבל. לכן, בזמן שבית המקדש היה קיים, עבודת הקרבנות הייתה נחוצה בשביל תפילת הרשות: כדי להיות צדיק, האדם נדרש תחילה

לכפר על העוונות שבידו, ואת הכפרה הוא השיג באמצעות הקרבנות. עבודת החובה היא תנאי לעבודת הרשות. משחרב בית המקדש, ותפילת הרשות התאחדה עם עבודת החובה, נכנס לתפילה גם ממד הכפרה.

כיצד מרכיב הכפרה מתבטא בתפילה? אפשר לזהות בתפילה כמה מרכיבים של כפרה. תפילת עמידה נפתחת בפסוק "ה' שפתי תפתח", שמשמש כתפילה לחידוש הקשר עם הקדוש ברוך הוא. בהמשך, ברכות הבקשה שבתפילת העמידה נפתחות בבקשות על דעת, תשובה וסליחה. שלוש הברכות הללו משמשות בתפקיד עבודת הכפרה, ורק אחריהן עוברים לבקשות על משאבים, כגון רפואה ופרנסה. אחר כך באות הבקשות על כלל ישראל. גם בקשות אלו הן תנאי לתפילה.

עניין זה מתקשר למשמעותה של תפילה במניין. חשיבותה של התפילה במניין מצריכה עיון, כיוון שבהלכה לא נתבררה עד תום רמת החיוב שלה, ורק מעטים הסבירו אותה מבחינה רעיונית. הכוזרי, למשל, מציין כמה תועלות שמביאה התפילה במניין. לפי הרב, ההצטרפות לציבור היא אחד מהתנאים המאפשרים את התפילה: זכותו של האדם להתפלל תלויה בהשתתפותו בתפילת הכלל, כדי שיוכל להיחשב צדיק. מצד עצמו, כאמור, יש שאלה אם האדם ראוי שתתקבל תפילתו; אבל יחד עם הציבור הוא צדיק, "ועמך כולם צדיקים".

עבודת הכפרה

נרחיב יותר בהבנת עניין הכפרה. ראינו שלפי תפיסת העולם של הרב, האדם אמור להשלים את הבריאה כך שתתאים למצב האידיאלי שלה, למחשבת הבריאה. אין הכוונה רק לתיקון החיצוני של העולם, אלא גם לתיקון הזהות הפנימית, ובכלל זה תיקון האדם עצמו בתור חלק מהעולם. האדם אמור לבנות את הזהות שלו בעצמו. היסוד הזה מופיע כבר אצל הרמח"ל, שמדבר בספר דרך ה' על הצורך שהאדם יתקן את עצמו בעצמו, אלא שבדברי הרמח"ל נראה שהדגש הוא על העמל

והזכות; האדם צריך לעבוד כדי לתקן את עצמו. אצל הרב הדגש הוא יותר על בניית הזהות, העמל נועד כדי שהאדם יבנה את זהותו בעצמו.

הכפרה נוגעת לבניין העצמי. כל חטא שאדם עושה יוצר סדק בזהות הפנימית. אחרי שהאדם איבד חלק מעצמו, הקרבן בא לבנות מחדש את החלק החסר. בעבודת הקרבנות זה בא לידי ביטוי באופן מוחשי, בגוף הקרבן, וכשאין קרבנות עבודה זו נעשית בתפילה. גם עבודת התפילה באה לשנות את האדם, להביא את האדם עם החיסרון שלו לפני ה׳, כדי שיבקש כפרה וישלים אותו.

לפני מי אתה עומד

תנאי נוסף לתפילה בהקשר זה הוא ׳דע לפני מי אתה עומד׳. לכאורה זה פשוט, אנחנו עומדים לפני הקדוש ברוך הוא, אבל הרב רואה זאת כשאלה עמוקה מאוד. איננו יכולים להשיג ולתפוס את מי שלפניו אנו עומדים. זה מפני שבתפילה שמתקיימת בשעה שאין בית המקדש, איננו נמצאים במצב האידיאלי. בזמן בית המקדש, כולם ידעו למי הם מתפללים. אמנם גם הם לא הגיעו לעומק ההשגה האלוקית, אבל הם ידעו שהם מתפללים למי שהכהן הגדול עובד לפניו. יש מי שהכהן עומד מולו, מקריב לפניו קרבנות, יודע את שמו המפורש, ואליו גם אנחנו מתפללים. התפילה פונה אל מי ששיכן את שמו בבית הזה. כשאין כהן ואין שכינה, איננו יודעים באמת למי לפנות.

מה עושים במצב כזה? בדתות ובתרבויות אחרות מחפשים דרכים ומשמעויות לתפילה ללא נוכחות שכינה (דוגמה לכך היא התפיסה שהתפילה באה לבטא את הרגש הדתי של האדם). אנשי כנסת הגדולה, מתקני התפילות, לא בחרו באף אחת מהאפשרויות הללו, אלא באפשרות ההיסטורית. אנחנו מתפללים למי שהוציא את אבותינו ממצרים. אנחנו פונים אליו ישירות, אנחנו קוראים אליו בשם, יש לנו הכרות מוקדמת איתו. לכן אנחנו מקפידים על שני דברים: סמיכת גאולה לתפילה, ופתיחת התפילה בביטוי ״ברוך אתה ה׳ אלוקינו ואלוקי אבותינו״. זה ניסוח מיוחד, בשאר הברכות אומרים

"אלוקינו מלך העולם", אבל בתפילה אנו פונים אל הקדוש ברוך הוא כפי שהתגלה לאבות. אלה האבות שלנו, הקשר בינינו הוא כביכול משפחתי. הקדוש ברוך הוא גילה את שמו לאבות, לאחר מכן גילה רבדים נוספים של שמו למשה ולבני ישראל, ודרך זה אנו מכירים אותו. אליו אנו פונים בתפילה.

כל אלה הם מרכיבים של התפילה הפשוטה, הם מצויים בתפילה המוכרת לנו, אבל הרב מאיר אותם באור חדש ומעמיק.

שער שלישי

המהלך ההיסטורי: אדם הראשון, אברהם, ישראל וגאולת העולם

פרק 23

בניית הזהות של אברהם אבינו וסיבת שעבוד מצרים

בפרקים הקודמים הבנו יותר לעומק את אופיים ותפקידם של התורה והתפילה במשנתו של הרב אשכנזי, ועמדנו על חשיבותם הרבה של האבות, שהם תחילת ההסטוריה של עם ישראל, בהבט של 'תורת האב', ובברכת אבות שפותחת את תפילת עמידה. מתוך כך ברורה מאוד התשתית הלאומית המייחדת את היהדות לעומת התפיסה של שאר הדתות שאין בה ממד כזה, וממד הדת בהן בלעדי. ההשתייכות הלאומית היא הבסיס שעל גביו נבנית הקומה הדתית בעם ישראל.

מרכזיות זו של **הממד הלאומי** ביהדות, וחשיבותם של תהליכי **צמיחתה של זהות** לאומית זו מראשית התהוותה בתחילת ההיסטוריה שלנו, מביא אותנו עתה להתבונן **בממד ההיסטורי**, שהוא הציר שעל גביו מתרחשים צמיחתו וחייו של עם. בפרקים הקודמים עסקנו כבר באבות האומה ובמידות האלוקיות שהם הביאו לידי ביטוי יחד, ונרחיב עתה את המבט גם אל עם ישראל עצמו, שנולד לעולם מתוך תהליכי שעבוד ויציאת מצרים. נתחיל את ההתבוננות בסוגיית טעם שעבוד מצרים.

הרב אשכנזי והמהר"ל

את ההסבר שלו על סיבת שעבוד מצרים (שמתברר באריכות בכרך השני של 'סוד מדרש התולדות') הרב אשכנזי מבסס בעיקר על דברי המהר"ל מפראג (גבורות ה' פרק ט). יש בכך דוגמה למשקל הרב שהעניק הרב להגותו של המהר"ל.

מה משמעותה העקרונית של גישת המהר"ל בעיני הרב אשכנזי? הרב אשכנזי מאפיין שני סוגים של תגובות במחשבה היהודית לתרבות הסובבת, והוא מכנה אותם 'אלכסנדריה' ו'בבל'. 'אלכסנדריה' זה הסגנון היווני, אימוץ דרך החשיבה והכלים השכליים של הפילוסופיה היוונית. ההגות היא עדיין יהודית, אבל היא עוברת לדבר בשפת הפילוסופיה היוונית – תופעה שהחלה מפילון האלכסנדרוני והמשיכה בימי הביניים. 'בבל' זו שיטת התלמוד הבבלי, המשך פיתוח שפה יהודית־פנימית, מבלי לאמץ את הסגנון והכלים של התרבות החיצונית.

המהר"ל הציב דרך שלישית: התייחסות לתרבות הסובבת ולשאלות שהיא מעלה, אבל מענה אותנטי יהודי. מתוך כך מתחדדת קביעה בעלת חשיבות מכריעה – לתורה כהשקפת עולם רחבה יש בשורה לאנושות, וכן לשאלות הגדולות שהיא מעלה מתוך התבוננותה. המהר"ל דן בנושאים ובשאלות שהעלתה הפילוסופיה, אך עונה עליהם בשפה ובכלים יהודיים מקוריים. הוא בונה השקפת עולם רחבה שיש לה תשובות לשאלות האוניברסליות שמעסיקות את האדם. הרב מאפיין כך גם את תורתו של מורו יעקב גורדין.

> צריך להתרגל לבחון את הדברים דרך הפריזמה של חז"ל, של חכמי ישראל, ולא דרך העיניים של הפילוסופיה היוונית המערבית [...].
>
> התרגלו [...] לשפוט ולהעריך את הנאמר בתורה או על ידי חז"ל וחכמי ישראל בעזרת הקטגוריות של הפילוסופיה היוונית. ר'

יעקב גורדין לימד אותי להפוך את הקערה על פיה ולשפוט כל רעיון, כל שיטה פילוסופית או דתית וכל נתון הסטורי, על פי כללי ההגות היהודית האותנטית, על פי אותה הגות שלא הושפעה מקטגוריות הפילוסופיה בימי הביניים.

(שערי דמעה ב, עמ׳ 75)

הסברי הראשונים לגלות מצרים

דרך בירורו של המהר״ל את סוגיית שעבוד מצרים, תתברר אחת הסוגיות היסודיות של הרב – **סוגיית הזהות**, כפי שנראה במהלך הפרקים הקרובים.

ירידת משפחת יעקב למצרים היא התרחשות מפתיעה. בתחילת הדרך נראה היה שעם ישראל נועד להתפתח בארץ כנען. למעשה גם ההתפתחות בארץ כנען הייתה חריגה, כיוון שאברהם אבינו נשלח במיוחד מארץ מולדתו לארץ כנען כדי להקים שם אומה; אך מרגע שהוא התבסס שם נראה היה שהאומה אכן תתהווה בארץ המיועדת לה, כמו כל עם רגיל שמתפתח בארצו. באופן מפתיע, אחרי שבניו של אברהם כבר התיישבו בארץ, משום מה הם נדרשים לעזוב אותה – ורק אחר כך לחזור שוב. בסופו של דבר עם ישראל מתהווה במצרים בעבדות ארוכה וקשה, והוא צריך להיאבק לצאת ממצרים כדי להגשים את התוכנית שיועדה לו. יש צורך להבין מה סיבתה ותפקידה של גלות מצרים, ופרשנים רבים נדרשו לשאלה זו.

המהר״ל מביא כמה תשובות שניתנו לפניו לשאלה זו (מבלי להזכיר את שמות הדוברים). בתחילה הוא מביא דעה אשר לפיה גלות מצרים הייתה עונש על מכירת יוסף. הדרך המביאה למסקנה זו נראית ברורה: אם בודקים את שרשרת האירועים שבעקבותיהם התגלגלו ישראל למצרים, ומחפשים אם בחוליה כלשהי היה מעשה בלתי ראוי, אפשר לזהות אותו כגורם לירידה למצרים. מכירת יוסף היא החוליה הבעייתית הבולטת ביותר, וממנה התגלגל כל הסיפור.

המהר"ל מתנגד לפירוש זה, ואומר שהתמונה הפוכה: הרי גזרת השעבוד קדמה למכירת יוסף. לא מכירת יוסף גרמה לירידה למצרים, אלא כיוון שהיה צורך שבני יעקב ירדו למצרים אירעה מכירת יוסף. זה מעורר כמובן את השאלה האם משמעות הדבר היא שמכירת יוסף הייתה מוכרחת וצפויה מראש ולאחים אין אחריות עליה, או שלא כך, אבל העיקרון הוא שבני ישראל היו צריכים לרדת למצרים. הראיה החזקה היא מברית בין הבתרים: שם נאמר בפירוש לאברהם שזרעו יגלה לארץ אחרת, והשאלה הייתה רק איך זה יקרה ולאן. ייתכן שהיה אפשר להגיע למצרים גם ללא מכירת יוסף, אבל מכל מקום, אי אפשר לתלות את כל עניין הירידה למצרים בחטא אחד שהתרחש. השלב הזה הוא חלק מתוכנית אלוקית כתובה מראש.

תשובה אחרת היא של הרמב"ן. בפירושו על ירידת אברהם ושרה למצרים בעקבות הרעב, חושף הרמב"ן הקבלות רבות ומרשימות בין ירידת אברהם לירידת בני ישראל למצרים. הקבלות אלו משקפות את העיקרון "מעשה אבות סימן לבנים": לאבות קורה מעין מה שיקרה בהמשך ההיסטוריה לעם ישראל. באברהם עצמו מתקיים "כי גר יהיה זרעך", לפני שהחזון הנבואי מתגלה במפורש לאברהם בברית בין הבתרים. דברי הרמב"ן הללו מציגים את ירידת ישראל למצרים כחלק מתוכנית אלוקית שנרמזת עכשיו לאברהם, ועדיין אין לדעת מה תכליתה.

אולם בהמשך דבריו הרמב"ן רואה בירידה למצרים חטא. הוא טוען כי הרעב היה ניסיון, ואברהם אבינו היה צריך להישאר בארץ; כיוון שאברהם לא עמד בניסיון וירד למצרים, ואף סיכן את שרה, נגזרה גלות מצרים על זרעו. לא ברור מה היחס בין שני חלקי הפירוש של הרמב"ן, זה המתאר את התוכנית האלוקית וזה המתאר את החטא של ירידת אברהם למצרים, אך מכל מקום גם הוא אומר כי הירידה למצרים הייתה עונש על חטא. גם את שיטת הרמב"ן דוחה המהר"ל, ואומר כי אילו היה חטא במסירת שרה לפרעה, אברהם לא היה חוזר על המעשה מול אבימלך.

כיוון אחר שמזכיר המהר"ל הוא 'ייסורים של אהבה'. לפעמים

הקדוש ברוך הוא ממרק אדם בייסורים כדי להיטיב לו אחר כך. ברמה העקרונית המהר״ל מוכן לקבל קו רעיוני כזה, אך הוא שולל את האפשרות להחיל עיקרון זה על המקרה שלנו, כי הוא מתאים למקרה שבו המתייסר הוא שמקבל את הטובה אחר כך, ולא כאשר עם משתעבד במשך מאות שנים, ורק זרעו מקבל את פרי הייסורים ונכנס לארץ ישראל.

השעבוד אינו עונש על חטא קדמון

אחרי כל הקושיות, פותח המהר״ל את תשובתו בדרך האופיינית לו – הוא פונה לחז״ל. מעבר לכל ההפרכות הנקודתיות של השיטות הקודמות, חשובה למהר״ל העובדה שחז״ל כבר שאלו את השאלה, וכבר ענו עליה בדרכם שלהם. ממילא לא צריך ולא נכון לחפש תשובות אחרות.

> אמר רבי אבהו אמר רבי אלעזר: מפני מה נענש אברהם אבינו ונשתעבדו בניו למצרים מאתים ועשר שנים? מפני שעשה אנגרייא בתלמידי חכמים, שנאמר: וירק את חניכיו ילידי ביתו. ושמואל אמר: מפני שהפריז על מדותיו של הקדוש ברוך הוא, שנאמר: במה אדע כי אירשנה.
> ורבי יוחנן אמר: שהפריש בני אדם מלהכנס תחת כנפי השכינה, שנאמר: תן לי הנפש והרכוש קח לך.

(נדרים לב ע״א)

חז״ל שואלים במה חטא אברהם שהשתעבדו בניו במצרים, ונותנים שלוש תשובות. כבר בשלב זה אנו רואים שגלות מצרים לא הייתה הכרחית לגמרי, היא הייתה נמנעת לולא אותם חטאים של אברהם. עדיין לא ברור, בדומה לקושיה על גישת ׳ייסורים של אהבה׳, מדוע אברהם נפטר בשיבה טובה וכל עם ישראל משלם את המחיר. גם המהר״ל מקשה זאת. בעיני הרב אשכנזי זו קושיה חמורה גם בגלל

סוגיה שמשמעותית לו מאוד – היהדות מול הנצרות. תפיסת הנצרות היא שכל האנושות משלמת את המחיר על חטא קדמון. אומנם בחז״ל לא נאמר שזהו חטא קדמון שאינו ניתן לתיקון, אך האמירה שהגלות היא עונש על חטא של אברהם, מספיקה כדי להדליק אצל הרב נורה אדומה, ובהמשך נראה כיצד הוא מסביר אותה.

לפני כן נבחין כי ראינו עתה שני עקרונות מרכזיים של המהר״ל שהרב מאמץ בכל כתביו: מציאת התשובות בדברי חז״ל, והתנגדות לגישת החטא הקדמון.

> המהר״ל שלל שלושה הסברים שונים שהובאו על־ידי מפרשים שקדמו לו משתי סיבות עיקריות: הסברים אלו עלולים להביא את הקורא לידי הבנה שיש כאן איזה חטא קדמון שבוצע על־ידי אברהם אבינו, ולכן סובלים בני ישראל את עינוי הגלות בגלל החטא הזה במשך דורות [...].
>
> הסיבה השנייה לדחיית ההסברים שהובאו על־ידי מפרשים אחרים היא שהם בנויים על פירושים שאינם מוזכרים בדברי חז״ל, לא בגמרא ולא במדרש. לא לחינם טרחו חז״ל להסביר בגמרא או במדרש את כל הנושאים הקשורים לשורש זהותנו, ככלל ישראל, להיסטוריה שלנו. לפי המהר״ל אין מקום להוסיף על ההסבר שניתן על־ידי חז״ל הסברים נוספים [...]. הנושאים הנוגעים לשורש האמונה אינם ניתנים לפרשנות זו או אחרת משום שהמפרש נוטה להשליך את ה'אני מאמין' הפרטי שלו, את מאווייו האישיים על הנאמר בתורה ובכך הוא נוטש את מסורת חז״ל, המסורת הפרושית.
>
> (סוד מדרש התולדות ב, עמ' 143–146)

אלא שבמבט ראשון ההליכה אחר עיקרון א' – ההיצמדות לדברי חז״ל, מסבכת אותנו מאוד עם עיקרון ב' – התרחקות מתפיסה של חטא קדמון, מפני שמשתמע מהם שחטאו של אברהם הביא על צאצאיו

את עונש שעבוד מצרים, דבר שממנו חפץ הרב לברוח כמו מאש. את הפתרון מוצא הרב אשכנזי בדברי המהר"ל.

תיקון בשורש הזהות הישראלית

המהר"ל אכן בונה גישה חלופית לגישת החטא הקדמון. נראה בלשונו את עיקר הגישה:

> הרי ג' דעות בעניין זה וכולם תלו הדבר בחטא, ודווקא בחטא אברהם. מפני כי כבר אמרנו לך כי מן השורש והעיקר נמשך הכל, שאם נמצא חסרון בשורש ימשך החסרון גם כן אל הנמשכים ממנו.
>
> (גבורות ה', פרק ט)

ההשתעבדות של ישראל איננה תוצאה של חטא נקודתי שעשה אברהם, אלא שאצל אברהם נחשף חיסרון מובנה בזהות הישראלית, שמחייב תהליך שיעבור עם ישראל להשלמת החיסרון. אברהם מכונן אומה, התכונות של אברהם הן תמצית התכונות הלאומיות של עם ישראל, ואם יש סיגים בתכונות הללו – הם מופיעים קודם כול אצל אברהם ואחר כך אצל בניו. השלב של אברהם הוא השלב שבו אפשר לשים את האצבע על הבעיה.

הרב אשכנזי מוצא בפירושו של המהר"ל לדברי חז"ל את הפרדיגמה החדשה, פרדיגמת הזהות, שמחליפה את פרדיגמת הבנים הנענשים על חטאיהם של אנשים מדורות אחרים.

האבות הם השורש של זהות האומה. הרב רואה בכך חידוש גדול של המהר"ל (סוד מדרש התולדות ב, עמ' 144). הזהות של האבות בכלל, ובמיוחד זו של אברהם, מעצבת את הזהות של האומה. מה שמתגלגל מדור לדור אינו המעשה שנעשה על ידי דור קודם, אלא התוצאה של איזו נטייה באותה זהות, שהיא גם זהותם של הבנים

(שם, עמ' 97). קיימים בזהות של כלל ישראל ניצני תכונות או נטיות הדורשות תיקון והשלמה, כל עוד לא התגברו ישראל על נטיות אלו, לא מגיעה זהות ישראל לשלמות וההיסטוריה לייעודה (שם, עמ' 107). הוא מוסיף כי לציון הדבר אנו משתמשים בלית ברירה במילה 'חטא' (שם, עמ' 221), מושג שמבטא כאן 'חיסרון' שדורש צמיחה והשלמה.

הרב אשכנזי שש כמוצא שלל רב על הפרדיגמה שבונה המהר"ל, כולל בניית מושג הזהות של עם ישראל; אבל יש לציין שהיא מובנת כעוסקת בסוגיית הזהות בעיקר בזכות הסברו של הרב עצמו, שמחדד ומבהיר את נקודת החידוש שלה.

כעת נצטרך להבין מהם הסיגים שאצל אברהם, כיצד הם מבטאים דווקא את מעלותיו, וכיצד גלות מצרים באה להתמודד איתם. מתוך כך נוכל להבין גם מה ההשלכות שלהם להתמודדויות המרכזיות של עם ישראל היום.

פרק 24

אברהם אבינו - סיפור יהודי וסיפור ישראלי

לפי מה שראינו, ברית בין הבתרים היא מאורע מפתיע מאוד בתוך רצף האירועים העוברים על אברהם. הקדוש ברוך הוא הרי אמר לאברהם ללכת לארץ ישראל, כדי ששם הוא יהיה לגוי גדול, מה שמעורר את הציפייה הפשוטה ששם בארץ ישראל יתהווה אותו עם, אבל ברית בין הבתרים קובעת כי ההתהוות תתרחש במצרים. אם העם צריך להיווצר בארץ אחרת, מדוע הוא לא נוצר כבר בארם ואז יצא לארץ ישראל? ומאידך גיסא, אם אברהם מגיע לארץ ישראל, לכאורה היינו מצפים ששם זרעו יהפוך לעם. ציינו שיש שתי דרכים לפענח את התעלומה הזאת. הדרך הרווחת היא להבין שמלכתחילה התוכנית האלוקית הייתה להוריד את בני ישראל למצרים ולנו זה מתגלה רק כאן בברית בין הבתרים; אך קיימת גם דרך אחרת, להבין שחל שינוי בתוכנית ולכן רק עכשיו זה נולה, ואכן אנו רואים דרך כזו אצל חז"ל במימרה שהבאנו בפרק הקודם.

כפי שראינו, הרב אשכנזי דן בסיבות לגזירת גלות מצרים שנתנו חז"ל, על פי הסבר המהר"ל לדברי חז"ל אלו (סוד מדרש התולדות ב, עמ' 199–212). הרב מתרגם את אופי ההסבר של המהר"ל למושגי

הזהות. אם כוונת חז״ל לומר שעם ישראל השתעבד רק בגלל חטא של אברהם – הרי זה עיוות שבנים ייענשו בעוון אביהם; על כן יש להסביר שלא מדובר בעונש על חטא נקודתי, אלא בחיסרון בזהות הישראלית שבונה אברהם. החיסרון הזה מתפתח כשבני ישראל נעשים לעם, והוא מצריך תיקון. תכונות ונטיות שנבנות אצל האבות ומעצבות את זהות האומה מסבירות את העובר עליה לטוב ולרע. אין זה חטא פרטי של אדם פרטי – הרב אומר שאנו מגדירים זאת כחטא רק מחוסר ברירה, ואכן הגמרא עצמה אינה נוקטת במילה זו.

דרך זו של פירוש מתקשרת לגישתו הכללית של הרב אשכנזי, הרואה את התורה לא כשרשרת של אירועים שקרו לאנשים פרטיים אלא כתולדותיה של אומה. הדבר עולה במפורש כשהוא מגדיר שני כיווני פרשנות:

> קיימות שתי שיטות עיקריות בפרשנות המקרא. השיטה הראשונה היא הפרשנות ההומליטית־אתית העוסקת בחיי היום־יום של הפרט: אילו לקחים ניתן להפיק מן הסיפורים שהתורה מספרת בחיינו היום־יומיים כדי שהתנהגותנו תהיה התנהגות מוסרית. שיטה זו לגיטימית בלא ספק והיא מביאה אותנו לשאול שאלות הלכתיות הקשורות לשולחן ערוך, ב׳אורח חיים׳ או ב׳יורה דעה׳, או שאלות מוסריות־אתיות ברמת הפרט. השיטה השנייה היא השיטה ההיסטוריוסופית, כפי שמו״ר ר׳ יעקב גורדין ז״ל היה מכנה אותה, והיא גילוי החכמה הקשורה לזהות הישראלית ולעובר עליה במהלך ההיסטוריה של עם ישראל כדי שנדע איך עלינו להתנהג כאומה, ככלל. המהר״ל רואה באבות את הדגם של זהות הכלל ולא איזה דגם של משפחה מסוימת שמנסה להתמודד עם בעיות נפשיות שכל פסיכולוג יודע לפתור. המהר״ל רוצה בכל מחיר למנוע קריאה ולימוד לפי השיטה הראשונה.
>
> (סוד מדרש התולדות ב, עמ׳ 134)

בגלות לא חיינו בתור אומה, ולכן הפרשנות שלנו התמקדה באבות האומה כאנשים פרטיים, תוך ניסיון ללמוד מוסר ממעשיהם; אך באמת התורה אינה מספרת את סיפורם של היחידים כיחידים – אף שכמובן יש הרבה מה ללמוד מהם – אלא בראש ובראשונה מספרת את הסיפור הלאומי, את חייה של האומה וההיסטוריה שלה במובנה ההיסטוריוסופי.

סיגיה של מידת החסד הבלעדית

אם כן, בפירוש דברי חז"ל על ברית בין הבתרים, צריך להבין מהם החסרונות בזהות הלאומית כפי שאברהם בנה אותה. משפט זה דורש הבהרה: אין הכוונה חלילה שלאברהם אבינו הייתה בעיה של זהות, הרי מי לנו בעל זהות עמוקה ואיתנה כאברהם. אלא שאותה זהות חשובה שבנה אברהם, דווקא בשל גדלותה, נושאת גם מחירים ונובעים ממנה חסרונות. בחסרונות הללו באה הגלות לטפל.

מידתו של אברהם היא מידת החסד. זהו השלב הראשון ביצירת האומה, כפי שניתן להבין היטב לאור תפיסת הבריאה של הרב, שמכוונת כולה לנתינת המקום לאחר. אפשר היה לומר שמידת החסד של אברהם הייתה חסרה, והגלות נדרשה כדי להשלים אותה; אך הרב אומר ההפך. הבעיה היא ההפרזה במידת החסד, הבלעדיות של מידת החסד. כשהחסד מופיע באופן טוטאלי נובעות ממנו בעיות.

נתבונן שוב בשלוש הדעות של חז"ל בנוגע לחיסרון של אברהם:

> אמר רבי אבהו אמר רבי אלעזר: מפני מה נענש אברהם אבינו ונשתעבדו בניו למצרים מאתים ועשר שנים? מפני שעשה אנגרייא בת"ח, שנאמר: וירק את חניכיו ילידי ביתו, ושמואל אמר: מפני שהפריז על מדותיו של הקדוש ברוך הוא, שנא': במה אדע כי אירשנה; ורבי יוחנן אמר: שהפריש בני אדם מלהכנס תחת כנפי השכינה, שנאמר: תן לי הנפש והרכוש קח לך.
>
> (נדרים לב ע"א)

הרב אשכנזי מרחיב בעיקר על החיסרון השני, ״במה אדע כי אירשנה״. הוא מבהיר את ההבדל בין זהות החסד לזהות הדין. אדם של מידת החסד – כל דבר שהוא מקבל נחשב בעיניו כמתנה. אדם של מידת הדין מכיר בנתינה רק אם היא נתינה בזכות, רק אם היא מוצדקת על פי הדין. אברהם, כבעל מידת החסד, אינו חושב שהארץ מגיעה לו, אין הצדקה לנתינתה לו. התוצאה היא שלא יכול להיווצר קשר יציב ועמוק בין אברהם ובין ארץ ישראל, כי תמיד הזכות על הארץ תעמוד מבחינתו בסימן שאלה. לא מסיבות אידיאולוגיות, אלא מתוך תחושה עמוקה שאינה חווה את מושגי הזכות, שאלת ה׳מגיע לי׳ או ׳לא מגיע לי׳ אינה רלוונטית לגבי איש החסד. מתוך כך נובעת חולשה באמונה שהבטחת הארץ תתקיים.

גם כשאברהם יוצא למלחמה, אין לו ידיעה ודאית שהוא יצליח בה, הרי בעיניו אין הוא יכול לבטוח בזכויותיו. הכרת הזכות ביחס לעצמו אינה קיימת בעולמו של בעל מידת החסד. על כן אברהם זקוק לעזרתם של אנשים נוספים – לא כדי שיסייעו לו מבחינה צבאית פיזית, שהרי גם עם שלוש מאות ושמונה עשרה איש הוא עדיין יהיה במיעוט מול צבאות המלכים, אלא כדי שזכותם תעמוד לו. אברהם אוסף כמה שיותר זכויות סביבו, ולכן מגייס את תלמידי החכמים:

> אברהם הוא ׳כלל ישראל׳ ב׳כח׳ והוא מפעיל שיקול דעת ומכריע בין שתי חלופות על־פי מידתו. הקדוש ברוך הוא אינו אומר לו מה לעשות – להציל את לוט או להשאיר אותו לגורלו. כאיש של מידת החסד באמת, מכריע אברהם שעליו להציל את לוט והוא מחליט לגייס **תוספת זכות** לטובת המשימה וזה בא לידי ביטוי בגיוס אותם תלמידים. מדוע? מפני שהוא החליט שאין לו מספיק זכות, אף על פי שהקדוש ברוך הוא בחר בו. בנקודה זו מתגלה החיסרון באמונה. הקדוש ברוך הוא בחר בו, הוא החליט שהוא יהיה אותו אברהם המקבל את הברכות בלא תנאי. האם התנה אתו הקדוש ברוך

> הוא את בחירתו בתוספת זכות כלשהי הבאה לידי ביטוי בגיוס אותם תלמידים? הקדוש ברוך הוא יכול למצוא דרך אחרת להבטיח את ניצחונו של אברהם ואת לידתו של המשיח דרך רות. זאת דעתו של רבי אבהו והמהר"ל שמזהים בהתנהגותו של אברהם את אותה נטייה לחולשה באמונה שכבר הזכרנו "האם אני באמת אברהם?".

(שם, עמ' 202)

החיסרון השלישי הוא שאברהם מנע מאנשי סדום להיכנס תחת כנפי השכינה. הייתה לו אפשרות לגייר אותם לאחר הניצחון במלחמה, אך הוא ויתר על האפשרות הזו. הרב שואל את השאלה המתבקשת: איך יכול להיות שאברהם אבינו, המגייר הגדול, אינו מגייר את אנשי סדום? התשובה מקשרת גם את ההימנעות מהגיור למידת החסד. אברהם בוטח בקדוש ברוך הוא שאם צריך לקרב את אנשי סדום, הוא כבר ידאג לזה. לכאורה עדיין לא מובן ההבדל, מדוע לפני כן אברהם עסק בכל זאת בגיור; ייתכן שעד כה היה מדובר בגיור מרצון, בקירוב של אנשים שבאו אל אברהם ושרה מרצונם, אך לגייר אנשים מתוך כיבוש ושליטה – את זה אברהם אבינו אינו מוכן לעשות. לא זה הגיור שלו. אם הם אינם מתקרבים אל תחת כנפי השכינה בעצמם, אברהם משאיר את העבודה לקדוש ברוך הוא.

> אברהם משוכנע שהקדוש ברוך הוא ברוב חסדיו, יגאל גם את הגויים. אברהם אבינו מכיר את הקדוש ברוך הוא דרך מידת החסד ודרך מידה זו בלבד, ומשום כך הוא משוכנע שבכל מקרה יגאל הקדוש ברוך הוא את כולם. לכן הוא לא מתאמץ לגייר אותם. בגלל עודף האמונה שלו בחסדי הבורא, הוא מכשיל אותם.

(שם, עמ' 210)

בהמשך נצטרך לברר מדוע חסרונות אלו גורמים לגלות ושעבוד, ובמה תועיל הגלות.

פרק 25

נטיות האבות אצל הבנים

בפרק הקודם ראינו את ביאורו של הרב אשכנזי לכל הסברי האמוראים לשעבוד מצרים המציג אותם כבנויים על עיקרון אחד: ההפרזה בנטיית החסד של אברהם. הסבר זה בנוי על מושג ה'זהות' שמפתח הרב בעקבות המהר"ל. ההשפעה של מעשיו של האב על הבנים נובעת מהעובדה שהזהות שמתעצבת בו עוברת אל הבנים, והופכת להיות בסיס הזהות שלהם.

הרב מדגיש בעקבות המהר"ל שדווקא כיוון שמדובר בסוגיה 'זהותית', הרי שהפרזה קלה בשורש (כלומר אצל אברהם), יוצרת תוצאות גדולות אצל עץ הבנים הצומח משורש זה (שיכונה 'עונש' בלשון שאינה דווקאית). הוא אף כותב:

> ברמת האבות לכל דבר אפילו הקטן ביותר שיכול להיראות בעינינו כדבר פעוט יש תוצאות עצומות.
>
> (סוד מדרש התולדות ב, עמ' 221)

עסקנו בפרק שעבר בבעיות שנוצרות כאשר מידת החסד עומדת לעצמה. למעשה עיקר הבעיה אינו אצל אברהם אלא דווקא אצל בניו; אברהם אבינו היה אמור לגלות את מידת החסד בשיאה, אך בניו – כפי

שראינו כבר בסוגיית איחוד המידות – צריכים לשלב בין הדרכים של כל האבות. הבעיה מתחילה כשעם ישראל הולך בדרכו של אברהם בלבד, ונוקט במידת החסד בצורה קיצונית.

בעיה זו נובעת מהנטייה של עם ישראל למידת החסד דווקא. על עם ישראל מוטל להתגבר על נטייתו הטבעית למידת החסד, ולאזן אותה. אם אינו עושה כן, החסד המופרז נחשב לו לחטא.

למעשה, המשימה הוטלה כבר על אברהם עצמו. עשרת הניסיונות שעבר היו תחנות בדרך, מבחנים שהיה עליו לעבור כדי לאזן את מידת החסד שלו, כך שיוכל להוליד את יצחק – מידת הדין. אברם עובר דרך ארוכה כדי להפוך לאברהם, ורק אז יכול לצאת ממנו יצחק. הדרך להולדת יצחק כוללת גם את סיפור הפיכתה של סדום, שם אברהם נדרש להגביל את חסדו כלפי אנשי העיר, ולהבין שאם אין עשרה צדיקים בסדום – היא תיהפך. שיאו של התהליך בעקדת יצחק, המבחן הגדול והקשה ביותר שניצב בפני מידת החסד.

הופעת מידת החסד במלוא עוצמתה היא, אם כן, חלק מהותי מתהליך בניית עם ישראל, ולכן אצל אברהם היא לא נחשבה לחטא מצד האמת. אלא שלנטייה דקה ברמת השורש יש השפעות מרחיקות לכת על הענפים שצומחים ממנו. האמירה "במה אדע כי אירשנה" היא חלק מהותי ממידתו של אברהם, הבעיה היא כשבני ישראל ממשיכים לדבוק באמירה זו ולא להכיר בזכותם על ארצם.

הפרשנות הזהותית והאקטואליה

נרחיב כעת על עיקרון מרכזי במשנת הרב אשכנזי – ראיית התורה כרלוונטית לעם ישראל באשר הוא, בכל הדורות. כיוון שהתורה אינה מדברת על סיפורים של אנשים פרטיים אלא על הזהות הלאומית, הדברים נוגעים לכל מה שמתרחש באומה, גם בדורנו. אותם סיפורים מתרחשים גם לנו. על כן במקומות רבים הרב ממשיך ומקשר את פרשנותו לאירועים אקטואליים. נראה כיצד הרב מזהה במאורעות זמננו את הבעיות שעליהן עמדו חז"ל והמהר"ל.

שיטת הפרשנות ההיסטוריוסופית־זהותית שעליה הצביע הרב בדברי המהר"ל, מהווה מפתח של הרב אשכנזי לניתוח בעיותיו המרכזיות של עם ישראל היום. יתרה מזאת: המתרחש היום מסייע בידינו לפענח את משמעות האירועים שבתורה. כיוון זה תופס מקום מרכזי ומשמעותי בדברי הרב, ועד כה לא עסקנו בו.

נצטט דברים שכתב הרב אשכנזי ביחס לעיקרון זה:

> הדבר העיקרי שעלינו להבין ולהפנים, הוא ששורש הבעיות השאלות והאתגרים של היום נמצא באותם סיפורים שהתורה מספרת לנו בעיקר בחומש בראשית. הדרך הנכונה לגשת לנושאים אלו היא מצד אחד על־ידי שימוש בכלל "מעשה אבות סימן לבנים", כלומר הזהות וההיסטוריה של האבות מסבירים את מה שקורה לבנים, ומן הצד האחר על־ידי ההבנה שההיסטוריה של הבנים מסבירה את מה שקרה לאבות. במילים אחרות, אנו אלה שחיים את מה שמספרת התורה על אודות האבות. התורה אינה מדברת על עם וירטואלי, היא מדברת עלינו ואלינו. היא־היא תעודת הזהות שלנו. הצרה היא שאיננו לומדים מספיק מן הניסיון, מן ההיסטוריה, ואנו שוב חוזרים על אותן טעויות. איננו מפיקים את לקחי ההיסטוריה.

(שם, עמ' 221)

האקטואליות של מידת החסד המופרזת

הרב אשכנזי מממש עיקרון זה על שלוש תשובות האמוראים לטעם שעבוד מצרים: ראינו שלפי אחת הדעות בגמרא, הבעיה של אברהם אבינו התבטאה בשאלה "במה אדע כי אירשנה" – כאיש חסד, אין הוא יכול לעכל שארץ ישראל ניתנת לו בזכות באופן מוחלט. הרב טוען שהבעיה באה לידי ביטוי בסוגיית העלייה לארץ בימינו. יהודים בחוץ לארץ מהססים לעלות לארץ, וגם יהודים בארץ ישראל מהססים לגבי

זכותם על הארץ. למרות כל הכיסופים שלנו לארץ לאורך כל הדורות, ברגע שניתנת לנו האפשרות לממש את זכותנו על ארץ ישראל אנו מגלים חולשה. החולשה אינה מתבטאת דווקא אצל אנשים שהתנתקו מהזיקה הלאומית, אלא גם ואפילו בעיקר אצל האנשים שזיקתם הלאומית־יהודית חזקה מאוד.

> היום החולשה מתגלה כאשר שואל היהודי את עצמו אם ארץ ישראל שייכת לנו או מוטב שנישאר בחו"ל. האם עליי להישאר בגלות או לחיות בארץ ישראל?
> הבעיה עמוקה יותר ממה שנראה במבט ראשון. אני חושב שכל היהודים הגרים בגולה שלא התבוללו מאמינים בכנות שארץ ישראל היא אכן שלהם, אולם בעצם בחיי היום־יום הם מתנהגים אחרת לגמרי. ביקרתי פעם בקנדה בקהילה של יהודים מרוקאים שהיגרו למונטריאול. הם שרו בכנות רבה "לשנה הבאה בירושלים" וראיתי דמעות בעיניהם ממש. אולם כאשר שאלתי אותם מי מהם מתכוון לעלות לארץ, הם הביטו בי בתמיהה. עלינו להבין כי האמונה "לשנה הבאה בירושלים" היא אמונה אמִתית, והסירוב לעלות גם הוא אמִתי. איך אפשר להבין עם כזה? הבעיה היא ברמת הזהות.
>
> (סוד מדרש התולדות ב, עמ' 121–122)

הרב טוען שהחולשה אינה נובעת מחוסר רצינות, אלא מנקודה עמוקה, קושי להפנים את זכותנו על הארץ. אם אחרי אלפי שנים של קשר לארץ אנו מגלים חולשה כזאת, הרי שהבעיה היא שורשית ונובעת מזהותנו הלאומית.

גם החיסרון שמתבטא באי־הכנסת אנשי סדום תחת כנפי השכינה אקטואלי להיום. הרב מסכים שאי אפשר לקבל כל אדם שמעוניין להתגייר, ובוודאי שלא להקל בתהליך הגיור. ועדיין הגיור הוא משימה שמוטלת עלינו.

הרב טוען שאותן נפשות שאברהם לא הכניס תחת כנפי השכינה הן שורשי הכוחות העיקריים שנאבקו בעם ישראל לאורך ההיסטוריה. כדוגמה הוא מביא את הכתות בסוף תקופת בית שני, שלא הצליחו להיכנס ליהדות ולבסוף קמה מתוכן הנצרות. זו אכן סוגיה מורכבת, אך המורכבות אינה סיבה להזניח את המשימה כולה.

ביחס לדעה השלישית, "שעשה אנגריא בתלמידי חכמים", מסתפק הרב אשכנזי ברמיזה בלבד לאקטואליה. הוא מסביר את הדעה בעקבות המהר"ל שתלמידי חכמים אמיתיים הם בני חורין מבחינה רוחנית, ועליהם להיות משוחררים מעיסוק באילוצי עולם החומר, ולהיות כל כולם בתורה. הוא לא מתרגם זאת בספר זה לסוגיית גיוס בני הישיבות בימינו, אך יש בכך רמיזה לסוגיה זו, וניתן אולי לשחזר את דעתו בנידון. ייתכן כי לדעתו, תלמיד חכם שחי את חייו כבן חורין אמיתי מהעיסוק בטרדות ואילוצי העולם הזה, ראוי להיות מוקדש לעולם הרוחני למען כל ישראל (מעין דברי הרמב"ם על בני לוי), וחלקים אחרים מן העם יופקדו על מלאכת הביטחון.

פרק 26

ההפרזה במידת החסד והגלות

בפרק זה נתקדם צעד אחד קדימה על גבי המהלך שראינו עד כה. ראינו כי הרב אשכנזי מזהה את הנקודה שמופיעה אצל אברהם אבינו – מידת חסד ללא גבולות – לאורך ההיסטוריה של עם ישראל. הדיון בבעיית ההפרזה במידת החסד חוזר ונשנה בכתבי הרב באופנים שונים.

במובן מסוים מפתיע למצוא דגש כזה אצל הרב אשכנזי. לאורך כל הפרקים הקודמים התרשמנו כי החסד עומד במרכז הבריאה לפי משנתו של הרב, כל העולם מיוסד על פינוי מקום לזולת. זו התנועה האלוקית הבסיסית בבריאת העולם, וזו התכלית שאליה אמורה האנושות להגיע. אף על פי כן, הרב מדגיש כי הפרזה במידת החסד היא בעייתית. עיקרון זה יובן לאור עיקרון אחר שראינו אצל הרב – איחוד המידות. עם ישראל לא נצטווה על מידת החסד באופן בלעדי, אלא על איזון בינה ובין מידות אחרות. לכן עם ישראל, שמידת החסד חקוקה בטבעו, צריך להתחנך להגבלת החסד ובלימתו במקרה הצורך. בעיה זו של הפרזה בחסד היא הגורם לנפילות רבות של ישראל במשך הדורות.

מדרש ידוע אומר כי הקדוש ברוך הוא רצה לברוא את העולם במידת הדין, וכיוון שראה שאין העולם עומד בה – שיתף עמה את מידת הרחמים. הרב עומד על מהלך דומה, אך בכיוון ההפוך: עם ישראל מתפתח במידת החסד, אך מתברר שאי אפשר להתקיים עם מידה זו בלבד, ולכן יש לשתף עמה גם את מידת הדין. ואכן, יש גם מדרש שמציג את שני המהלכים זה לצד זה:

> אמר הקדוש ברוך הוא: אם בורא אני את העולם במדת הרחמים הוי חטייה סגיאין [היו חטאיו מרובים]; במדת הדין היאך העולם יכול לעמוד; אלא הרי אני בורא אותו במדת הדין ובמדת הרחמים והלואי יעמוד.

(בראשית רבה יב, טו)

יסוד זה מהווה את ההסבר לא רק לשעבוד מצרים, כי אם לשורה ארוכה של מימרות ותופעות שהרב מזכיר, ורואה בהם תוצאות של ההפרזה במידת החסד. דברי הנביא "עם חסיד תתחסד", כוונתם – דווקא עם חסיד, ולא עם רשע. בני ישראל הם 'רחמנים בני רחמנים', אך המרחם על אכזרים סופו שיתאכזר אל רחמנים, כפי שראינו בסיפור שאול ועמלק.

האברהמיות הקיצונית יכולה אולי להיות בבחינת דעת יחיד, דרך לפרטים ייחודיים, אך הנהגת הכלל והכרעת ההלכה בנויות על איחוד מידות החסד והדין, כשם שהשמיעה בנויה על שתי אוזניים.

החסד המופרז כלפי אומות העולם

אחד מביטוייו של יסוד זה בהיסטוריה, שהרב אשכנזי עוסק בו רבות, הוא בהופעתה של הנצרות. הרב רואה בה הקצנה של מידת החסד, שבה כל חטא נסלח והתגובה להכאה על הלחי היא הושטת הלחי השנייה. הקצנה זו מביאה למצב שהזהירו ממנו חז"ל: כל המרחם על האכזרים סופו שיתאכזר על הרחמנים (תנחומא מצורע א ועוד). האויב

הגדול של המרחם על האכזרים הוא מי שמרחם באופן מדוד ומוגבל, ולכן המרחם הקיצוני מתנגד לו באופן נחרץ עד כדי אכזריות. מתוך כך הנצרות נלחמה ביהדות ושפכה דם רב.

לא במקרה, אומר הרב, המיתוס המכונן של הנצרות הוא אדם שבא להושיע את העולם במחיר חייו. בניגוד ליהדות, שבאה לתקן עולם, נקודת השיא של הנצרות היא המחיקה העצמית המוחלטת. לדידה תכלית המוסר היא נתינת המקום המוחלט לזולת, עד כדי כך שהאדם יתבטל ולא ייתן שום מקום לעצמו. הרב עוסק בהרחבה בטעותה של תפיסה זו.

כפי שראינו כבר בפרק 13, הרב חולק גם על הוגה יהודי אחר שפועל בצרפת בתקופתו, עמנואל לוינס, שגם בעמדתו רואה הרב הקצנה של מידת אברהם. הגותו המוסרית של לוינס עוסקת בחובה שכלפי האחר אך ורק משום שהוא אחר, ולדעת הרב זו הצדקה למעשי פשע ונבלה. בנוסף, התוצאה היא שאומות העולם אינן לומדות מלוינס לתת מקום ליהודים, אלא להפך – מעמיסות על היהודים תביעות נוספות לתת להם מקום.

> יש כיום אנשים רבים המחזיקים בדעות אברהמיות בארץ. הסכנה נובעת מהקצנת הנטייה הזו וניתוקה משאר המידות. כאשר בא מישהו ואומר שהאחר צודק משום שהוא האחר מתחילה הבעיה, מפני שנוצר פתח למתן צידוק לכל מעשה נבלה, לכל רצח. אסור ברמת הכלל לקבל דעות או עמדות כאלו. זו דעת יחיד אמִתית, אולם ההלכה היא איחוד המידות.

(סוד מדרש התולדות ב, עמ׳ 100)

בדבריו על פרשות אברהם אבינו מבאר הרב בין השאר את אמירתו של אברהם כי שרה היא אחותו. אם שרה היא אשתו של אברהם – למצרים ולפלשתים אין כל חלק בה; אם שרה היא אחותו של אברהם – הרי שיש לאברהם מה להשפיע על העולם כולו, כולם יכולים להתקשר

עמו. אלא שהתוצאה היא בלתי רצויה: פרעה ואבימלך לוקחים את שרה לעצמם. בעיה זו מלווה את עם ישראל בכל הדורות: כשעם ישראל רוצה לתת ולהשפיע החוצה, אומות העולם מנצלות זאת לעצמן, לוקחות ואינן נותנות. עם ישראל מוותר והאומות משתלטות. עם ישראל משתף אחרים בתורה – והנצרות לוקחת את התנ״ך לעצמה; עם ישראל נותן לאחרים מקום בארץ – והאסלאם מנצל זאת כדי לקחת את ארץ ישראל לעצמו.

במהלך הגלויות מגיע עם ישראל עם תורתו לכל פינות תבל. יש בתורה מסר לכל העולם כולו, מסר לאוניברסל האנושי, ומסר ייחודי, ספציפי לעם ישראל. אומות העולם שואלות את ישראל: האם התורה היא אוניברסלית או ייחודית לך בלבד, האם היא אחותך או אשתך? כאשר עונה עם ישראל שהיא אחותו, שהיא אוניברסלית, מבינים הגויים שאפשר לקחת אותה ולהעלים את עם ישראל.

> זה מה שקרה לנו במהלך הגלות. אותם גויים אימצו את התנ״ך והרגו את היהודים. צריך לזכור שבמהלך אלפיים שנה, ניסתה התרבות המערבית לטשטש את הקשר בין היהודים לתנ״ך. בעֵינֵי הנוצרים הישראל האמִתי הוא הכנסייה. היום הם טוענים ש׳פלשתינה׳ אינה שייכת ליהודים אלא שייכת לכולם, חוץ מליהודים כמובן. כאשר אנו סוף סוף מעיזים להגיב הם טוענים: אבל אמרת שהיא אחותך.

(סוד מדרש התולדות ב, עמ׳ 110)

דברים אלה לא באו לבטל חלילה את מידת החסד של עם ישראל. חשוב שעם ישראל יפגין חסד בצורה יוצאת דופן, החסד הוא הבשורה הגדולה שלו, אך במקביל הוא חייב לגלות בעולם יסוד לא פחות חשוב: איחוד המידות.

ראינו בפרקים הקודמים את פירושו של הרב אשכנזי לפרשת קין והבל. הסברנו שלפי פירושו לכל צד הייתה בעיה: לקין היה אסור להרוג, ולהבל היה אסור להיכנע ולהיכנס לתפקיד הקורבן. במידה

מסוימת יחסי הכוחות הללו ממשיכים לאומות העולם מול ישראל, ואכן היו בנצרות כאלה שזיהו את ישראל עם הבל, הנושא בשורה מוסרית ומאבד את קיומו. הרב מסביר שאליבא דאמת יש לתפוס את עם ישראל כשֵׁת. שת מהווה מעין שילוב בין קין להבל, הוא ה'בן' (ולא ה'אח'), אך הוא מסוגל לאחווה. הוא בונה עיר כקין ורועה צאן כהבל. הבל חולף ושת מושתת ויציב, ואת עם ישראל שיבוא מצאצאיו אי אפשר יהיה לרצוח. הוא יימצא מתאים לקחת את תפקיד מחנך האנושות, ויעשה את תפקידו לאורך ההיסטוריה. עם ישראל הוא נצחי, והוא עתיד לגלות את איחוד המידות ואת החסד העמוק שבא עם הזהירות מן ההפרזה בו.

פרק 27

תפקיד הגלות ומבחן הגאולה

בפרקים הקודמים הסברנו, בעקבות חז"ל ומהר"ל, את גזירת הגלות המתגלית בברית בין הבתרים, כנובעת מ'חטאו' של אברהם, כלומר מהנטייה המופרזת לחסד שקיימת בזהותו.

אך יש רובד עמוק יותר לסוגיית הגלות שעולה ממדרש נוסף על ברית בין הבתרים, שמזהה בפסוק "והנה אימה חשכה גדולה נופלת עליו" (בראשית טו, יב) את כל ארבע המלכויות שהתמודדו מול ישראל בהיסטוריה:

> אימה זו מלכות בבל, חשכה זו מלכות מדי, גדולה זו מלכות יון, נופלת זו מלכות רביעית רומי חייבתא.
>
> (מכילתא דרבי ישמעאל, מסכתא דבחדש ט)

לפי המדרש מגלה הקדוש ברוך הוא לאברהם (במחזה המרובע של "אימה חשכה גדולה נופלת") את מתווה ההיסטוריה הכללי של ארבע המלכויות. האם מתווה זה כולו הוא תוצאת ה'חטא' של אברהם? האם בלעדיו לא היו המלכויות בעולם, או שלא היה לנו כל עניין בהם וכל מפגש איתם? ברור שלא כך. חז"ל מציינים במקום אחר כי ארבע המלכויות רמוזות כבר בפסוק השני של התורה, במילים תוהו, בוהו,

חושך ותהום. מדוע המפגש של ישראל עם ארבע המלכויות טבוע בסדר העולם מלכתחילה, ובמה בכל זאת מהווה הגלות תוצאת הפרזת החסד של אברהם? האם כל מהלך ההיסטוריה הוא גזרת גורל ולא תוצאה של בחירה כפי שטוען הרב אשכנזי? האם הגזרה האלוקית נקבעה מראש, ובברית בין הבתרים רק הוסר הלוט מעליה?

נושא ארבע המלכויות מחבר אותנו כבר לסוגיה רחבה אחרת – היחס בין ישראל לאומות העולם.

הייעוד האוניברסלי של ישראל

כבר בקריאה הראשונה לאברהם אבינו, אמר לו הקדוש ברוך הוא "ונברכו בך כל משפחות האדמה" (בראשית יב, ג). המשמעות היא שלעם ישראל יש תפקיד כלפי כל האנושות. ייעוד זה שב ונאמר לישראל כעם במעמד הר סיני. דווקא במקום שבו מתחדד לכאורה הפער בין ישראל לאומות, "הר סיני – הר שירדה שנאה לאומות העולם עליו" (שבת פט ע"א), שם נאמר לישראל: "ואתם תהיו לי ממלכת כהנים וגוי קדוש" (שמות יט, ו). זו עובדת יסוד: עם ישראל בא לעולם לא בשביל עצמו, אלא בשביל למלא שליחות כלל-עולמית.

> ההיסטוריה של האדם בעולם הזה היא ההיסטוריה של משפחות האדמה, של ע' האומות, והקדוש ברוך הוא מגלה לאברהם בברית בין הבתרים את המתווה הכללי של ההיסטוריה – ד' מלכויות, ארבע תרבויות דומיננטיות. במהלך ההיסטוריה הזו, צריכים צאצאי אברהם לקיים קשר עם האומות משום שיש להם משימה למלא, עליהם לשמש מַמְלֶכֶת כֹּהֲנִים.

(סוד מדרש התולדות ב, עמ' 156)

ההיסטוריה של האדם בעולם הזה, היא ההיסטוריה של העמים והתרבויות השולטות בהם. אלו שבעים העמים בלשונם של חז"ל, ובראשם ארבע האימפריות הדומיננטיות, שהיו בעלות ההגמוניה

התרבותית לאורכה של ההיסטוריה. לעם ישראל יש תפקיד מכריע בהיסטוריה זו. הוא נועד להיות הכהן עבור כל האנושות – 'ממלכת כהנים', ועל כן הוא נדרש להיפגש ולקיים קשר עם האומות.

לפי זה מתברר שהייעוד אינו מתחיל מאברהם. המתווה שנחשף בברית בין הבתרים היה קיים עוד לפני אברהם. עתה צריך לברר מה היחס בין הברית הזו ובין דברי הרב שראינו עד כה, שלפיהם ההיסטוריה מתפתחת בהתאם לבחירות של בני האדם. אם הכול תלוי בבחירה, כיצד ייתכן שמהלך ההיסטוריה ייקבע מראש?

לשם כך נזכיר את תורת החלופות של הרב אשכנזי: עיקרון יסודי בתורתו של הרב הוא שהתורה אינה מסלול ידוע מראש. הסיפור איננו מסלול של רכבת שנקבע לה מראש באילו תחנות לעצור, אלא נסיעה של רכב פרטי שעובר בין צמתים, ובכל צומת עליו לבחור באיזו דרך ימשיך. ברגע שיפנה – הוא ימצא את עצמו בדרך שפנה אליה, וייאלץ להמשיך בה עד לנקודת הבחירה בצומת הבא.

על פי עיקרון זה, מסלול ארבע המלכויות אומנם היה קבוע מראש, אך האופן שבו נפגשנו איתם הוא רק אחת האפשרויות שהיו קיימות מלכתחילה; אפשר היה לפנות לדרך אחרת ולהגיע ליחס שונה לגמרי בין ישראל לאומות העולם.

הגלות אינה הכרחית

הכותרות שנותן הרב לשתי האפשרויות של יחסי ישראל ואומות העולם הן "ועבדום ועינו אותם" מול "לכבוד ולתפארת". אפשרות אחת היא הגלויות שחווינו במשך אלפי שנים, שבהן עם ישראל נדד לבין האומות והשפיע עליהן במידה מסוימת; אפשרות אחרת היא שעם ישראל יושב במקומו ומקרין מאורו לאומות העולם. מודל כזה אנו מכירים מחזונו של ישעיהו, "נכון יהיה הר בית ה' [...] ונהרו אליו כל הגויים [...] כי מציון תצא תורה ודבר ה' מירושלים" (ישעיהו ב, ב–ג). הרב מתאר באופנים נוספים את מימוש החזון הזה, כגון שליחים

שיוצאים מעם ישראל לכל הארצות. מכל מקום אין הכרח להשפיע על האומות דווקא דרך נדידה של ישראל ביניהם.

> עומדות לפני בני ישראל **שתי חלופות** לקיום הקשר הזה: החלופה הראשונה היא קיום הקשר בתנאים אידאליים, מציון, בכבוד ובתפארת על־ידי שליחת שליחים־מחנכים לזמן קצוב אצל הגויים. החלופה השנייה היא גלות־שעבוד־עינוי. אם ישראל הוא באמת ישראל, יתקיים הקשר לפי החלופה הראשונה. אולם במהלך ההיסטוריה, אין זה עדיין המצב. קיים פער בין הזהות הישראלית האידאלית – כפי שהיא מוגדרת במחשבת הבורא, ובין עם ישראל, כלל ישראל ההיסטורי.

(סוד מדרש התולדות ב, שם)

שתי האפשרויות הללו עמדו בפני עם ישראל בראשיתו. כדי לנוע במסלול הכבוד והתפארת, עם ישראל היה צריך להיות זכאי, וזה כולל עמידה בדרישה לאיזון המידות. כאן אנו חוזרים לבעיה שדיברנו עליה בפרקים הקודמים – ההפרזה בנטייה לחסד. זו בעיה שלישראל קשה מאוד להתגבר עליה, הן מפני שהיא מושרשת מאוד באופיו, והן מפני שקשה לשים מחסומים בפני ערך נכון ואמיתי. במידה מסוימת קל לומר על הרע שהוא הרע ולהתנזר ממנו, ודווקא בלימת הטוב קשה ומורכבת. אילו היו מצליחים ישראל להתגבר על נטיית ההפרזה בחסד, היה יכול הקשר עם האומות להתקיים בכבוד ובתפארת.

לפי הבנה זו, צריך לומר שגזרת ברית בין הבתרים לא הייתה מחויבת, וההיסטוריה הייתה יכולה להתפתח גם לפי האפשרות החלופית. גם אם בדרך כלל פרשנותו של הרב עולה בקנה אחד עם תיאורי התורה, כאן יש קושי מסוים לפרש כך, שכן הניסוח של פסוקי הברית נשמע נחרץ ומוחלט. אומנם ידוע לנו שכבר חז״ל אמרו שהגזרה לא התקיימה במלואה, והשעבוד קוצר מארבע מאות שנה למאתיים ועשר; ועדיין בולט הניסוח המיוחד של ברית בין הבתרים בלשון ידיעה, ״ידוע

תדע". ביטוי זה אינו נשמע כצומת בחירה אלא כהודעה חד משמעית מה יקרה.

הרב אשכנזי מציע לפרש כך:

> לפי ההסבר הזה עלינו להבין את הנאמר לאברהם כך: גר יהיה זרעך – בכל מקרה משום שזה נחוץ לקיום המשימה של 'מַמְלֶכֶת כֹּהֲנִים', ואם יתגלה חטא אצל הבנים, אזי יהפוך תהליך הגרות לשעבוד.

(שם, עמ' 161)

לפי זה יש הכרח מינימלי שאי אפשר לשנות. מפגש מסוים בין ישראל לאומות העולם חייב להתרחש כיון שישראל מופיע כדי לתקן את תוצאות הפלגה ועל כן יש קשר מהותי בין ישראל לאנושות. בני ישראל חייבים לגלות, השאלה היא לכמה זמן ולאן זה יתפתח. הירידה למצרים הייתה מחויבת, אך השעבוד הממושך לא היה הכרחי, כמו שרואים למשל בכך שספר בראשית מדבר על ארבע מאות שנה צפויות, בעוד ספר שמות מתאר מאתיים ועשר שנות גלות. בפועל לבני יעקב הייתה אפשרות לחזור ממצרים לארץ כנען אחרי מות יעקב או יוסף למשל, אך הם לא עשו זאת.

האיחור לחזור

חלק מהפרשנים נותנים הסברים נקודתיים לעובדה שמשפחת יעקב לא חזרה, אבל הרב אשכנזי טוען שיסוד עמוק עומד בתשתית כל הסיבות הריאליות שלא לחזור. הגלות מסוכנת קודם כול מאחר שלישראל יש תכונה של איחור לחזור, וזאת דווקא בגלל ממד השליחות שיש ביחסיהם עם אומות העולם. הרב רואה בדבריו של יעקב אבינו – "עם לבן גרתי ואחר עד עתה" (בראשית לב, ה) ביטוי לחטא – חטא האיחור. כשיעקב, לפי המדרש, מנמק את פחדו מפני עשו בחשש

שמא יגרום החטא, אומר הרב שהחטא הוא האיחור – יעקב היה צריך לחזור קודם לכן, ולא לחכות עשרים שנה עד שיראה שפני לבן אינם כתמול שלשום.

התופעה המשיכה אצל בני יעקב שלא חזרו ממצרים, אצל בני ישראל בתקופת בית שני שעלו בכמות מעטה, אצל יהודי ספרד שרק אחדים מהם עלו לארץ לפני הגירוש (כגון הרמב״ן) והדברים מגיעים עד לציונות ולשואה (שגם היא סוגיה שהרב מעמיק להתבונן בה, והיא חורגת מנושא הפרק). נטיית האיחור גורמת לחוסר תשומת לב לכך שזמן גאולה הגיע. דבר זה גורם לכך שעם ישראל נוטה לחכות עד הסוף של זמן ה'בעיתה', ואז כבר מדובר בגאולה קטסטרופלית. בסופו של דבר, אומר הרב, על כורחנו נענינו לקריאה של הקדוש ברוך הוא לחזור לארץ ישראל, ועדיין חלק גדול מעם ישראל נשאר בגלות ומאחר לשוב.

> ובכל זאת אני מודאג באמת כאשר אני רואה את הנאיביות של אותם יהודים האומרים שיש להם עדיין משימה קדושה למלא אצל הגויים, וזה נעשה רק בהיותם בגלות. אז אני שואל את עצמי מהי אותה משימה קדושה? האם להפיץ בין הגויים את האמת של התורה? היה ניסיון כזה במאה התשע־עשרה ובתחילת המאה העשרים בגרמניה כאשר התיימרו תלמידי הרב שמשון רפאל הירש ז״ל לחנך את הגרמנים הנאורים כביכול. מה יצא מזה? [...] עם ישראל אינו יודע שהאיחור הזה רק מביא לידי אסונות. אנו מחכים עד הקץ, כלומר עד הבחינה של ״לא זכו – בְּעִתָּהּ״ (סנהדרין צח), וזה מביא לידי אסונות.
>
> (סוד מדרש התולדות ב, עמ' 139–140)

בעיית האיחור היא אותה בעיה של הפרזה במידת החסד, שכפי שראינו מתבטאת באי־הכרה בזכותנו על ארץ ישראל. המבחן המכריע של הגלות הוא הבחירה לעזוב אותה. לאורך הגלות היו כאלה שעזבו אותה ועלו לארץ ישראל, לעיתים היו אלה בעיקר גדולי ישראל, והם

היו יחידים בעוד העם נשאר מאחור. נדרש מאיתנו להאמין שאנחנו ראויים להיגאל, ואם איננו מאמינים – אנחנו עדיין בלתי ראויים. הגלות ארוכה כל כך מפני שלוקח זמן רב לשכנע אותנו לחזור.

ולסיום – כאן שבים אנו לסוגיית טעם שעבוד מצרים. כיצד מתקנים את שעבוד מצרים בפרט ואת הגלות בכלל, את שאלת ה׳במה אדע׳? כאן מפתיע הרב אשכנזי בתשובה מקורית ופשוטה. מי שיוצא מהגלות בפועל מראה שיש לו אמונה שהוא יירש את הארץ, כלומר – מראה שתיקן את החולשה שבעטיה גלה. כשם שבמצרים החמישית שנגאלה הוכיחה את אמונתה בגאולה, כך גם בימינו. אריכות הגלות משקפת את הזמן החולף עד שמשתכנע היהודי שהוא באדמת נכר ועליו לעלות לארצו. עלייתו שלו היא המוכיחה שתיקן את חטא ה׳במה אדע׳ אשר הביא לגלות.

פרק 28

אוניברסליות או קוסמופוליטיות

בפרק זה נעסוק בסוגיית האוניברסליות והקוסמופוליטיות – שני מושגים שיכולים להיתפס כחופפים, אבל הרב אשכנזי מבחין ומבדיל ביניהם, וההבחנה הזו תופסת בהגותו מקום חשוב.

המעבר של אברהם מקוסמופוליטיות לאוניברסליות

לנושא ניגש דרך סוגיה משמעותית בתורה שהרב עוסק בה לא אחת, והיא מגדל בבל. לא ניכנס לשאלה מה בדיוק היה החטא ומה העונש. נאמר רק שהאחדות עומדת לכאורה בבסיס פרויקט המגדל, אבל הסיפור מביא בסופו דווקא להתפוררותה של האנושות לעמים שונים, התפצלות לחלקים רבים ושונים שכל אחד הוא רק פיסה מהתמונה השלמה. לכל עם יש זהות אחת צרה ולא יותר.

במצב כזה, לפי הרב אשכנזי, כל אומה שתנסה להיות אוניברסלית – תהפוך בהכרח לאימפריאליסטית. היא מכירה רק את הזהות שלה, ולכן כל פנייה שלה לאומות אחרות תהיה ניסיון להכפיף אותן תחת זהותה ולכפות את הזהות שלה עליהן. תופעה זו עומדת ביסודן של המלחמות הגדולות, לעומת מלחמות קטנות יותר בין עמים

שכנים על טריטוריה או משאבי מחיה. המלחמות הגדולות מתרחשות בין עמים בעלי עוצמות, שיש להם פוטנציאל להיות אימפריות, והם מנסים להשליט את עצמם על העולם. הרב מציין שפעמים רבות ניסיונות כאלה יובילו להתנגשות של אותם עמים מול עם ישראל; זאת מפני שלעם ישראל מגמה דומה, גם הוא בעל ייעוד אוניברסלי, אלא שהוא מנסה לעשות זאת בדרך אחרת. הוא בעל הזהות האוניברסלית האמיתית, שמאחדת באמת את כולם ולא מנסה להשליט זהות חלקית על כולם. הוא איננו חלק בפאזל שרוצה לגרום לפאזל כולו להיראות כמותו ולהוות תמונה חלקית, אלא מי שייעודו ליצור את ההרמוניה שתכיל את כל החלקים השונים.

מי שנמצא באמת במצב של דיאספורה, של פיזור, הן אומות העולם בעקבות כישלון מגדל בָּבֶל. אז התפצלה האנושות לשבעים אומות, לשבעים אופנים שונים וחלקיים להיות אדם. גוי יכול להשתייך רק לאומה אחת – הוא יכול להיות צרפתי או אנגלי, אולם לא שניהם. הוא אינו יכול להיות אוניברסלי באמת, משום שמבחינה זהותית הוא רק אחד חלקי שבעים מן האחדות הקמאית.

מאותו זמן נמצאות האומות במצב של יריבות אחת עם השנייה משום שכל אחת מהן היא זהות חלקית בלבד ושונה מן השנייה. כאן נוצרה בעיית המלחמות. כל זהות חלקית מנסה להשתלט על שאר הזהויות ולכפות את המודל הזהותי שלה על כל העולם. כל התנועות הגדולות בהיסטוריה כמו הנצרות, האסלאם או הסוציאליזם הפכו מהר מאוד לתנועות אימפריאליסטיות. המאפיין השני של אותן תנועות היא שנאת היהודים, אף שלא מעט יהודים הובילו אותן. שנאה זו נובעת מזיהוי היהודי כחריג בנוף האנושי עם היומרה שלו, התביעה שלו לבנות מחדש באמת את האוניברסל האנושי, ולא לכפות מודל תרבותי מסוים על כל האנושות.

עם ישראל, שנולד אחרי כישלון מגדל בבל, הוא היחיד ששומר

את האחדות הקמאית, והזהות שלו היא באמת זהות אוניברסלית. כדי לקיים את ממד 'מַמְלֶכֶת כֹּהֲנִים', הוא חייב לפגוש את האומות במדרגה המתאימה להן דרך תפוצותיו. לכן תופעת הפיזור של עם ישראל משני לעומת תופעת הפיזור של אומות העולם, וכל מטרתו היא למלא את המשימה של 'מַמְלֶכֶת כֹּהֲנִים' אצלם, לזמן מוגבל.

(סוד מדרש התולדות ב, עמ' 161, הערה 438)

חז"ל מסבירים את החלפת השם אברם לאברהם והשם שרי לשרה: השמות אברהם ושרה הם אוניברסליים יותר, "אב המון גויים", "שרה על כול". אולם ההקשר שבו משתנים השמות מפתיע: הקדוש ברוך הוא מחליף את השמות דווקא בבשורה על הולדת יצחק, לקראת השלב שבו יתמקדו אברהם ושרה בבניית אומה מסוימת. רוב המאורעות שבהם אברהם מתגלה כדמות בינלאומית הם לאורך פרשת לך לך, דווקא כששמו אברם; אז הוא בא במגע עם פרעה, עם ארבעת המלכים, עם מלכיצדק ועם כל היוצאים לקראת אברם ל'עמק המלך'; ואילו בתור אברהם הוא יותר לאומי־פרטי. הרב מסביר שיש שתי דרכים להיות בינלאומי: אוניברסליות וקוסמופוליטיות. אברם הוא קוסמופוליטי ואברהם אוניברסלי. מה ההבדל?

המגמה הקוסמופוליטית היא להתפזר בין האומות על מנת להקרין ולהשפיע בממד המוסרי. זהו ניסיון לתפקד כממלכת כהנים במקום שבו מתפתחת התרבות השלטת, ולהשפיע על העולם דרכה. להיות נשיאי ישראל בין הגויים, לשמש להם דוגמה. זו הייתה דרכו של אברם בפעילותו בקרב אומות העולם לאורך פרשת לך לך. המגמה האוניברסלית דומה לה מצד היעד אך שונה מצד הדרך – דרכה היא על ידי מימוש הזהות הלאומית ובניית חברת מופת בארץ העברים, שבאמצעות זהותה הייחודית המוגדרת היא מופיעה את "דרך ה' לעשות צדקה ומשפט". זו דרכו של אברהם מאז הבשורה על הולדת יצחק, ואותה הוא אכן מוריש ליצחק בנו.

> קיימות שתי גישות עיקריות אפשריות במימוש הדאגה לאוניברסל האנושי. הראשונה, הגישה הקוסמופוליטית, גורסת שעל עם ישראל להתפזר בין אומות העולם, ובייחוד אצל הציוויליזציה הדומיננטית בכל תקופה, ולשמש בה מחנך מוסרי של אותן אומות. זו הגישה של נָחוֹר, אחי אברהם, בנו בְּתוּאֵל, ולָבָן נכדו. אבל, חיש מהר, לָבָן מתגלה כאויב הקשה ביותר של הענף האחר שהחליט להיות אוניברסלי. "ולבן ביקש לעקור את הכל", על אף שהוא הדוד של יעקב, החותן שלו, והסבא של השבטים! הגישה האוניברסלית גורסת כי מימוש החזון של עֵבֶר, הבנייה מחדש של האוניברסל האנושי בעקבות הַפַּלָּגָה, עובר דווקא דרך מימוש זהותו הלאומית של צאצאיו בארץ העברים. כאשר החליט אברהם לעזוב את הגלות, הוא שלל לגמרי את הגישה הקוסמופוליטית. הוא זרק את קליפתו הארמית וחזר להיות עברי.
>
> (סוד מדרש התולדות ו, עמ' 31–33)

כשלון ההתערות בגויים

עם ישראל ניסה כמה פעמים להיות קוסמופוליטי. אחת הפעמים הייתה כשמשפחת יעקב הייתה בבית לבן. יעקב שומר על נאמנות למוסר שלו גם בבית לבן, הוא מקרין ומשפיע שם מתורתו, עד כדי כך שאפשר ללמוד הלכות שמירה מהתנהלותו כרועה צאן. יעקב הוא תורה מהלכת שמקרינה על סביבותיה. ובכל זאת הוא לא מצליח להישאר בבית לבן. גם ליוסף הייתה הזדמנות ללכת בדרך הקוסמופוליטית, הייתה לו השפעה עצומה על מצרים בתפקיד המשנה למלך. נתאר לעצמנו איזה כוח היה למשפחת יעקב בתור בעלת מעמד גבוה באימפריה המצרית. אבל התנהלותו של יעקב הסתיימה ברדיפתו בידי לבן, וגם במצרים הלכה וצמחה שנאת ישראל (לדברי הרב, אילו יוסף היה חוזר בזמן לארץ עם משפחת יעקב היה נחסך המשך שעבוד מצרים, ואף היינו מגיעים מהר יותר להשלמת הייעוד ההיסטורי של עם ישראל). התופעה נמשכה לאורך כל הדורות, כאשר דווקא בגלויות שבהן

היהודים התערו בתרבות המקומית התעוררה התנגדות עזה כלפיהם. וכמו במקרים של יעקב ויוסף, היהודים התקשו לזהות את האסון המתקרב ולעזוב לפני שיתרחש.

שתי המגמות לאורך ספר בראשית

על פי עיקרון זה הרב אשכנזי אומר שהסיפור של עם ישראל לא התחיל בפרשת לך לך; זהו המשך של הסיפורים שלפניו. אברם העברי אינו ה'עברי' הראשון. הוא ממשיך את המהלך מאדם הראשון דרך שת ועד שם ועבר, הוא ממשיך את מגמת האנושות בדרך לייעודה, מגמה שהתחילה כבר בבראשית – והשאלה היא מי יוביל אותה הלאה.

רק כך, אומר הרב, אפשר להבין את הסיבה להתחלתו של סיפור אברהם כבר בסוף פרשת נח. נחור ואברהם יוצאים לדרך, אבל נחור בוחר באפשרות הקוסמופוליטית ואברהם הולך להקים אומה. כך צריך להבין גם את הסוגיה של ארץ ישראל: לכאורה סוגיית ארץ ישראל באה לידי ביטוי רק החל מההבטחה לאברהם, וליתר דיוק רק לאחר שיגיע אליה זרעו של אברהם, ובינתיים הארץ שייכת לכנענים. הרב מתנגד לראייה זו וטוען שארץ ישראל לא נועדה לבני חם. יסוד זה מופיע כבר ברש"י: "והכנעני אז בארץ – היה הולך וכובש את הארץ מזרעו של שם, שבחלקו של שם נפלה כשחלק נח את הארץ לבניו" (בראשית יב, ו). בני נח התחלקו בצורה ברורה בין היבשות – שם באסיה, חם באפריקה ויפת באירופה. כנען, מבניו של חם, כובש בכוח אזורים מנחלתו של שם, ובהם ארץ ישראל. כיבושים אלו הם חלק משינויי סדרים שמתרחשים על האנושות בסיפור הפלגה ובמסעותיו של נמרוד, ומתוארים בבראשית י-יא. כתוצאה מכך, ענפים מבני שם מתפזרים באזורים שונים, וישיבת שם ועבר ממשיכה להתקיים בארץ ישראל. כשמגיע אברהם, השאלה היא אם הוא יחזור לארץ ישראל וישב בה; נחור בוחר באפשרות לשבת בגלות ולהשפיע שם, ואברהם בונה אומה בארץ ישראל.

מה הבעיה באפשרות שבה בחר נחור? הרב אומר שזהותו של נחור היא זהות ארמית. הוא מבני שם ועבר, אבל כיוון שהוא גר בתוך התרבות הארמית – גם זהותו נעשית ארמית. כאמור, לכל אומה יש זהות אחרת, וכל מפגש שלה עם אומות אחרות מוליד ניסיון להשליט עליהן את זהותה; לכן כשאדם עברי עובד ה׳ נמצא בתוך אומה מסוימת, יותר ממה שהוא ישפיע עליה הוא יאמץ את הזהות שלה. יהודי גרמני שואף להקרין מיהדותו, אך יהדותו בהכרח תתעצב על פי הזהות הגרמנית.

צומת הבחירה בין שתי האפשרויות מופיע שוב בהמשך. אברהם מוריש את האפשרות הקוסמופוליטית לישמעאל, שנולד כשאביו היה עדיין ׳אברם׳. מישמעאל יצאה דת קוסמופוליטית שמאמינה בא־ל אחד, וחפצה להשליט בכוח את האמונה בו על כל העולם. שתי האפשרויות מופיעות גם בתוך משפחת האבות, ומתבטאות בהבדל בין רחל ולאה, יוסף ויהודה. לאה שייכת לזהות של ארץ ישראל, ורחל שייכת גם לחו״ל, ועל כן היא נקברת בדרך שבין ארץ ישראל לחו״ל. יוסף, שהיה עוד קטן בבית לבן ולא חווה עד תום את כשלון הגישה הקוסמופוליטית, מנסה ללכת בגישה זו במצרים, שם הוא פועל להחדיר ערכים עבריים לתרבות חיצונה, מתוך אמונה ונאמנות אך תחת זהות מוצנעת ובלבוש מצרי; אולם רוב האחים חלוקים על גישתו של יוסף לאחר שראו את כשלונה כשברחו מלבן, ומאמצים את גישתו של יהודה השומר על הזהות המתבדלת של בית יעקב.

למרות שבסופו של דבר נכשלה המשיחיות של יוסף, לאורך ההיסטוריה יש תקופות שבהן אותה משיחיות יכולה היתה להצליח באופן זמני. יעקב מצליח בניסיון להיות רועה צאן לבן, ומביא את הברכה לביתו של לבן, כפי שיוסף הביא את הברכה לבית פרעה. לאורך כל ההיסטוריה ישנן תקופות שעם ישראל, בבחינת העם העברי הנסתר או העם העברי הנגלה, מביא את הברכה לאומות העולם. תקופות אלו הן השלב הראשון של המשיחיות הנקרא, לענייננו, משיחיות על פי יוסף. אך אם עם

ישראל באותן תקופות, בבחינת העם העברי הנסתר או בבחינת העם העברי הנגלה, מהסס לשוב לארץ כנען, לארץ ישראל, מגיע המשבר והכישלון. אם יוסף היה מחליט, עוד כשהיה על כס פרעה, לפעול בהתאם למה שאמר בסוף חייו: ״פקוד יפקוד א־להים אתכם״ וחוזר לארץ הקודש, אולי היה מביא לסיום ההיסטוריה. מכיוון שעם ישראל נשאר בארץ מצרים – הגיע הכישלון, כפי שנאמר בהגדה של פסח: ״מלמד שהיו מצוינים שם״. בהומור, ניתן להבין זאת כרמז לתקופתנו: מלמד שהיו צִיוֹנִים, אבל שם. עם ישראל אינו שב לארץ ישראל בזמן, מאחר וקשה לזהות מהו הזמן שבו צריך להתחיל לעבור למימד השני, למימד הגאולה, ולחזור לארץ ישראל.

(מספר למשיח, עמ׳ 58–59)

יש לכך השלכה אקטואלית במחלוקת שהתגלעה במאתיים השנים האחרונות בעיקר בין גישת הרש״ר הירש לגישת הראי״ה קוק, על השפעה באומות מתוך הגלות או בניית מדינה יהודית בארץ ישראל. דווקא בגלות היהודי איננו יכול להיות אוניברסלי. הוא תמיד יהיה יהודי עם זהות שאולה וספציפית של הסובב. הוא יהיה יהודי־צרפתי, יהודי־פולני, בבחינת זהות ׳ארמית׳. הוא יכול רק לנדוד בין עמים מזהות ספציפית אחת לזהות ספציפית אחרת. רק עברי בארצו יכול להיות צמוד לאנושות כולה. דוגמה לדבר, תנועת ׳תורה עם דרך ארץ׳, שהייתה כביכול תנועה בעלת מגמה אוניברסלית, הייתה לאמיתו של דבר ביטוי לזהות ספציפית – ׳תורה עם דרך ארץ גרמני׳.

אומנם, כל עוד היהודי מצוי בעל כורחו בגלות, יש לו ודאי מה להקרין מבחינה מוסרית על הסובבים אותו, אך בעיקרו של דבר עליו לדעת שזה זמני ומסוכן ולחכות לרגע שבו אפשר לשוב לזהות העברית. בימינו נפלה כבר ההכרעה ההיסטורית כדרכם של הגר״א והראי״ה על השיבה לזהות העברית בארץ ישראל. חזרת ישראל לארץ בימינו מקבילה לתהליך של אברהם, ולכן חשוב ללמדו כדי לדעת לעוברו נכון.

לסיום נציין כי זו הייתה גם תנועת חייו של הרב אשכנזי, מפעולה בגלות, בצרפת, אשר היוותה מרכז תרבותי־פילוסופי של אירופה, לחזרה לזהות העברית ולארץ ישראל.

פרק 29

בחירת ישראל וייעודם האוניברסלי

נמשיך לעסוק באברהם, בניסיונותיו ובזהותו, מתוך מטרה להבין לאורם את סוגיית בחירת ישראל.

כדי לחדד את הדגשים העולים מפירושיו של הרב אשכנזי לניסיונותיו של אברהם, נציג תחילה את ההבנות הרווחות בתפיסה הפשוטה.

בתפיסה פשוטה אנו נוטים להבין כי אברהם אבינו היה מושלם משעה שנשלח בפרשת לך לך אל ארץ ישראל. את המאורעות והניסיונות העוברים על אברהם מהגעתו אל הארץ נבין כשורה של מאורעות שמראים שוב ושוב את התאמתו השלמה מלכתחילה לבחירתו ולשליחותו. כלפי חוץ יש כאן מבחן, אך מבחינה פנימית מצוי אברהם במדרגה שבה מובן מאליו כי הוא יצלח את הניסיונות השונים, כיוון שמתחילת דרכו הוא שלם.

לעומת הבנה זו למדנו בפרקים הקודמים על תהליך צמיחת הזהות, מאברם לאברהם, ועל התהליך שעובר אברהם אבינו לאורך חייו עד לעיצוב הזהות שתעמוד בבסיס עם ישראל. לפי הדברים שראינו אפשר לדמות את אברהם לזרע באדמה, שמצד הפוטנציאל שלו עתיד להיות צמח ענק, אלא שצריך להתרחש תהליך עד שהצמח כולו יופיע בשלמות. אולם דימוי זה עדיין אינו הולם במדויק את

משנתו של הרב אשכנזי, ועלינו להידרש ליסוד נוסף שכבר פגשנו במשנתו ובפרקים האחרונים לא עסקנו בו: יסוד הבחירה.

צמח אינו בעל בחירה. כל התכונות שלו כבר גלומות בו, והוא צריך רק את הזמן, הסבלנות והתנאים הנכונים לצמיחה כדי שהפוטנציאל יתממש. אברהם הוא בעל בחירה חופשית ואי אפשר להתעלם מהאפשרות שיש לו לבחור אחרת, במקום לממש את הפוטנציאל כפי שמצופה ממנו.

נשוב וניזכר במקומה המרכזי של הבחירה החופשית במשנת הרב. הרב מדגיש שאין פטאליות בתורה, והבחירה האנושית החופשית היא שותפה מלאה בעיצוב המאורעות. במבט ראשון מדובר פה בעיקרון מובן מאליו, אך כפי שנראה מיד, זו אמירה בעלת השלכות עמוקות. נסביר תחילה את יסודותיו של העיקרון עצמו, ולאחר מכן נציג את השלכותיו על הבנת סיפורו של אברהם.

אצל הרב הבחירה החופשית המוסרית קשורה באופן עמוק לטעם הבריאה כולה, שהוא נתינת המקום לזולת, לבריאה, להיות קיימת בזכות. על ידי בחירתו המוסרית של האדם הוא קונה את זכות קיומו. אלוקים השלם ברא במכוון עולם חסר על מנת שהאדם יהיה שותף איתו בהובלת העולם אל השלמות, ובכך יממש את ייעודו ויקנה את זכות קיומו. מבחנו היסודי של האדם מתרחש בציר המוסרי – אם ייתן האדם מקום לזולתו לצידו כשם שנתן הקדוש ברוך הוא מקום לזולתו במעשה הבריאה. צמיחת העולם מחסרונו לשלמותו מתרחשת לאורך ההיסטוריה, ומסלולה מעוצב על פי בחירותיו של האדם. בחירותיו של האדם קובעות לא רק איזה שכר או עונש יקבל, כי אם לאן תתנהל ההיסטוריה. אלוקים והאדם שותפים בעיצוב ההתרחשויות וההיסטוריה.

יסוד זה נוגע לא רק לממד הרעיוני, הוא מעצב את דרכי הבנת המקרא ופירוש אירועיו. עלילת המקרא אינה סגורה מראש. שום דבר בה אינו פטאלי. בכל שלב בעלילה יש כמה חלופות אפשריות, והאדם מכריע באיזו מהן יבחר. העלילה תתפתח לכיוון שייגזר מהחלופה המסוימת

שבה בחר האדם. בשל כך, על לומד התורה מוטל לזהות את החלופות השונות שעמדו על הפרק, מי מהן נבחרה ולמה, מה השלכותיה ומחיריה של בחירה זו, ומה היה קורה אילו נבחרה אפשרות אחרת. יש צמתים נוספים בשלבים הבאים ויש גם רכיבים בלתי הפיכים בעקבות הבחירה שנבחרה. מכאן שיטת ה׳קריאה לכתחילה׳ ועיקרון החלופות של הרב, בהם עסקנו בפרקים מוקדמים יותר בספר.

כעת יש להבין לאור יסוד זה את משמעות התהליך שעובר אברהם, ולמעשה כל האבות: האם צמיחתו של עם ישראל הייתה קבועה מראש, או שמא היא פרי בחירתם של אברהם, יצחק ויעקב, וסיפור כינונה של האומה היה יכול להתפתח אחרת לגמרי?

היה יכול להיות ישראל אחר

בעניין זה כדאי לעיין בדבריו המפורשים של הרב אשכנזי:

> יש שלושה שלבים בבניית הזהות הישראלית ורק למפרע מתברר שאברהם הוא באמת מישראל וזה קורה כאשר קיבל יעקב אבינו, שהוא מעין שופרא דאדם הראשון (בבא מציעא פד), את השם ׳ישראל׳. עד אז שייכים אברהם ויצחק לעולם של בני נח. אם לא היה יעקב מקבל את השם ישראל, התורה הייתה מספרת היסטוריה אחרת, שבה ׳אברהם׳ אחר מביא ל׳יצחק׳ אחר שמביא ל׳יעקב׳ כלשהו שכן מקבל את השם ישראל.
>
> מה שמוכרח להיות הוא איזה אברהם, איזה יצחק ואיזה יעקב שמקבל את השם ישראל משום שזה תואם את סדר התגלות המידות במציאות, סדר התגלות הספירות: חסד, דין ואמת – חסד, גבורה ותפארת. זה מוכרח להיות כך כדי שהזהות של ישראל תופיע. עם זאת אין זה מוכרח שאַבְרָם מאור כשדים יהיה אברהם הצדיק של מידת החסד האמִתית. זו זכותו. הוא היחיד שהצליח להתעלות למדרגה זו.
>
> (סוד מדרש התולדות ב, עמ׳ 125)

השאלה מיהו באמת ישראל יכולה להפתיע את חלקכם, אולם ההפתעה הזו באה מהקריאה בדיעבד של המקרא. בקריאה זו אין שום פקפוק. ישראל הוא אנחנו, היהודים, צאצאי העם העברי. זה נכון לפי הקריאה בדיעבד. כלומר, כאשר אני מתבונן לאחור, אין שום אפשרות אחרת. לא הייתה שום אפשרות אחרת. אבל אי אפשר להתחיל את לימוד המקרא בקריאה זו. צריך קודם כול לקרוא לכתחילה, ואם עושים זאת מבינים שהיו אופציות שונות, ואחת מהן היא עשו.

מי שמכיר את פירושו של רש"י מכיר את דבריו על הפסוק בחומש שמות: "וְאָמַרְתָּ אֶל פַּרְעֹה כֹּה אָמַר ה' בְּנִי בְכֹרִי יִשְׂרָאֵל" (שמות ד, כב). רש"י מפרש בשם חז"ל: "כאן חתם הקדוש ברוך הוא על מכירת הבכורה שלקח יעקב מעשו". דבריו נראים כלא קשורים כלל לנושא, אבל צריך להבין שהדברים אכן היו פתוחים. אני רגיל לצטט את דברי בעל הטורים על המילה בראשית. הוא מפרש אותה כנוטריקון: **ב**ראשונה **ר**אה **א**לוקים **ש**יקבלו **י**שראל **ת**ורה.

אפשר להבין את דבריו בשני אופנים. האופן הראשון הוא לפי הקריאה בדיעבד: בני ישראל היוצאים ממצרים יקבלו את התורה. זה ודאי. קריאה זו נכונה, אבל חז"ל מקדימים לה קריאה אחרת, הקריאה מלכתחילה: אם אתם מקבלים את התורה מוטב, ואם לאו שם תהא קבורתכם (שבת פח ע"א). לפי הקריאה הראשונה אין מקום לאמירה זו. לכן צריך לדעת שיש אופן אחר לקרוא את התורה ואת דברי בעל הטורים, וכך צריך להבין את דבריו: בטוח שישראל כלשהו יקבל את התורה, שהיא הנותנת את המשמעות לעולם. השאלה היא מי יהיה אותו ישראל, ועל כך מספרת התורה דרך התולדות. אם כך קוראים את הנאמר מבינים שיש צמתים בהיסטוריה, שיש משמעות לחופש הבחירה של האדם, שיש אופציות שונות. גם מבינים שהכול מתברר במישור ההיסטורי, שהכול מתגלה במישור הזה.

(סוד מדרש התולדות ז, עמ' 318 הערה 830)

הרב אומר בפירוש שהיה יכול להיות אחרת. אברהם אחר היה יכול להעביר את הזהות הישראלית ליצחק אחר, והוא היה מעביר אותה ליעקב אחר. לולא אברם היה בוחר להיות אברהם, ויעקב היה בוחר להיות ישראל, הקדוש ברוך הוא היה צריך לבחור באבות אחרים במקומם. אולי גם היו אנשים כאלה לפני אברהם, אך הם לא הצליחו לפתח את הזהות הישראלית (ראה למשל מדרש תהלים קיח: "חמשה דברים עמדו בעולם, נח שם עבר אשור ואברהם, נח לא הקפיד לעבוד הקדוש ברוך הוא אלא עמד ונטע כרם, שם ועבר הטמינו את עצמם, אשור אמר היאך אני דר בין הרשעים הללו והלך לו, שנאמר מן הארץ ההוא יצא אשור (בראשית י יא), אברהם צדקתו עומדת לעולם, אמר איני מניח את הקדוש ברוך הוא, ואף הקדוש ברוך הוא לא הניחו"). אולי גם היו אנשים אחרים לפני משה רבנו שעברו ליד הסנה הבוער ולא הבחינו בכלום. מי יודע כמה זמן חיכה בעל הבירה עד שמישהו יכיר שיש מנהיג לבירה, ואז הוא יתגלה אליו.

מאמירה זו של הרב אשכנזי אפשר להבין שבכל זאת יש ממד של הכרח במציאות, שהרי אבות האומה צריכים לעבור במסלול מסוים – משמע שיש תוכנית אלוקית מסוימת ומוגדרת. הרב אכן טוען שאין מרחב אינסופי של אפשרויות לבניית האומה הישראלית, יש מסלול בעל יסודות מסוימים שצריך לבנות כדי להקים חיים מוסריים שלמים. לפי התוכנית האלוקית צריך להיות עם נבחר – עם ישראל, והשאלה היא מי יהיה זה שיעבור את המסלול, מי יצליח לעבור בהצלחה בכל התחנות ולהקים את העם. יהיה אברהם שיישא בתפקיד אב המון גויים, וכן יהיה מי שיישא את השם ישראל, השאלה היא רק למי ייתן ה' את השמות האלה. לא בטוח שאברם שנולד באור כשדים יקבל את השם אברהם, ואין הכרח שיעקב נכדו יזכה להיות ישראל. יש להם בחירה, והשאלה המרחפת לאורך כל ספר בראשית היא אם אברהם, יצחק ויעקב יבחרו נכון.

במילים אחרות: לא היה ידוע מראש שעם ישראל יהיה עם ישראל. שלושה שלבים נדרשים לבניית הזהות הישראלית: בניית

מרכיב החסד שבזהות, בניית מרכיב הדין שבזהות, ובניית מרכיב הרחמים, הממזג בין שניהם. רק למפרע מתברר שאברהם הוא באמת ישראל. זה קורה כאשר יעקב אבינו מקבל את השם 'ישראל'. עד אז שייכים אברהם ויצחק לעולם של בני נח. רק בדיעבד, כאשר אומר הקדוש ברוך הוא למשה רבנו "בְּנִי בְכֹרִי יִשְׂרָאֵל", אנו יודעים שהבחירה של ישראל כבכור היא בלתי הפיכה וחתומה על־ידי הקדוש ברוך הוא.

מהות שמתגלה במציאות

לאמיתו של דבר סוגיה זו היא סוגיה עמוקה מאד בדברי הרב, והשלמת התמונה המפורטת שלה חורג ממסגרתו של חיבור זה. חשוב לפחות להדגיש כאן גם את הצד השני. המקום המרכזי של הבחירה החופשית ושל עיצוב הזהות בדברי הרב אשכנזי לא בא לומר שבתחילת הדרך האדם הוא בבחינת לוח חלק. אין כוונתו של הרב שלאדם אין שום נתוני פתיחה ושאת הכול הוא קונה בבחירתו. האנושות התחלקה בין שלושת הענפים המרכזיים של בני נח, ויש משמעות שונה לכל אחד מהם, לשם, לחם וליפת. את הזהות הישראלית יבנה מי שבא מזרעו של שם, ועדיין לא ידוע בתחילת הדרך מי זה יהיה.

בהמשך, לאברהם יש את התכונות ההופכות אותו לראוי למשימה. שאלת הבחירה החופשית בשלב זה אינה נוגעת לתכונותיו העקרוניות, אלא לשאלה האם בבחירתו הוא יממש בעולם המציאותי את מהותו האמיתית שידועה בעולם העליון.

"'ה' צדיק יבחן' זה אברהם – 'ויהי אחר הדברים האלה והאלהים נסה את אברהם'" (בראשית רבה נה,ג). לפי הפשט העולה מדברי המדרש, משמעות המילה "נִסָּה" בפסוק היא בחינה. הקב"ה רוצה לבחון את אברהם ולדעת אם הוא באמת אברהם, אם זהותו תואמת את מהותו, את אמתותו. צריך אירוע מיוחד כדי להוציא לפועל את מה שבכוח אצלו, כדי לגלות במציאות ההיסטורית

> את אשר בעולם האמת, במובן הפילוסופי של המילה. אברהם הוא הצדיק האמִתי של מידת החסד האמִתית, לפי הקריטריון של תורת ה', לפי הקריטריון של איחוד המידות. זה ידוע בעולם העליון, בעולם האמת. אבל זה טרם התגלה במציאות. זה טרם התגלה וטרם נודע לעולם כולו. זה התפקיד של ההיסטוריה: להעביר את הדברים מן המישור האמִתי למישור המציאותי, לעשות שהאמת תהיה מציאותית והמציאות תהיה אמִתית.
>
> (סוד מדרש התולדות ה, עמ' 135).

העובדה שהדבר תלוי בבחירה שמעצבת לאן מתגלגל ההמשך, היא הסיבה לכך שהתורה מספרת לנו מה קרה מאדם הראשון עד יעקב אבינו, ובהמשך את מה שקרה במצרים. לא לחינם זה כתוב, ויש לכך גם השלכות על המשך ההיסטוריה, גם אם הן פוחתות והולכות.

> העיקרון של התורה היא שבכל שלב, בכל דור, מן האדם הראשון עד אחרית הימים, הכול פתוח [...] במהלך ההיסטוריה, יש פחות ופחות בחירה משום שהתרחשו כבר אירועים מסוימים ובלתי הפיכים, אולם עדיין, גם ברמת הפרט וגם ברמת הכלל, יש זכות בחירה בין החלופות השונות.
>
> (סוד מדרש התולדות ב, עמ' 158)

> כאשר קרב מועד הפגישה [המחודשת בין עם ישראל לקדוש ברוך הוא באחרית ההיסטוריה], ההנהגה משתנה והיא אינה תלויה יותר, ברמת הכלל, בשאלת הזכות.
>
> (שם, עמ' 209)

פרק 30

העברי המתחרה והמתנגד

אנו ממשיכים לעסוק ביסוד העקרוני של הרב אשכנזי, שמלמד כי סיפורי האבות משקפים תהליכים של עיצוב זהות, ומברר את 'ההיגיון התהליכי' שמלווה את מאורעותיהם. הזכרנו בעיקר את תהליכי המעבר מאברם לאברהם, ואת עשרת הניסיונות שהולכים ומעצבים עוד נדבכים בדמותו של אברהם. הפעם נעמוד על ציר נוסף בתהליכים אלו, אותו מכנה הרב 'העברי המתנגד והמתחרה'. למול כל אחד מהאבות עומדת דמות של מתנגד החפץ לכלותו, ודמות של מתחרה, שדומה לו ומתיימר להיות הנושא את זהותו (ובכך בעצם מנסה לגנוב את זהותו).

כדי להבין את התהליכים הללו שמזהה הרב אשכנזי, נזכיר תחילה את נושא משוואת האחווה שתופס מקום בולט במשנתו של הרב: הבריאה נעה לעבר תכלית מוסרית, ואחד האתגרים העומדים בדרכה הוא יישוב מערכות היחסים בין בני האדם, כפרטים וכלאומים. עם ישראל, כפי שמתבטא בפרשות האבות, חווה שני סוגים של התמודדות מול כוחות אחרים: התמודדות עם המתנגדים לו, והתמודדות עם המתיימרים לשמש חלופה שתתפוס את מקומו.

דרכי ההתנגדות

המתנגד המובהק של אברהם הוא נמרוד. על פי חז"ל הוא הראשון שמנסה לחסל את משפחת אברהם, והוא גם נושא דגלה של הקוסמופוליטיות שעסקנו בה בפרקים הקודמים. לאברהם ונמרוד יש חוסר שביעות רצון מהמצב האנושי המפורר. שניהם מנסים כל אחד בדרכו שלו להוביל פרויקט לגיבוש האנושות המפוררת. נמרוד רוצה להעמיד בראש האנושות כוח אנושי חזק וטוטליטרי שישלוט בעולם מראש המגדל. הוא מציע פתרון קוסמופוליטי, על ידי הקמת אימפריה שתהיה בראש כל האנושות. הוא מצליח לפתות אנשים רבים להצטרף אליו (כפי שהתפתו יהודים רבים לאורך ההיסטוריה), ומשיג את מטרתו להפוך לדיקטטורה קוסמופוליטית. אברהם לעומתו מבקש ליצור אחדות של כל האנושות, פסיפס שבו כל עם נותן את הגוון שלו, ועם ישראל משמש בו בתפקיד הלב שמגשר ומאחד בין כולם. לעומת הגישה הקוסמופוליטית של נמרוד, חזונו של אברהם הוא אוניברסלי, "ונברכו בך כל משפחות האדמה". משפחות האדמה לא תמחקנה תחת הנהגת עם ישראל, אלא כל אחת תמלא את תפקידה במכלול של האנושות.

נמרוד מתנגד לא רק לאברהם עצמו, אלא גם למוסר שבשמו הוא פועל, כיוון ששאיפתו של נמרוד היא לשים במרכז את עצמו. הוא אינו מוכן לשים את בורא העולם במרכז. נמרוד מתעל את חוסר שביעות רצונו מהמציאות למרידה בקדוש ברוך הוא. אברהם מתעל אותה להיות עבדו של הקדוש ברוך הוא כדי לתקן את האנושות. המרידה בה' הופכת את נמרוד גם ל'שונא ישראל', כלומר שונא את אברהם ואת בשורתו, והוא פועל להורגו בכבשן. קשר זה נמשך לדורות.

גם למול שאר האבות עומד גורם מתנגד. יצחק מתמודד מול המתנגד אבימלך על ארץ ישראל, ואחריו יעקב מול לבן שביקש לעקור את הכול.

ההתמודדות מול המתנגדים מורכבת, ודרך הפעולה של המתנגדים מתוחכמת. ההשמדה הגלויה אינה הדרך היחידה שבה פועל המתנגד (כדרכו של נמרוד בתחילה ושל עמלק בסוף). ישנן שתי דרכים נוספות. שיטת הפעולה של פרעה ואבימלך היא לקחת את אשתו של אברהם, כלומר לחסל את הצד העברי הזכרי, ולהשתלט על הצד הנקבי. שיטה זו מופיעה שוב במצרים בגזרות פרעה, כאשר הוא גוזר להשמיד את הבנים ולהשאיר את הבנות. אצל הגר, שניתנה לשרה על ידי פרעה, ההתמודדות היא הפוכה, שם הרחם הנקבי מנסה להשתלט על הכוחות של אברהם (דוגמאות נוספות לכך מצויות בעצת בלעם ובנשיאת רות וערפה). אם נצרף את השיטה הבסיסית יותר, השמדה גלויה, נקבל שלוש דרכי מאבק מוכרות נגד עם ישראל לאורך ההיסטוריה: השמדה, התבוללות, נישואי תערובת.

דרכי התחרות

לעומת זאת המתחרה אינו מנסה לחסל את עם ישראל אלא להידמות לו, כך שיוכל לקחת את מקומו. הוא קרוב ודומה לאבות ומתיימר לשאת את זהותם, אך נברר לבסוף החוצה. המתחרים של יצחק ויעקב הם כמובן ישמעאל ועשו, והמתחרה של אברהם הוא לוט. אומנם בקריאה פשוטה של התורה קשה לנו להבחין בזה, אבל ברקע של סיפורי אברהם עומדת השאלה אם גם לוט ראוי למלא את תפקידו של אברהם. הדבר מתבטא בהצעת אברהם ללוט לקחת חלק מהארץ, משמע שראה בו מתחרה שווה ערך על הארץ, ומתבטא גם בתיאור הכנסת האורחים של לוט – תיאור שמתחיל באופן דומה לשל אברהם, אבל מגיע להפקרת הבנות, מעשה מזעזע על פי עקרונותיו של אברהם. ההתמודדות מול המתחרה נעשית קשה ומורכבת יותר ויותר לאורך ספר בראשית, שכן לוט הוא רק אחיין, ישמעאל הוא אח מאב ועשו הוא כבר אח גמור. בכל המקרים המתחרה יוצא לבסוף החוצה, ומתברר מי המקור ומי החיקוי.

כל אחד מהמתחרים של שלושת האבות מנהל מאבק אחר. לוט נאבק עם אברהם על השאלה מי יקים את עם ישראל – אברהם הוא עקר ולוט שמקים משפחה מועמד להחליפו; ישמעאל נאבק עם יצחק, עד היום, על ירושת ארץ ישראל; עשו נאבק מול יעקב על העולם הרוחני. העם, הארץ והתורה עומדים במוקד המאבקים של ספר בראשית. המאבקים הללו ממשיכים במהלך ההיסטוריה: עם ישראל מתמודד מול בלעם – צאצא של לוט, וכמובן מישמעאל ועשו יוצאים האסלאם והנצרות (מעשו יוצא גם עמלק, שמשמש גם מתנגד וגם מתחרה).

מול אברהם קם נִמְרֹד המתנגד לו והמבקש להעמיד מלכות משלו. יש תחרות בין שני פרויקטים אנושיים במהלך ההיסטוריה: פרויקט המלכויות של הגויים ופרויקט התולדות של ישראל. תחרות זו נמשכת עד להכרעתה הסופית של ההיסטוריה, ביום הדין, כפי שהגמרא מתארת אותו בתחילת מסכת עבודה זרה. נוסף על נִמְרֹד, מול אברהם, קם גם אחיינו לוט והוא מתחרה בו. יוצאים ממנו שני עמים, עמון ומואב, הטוענים כל אחד בדרכו, שהוא הוא ישראל. רות הבאה ממואב מצטרפת לעם ישראל ושמה קץ לניסיונו של מואב. עמון טרם עשה זאת. וכך בכל דור ודור. בדור השני של האבות, המתחרה של יצחק הוא ישמעאל, וממנו בסופו של דבר נולד עולם האסלאם. המתנגד שלו הוא אבימלך והסכסוך עמו הוא על ארץ ישראל. כבר בפגישתו עם אברהם אבינו, טען אבימלך ש"הִנֵּה אַרְצִי לְפָנֶיךָ בַּטּוֹב בְּעֵינֶיךָ שֵׁב". בדור השלישי המתחרה של יעקב הוא עֵשָׂו אחיו והמתנגד הוא דודו לבן הארמי. בדור הגאולה, של יציאה מן הגלות, מופיעה דמות שביעית – עמלק, המבקש גם להשמיד את עם ישראל וגם להחליפו בתפקידו כנושא ההיסטוריה. בזמן יציאת מצרים היה זה עמלק עצמו שבא להילחם עם ישראל בִּרְפִידִים. בזמן שיבת ציון, בתום גלות בָּבֶל, היה זה הָמָן בֶּן הַמְּדָתָא הָאֲגָגִי, ובדורות שלנו, זה מאה שנה, אנחנו עדים לניסיונות חוזרים

ונשנים של השמדת העם, ובמקביל מושמעות טענות שונות על־ידי מספר עמים שהם הם נושאי ההיסטוריה ותקוות העולם.

(סוד מדרש התולדות ה, עמ׳ 75–76)

הרב מציין הבדל בולט בין האבות ובין המתחרים: למתחרים אין בעיה להקים משפחה ולהוליד עמים פוטנציאליים. מבין שני הציוויים ׳פרו׳ ו׳רבו׳, המתחרים מקיימים את הרבייה ומתרבים יותר ויותר, כפי שבא לידי ביטוי בתולדותיהם של ישמעאל ועשו. למולם, דווקא האבות עוברים תהליך ארוך כדי להוליד בנים; זאת מפני שהאתגר הגדול שלהם הוא לייצר פירות חדשים, להוליד בכל פעם את השלב המהותי הבא שיקדם את העולם להשלמתו. המתחרה עסוק בעיקר ב׳רבו׳ ומתרבה במהירות. הזהות המקורית עסוקה ב׳פרו׳, בלהצמיח את השלב הבא, שזהו תהליך קשה ומסובך בהרבה כמתבטא בעקרות.

המתנגד, המתחרה ומשוואת האחווה

אם ניזכר בסוגיות קודמות שעסקנו בהן, הרי שהסיפורים של המתנגד והמתחרה הם גם התנועות המנוגדות למגמת האחווה, שהרי הם נלחמים בעברי במקום לחתור לאחווה עימו. בנוסף, על רקע ההתמודדויות מול המתנגד והמתחרה, הולכת ומשתבחת משוואת האחווה הפנים־ישראלית, למשל בציר הזוגי שבין אברהם ושרה בפרט (שגם הולכת ומקרבת מתוך השלמת זהותם של אברהם ושרה את לידתו של יצחק), ובין האבות והאימהות בכלל, כפי שכבר ראינו בפרק בנושא הזוגיות ומשוואת האחווה.

פרק 31

'חטא אדם הראשון כבר תוקן' – האומנם?

בפרק זה אנו מתחילים את העיסוק בקביעה מפתיעה של הרב אשכנזי, הקביעה כי חטא אדם הראשון תוקן כבר.

> אנו שומעים פעמים רבות שעיקר התיקון הוא תיקון חטא אדם הראשון, אולם לאמתו של דבר תיקון זה כבר בוצע על־ידי דוד המלך ברמת הכלל, ברמת כלל הבריאה.
>
> (סוד מדרש התולדות א, עמ' 148)

לאמירה זו של הרב אשכנזי לא קל למצוא מקור מפורש בספרי גדולי ישראל בדורות הקודמים. לעומתה, את האמירה ההפוכה שנותנת משקל גדול לתיקון חטא אדם הראשון אנו יכולים למצוא במקומות רבים מספור, גם בנגלה וגם בקבלה. ייתכן שהרב מצא מקורות כתובים שמהם ניתן להסיק זאת, או קיבל את הקביעה הזו ממקובלים שמהם למד בצפון אפריקה (כגון סבו הרב חיים טובול, או הרב יעקב נחמני במרוקו), אבל גם בלי שנדע את מקורה המדויק נוכל להבין אותה יותר לעומק מתוך שנבחן כיצד היא משתלבת בתוך המכלול הרחב של שיטתו.

הבעיה העקרונית בתליית החסרונות באדם הראשון

תחילה יש להבין מה מפריע לרב בתפיסה שאנו צריכים לתקן את חטא האדם הראשון. עניין אחד שמפריע לו קשור להתמודדותו הארוכה עם הנצרות: הנצרות מעצימה את יסוד החטא הקדמון, ובעקבותיו רואה את כולנו כחוטאים. הרב טוען שהיהדות חולקת מכול וכול על תפיסה זו, שלדבריו חלחלה מהנצרות ליהדות:

> בעניין זה המחלוקת עם הנצרות היא מחלוקת מהותית ביותר. הנצרות טוענת שמאז חטאו של האדם הראשון, כל אדם הוא בגדר של חוטא. לצערי הרב, יש גם יהודים שלא למדו כל צרכם האומרים דברים דומים. לדעת הנצרות יש כאן מין הכרח: האדם נפל ממדרגתו והוא אינו יכול להתגבר אלא אם כן הוא מוצא 'חן' בְּעֵינֵי הבורא ואין הדבר תלוי בהתנהגותו אלא בהחלטה שרירותית של הבורא.
>
> עמדת התורה שונה לחלוטין. מי שחוטא חוטא. הוא החוטא מפני שהוא החליט שרצונו קודם לצו הבורא. אף אחד אינו מוכרח לחטוא בגלל איזה חטא קדמון. שלמה המלך, החכם מכל אדם, כבר אמר שהאדם נולד ישר. עובדה היא שכאשר בני ישראל קיבלו את התורה בהר סיני, ואמרו "נעשה ונשמע", הם חזרו למצבו של האדם הראשון לפני החטא ונפסקה זוהמת הנחש. אחר כך, בחטא העגל, הם שוב קלקלו את המצב. האדם החוטא הוא זה שצריך להתמודד עם חטאו הוא. הוא ולא אחר.
>
> (שם)

עניין נוסף שמפריע לרב אשכנזי הוא העובדה שאדם אחד חטא ואנשים אחרים נענשים. ייתכן שאנשים פרטיים יחזרו על חטאו של אדם הראשון ויצטרכו לתקן את החטא, אבל ברמת הכלל – אין להעניש

את כל האנושות על חטא של אדם אחד. לדברי הרב זהו חוסר צדק, ואין זו דרכו של אלוקי ישראל.

מדוע הרב אשכנזי לא יישב את קושיותיו?

אולם על שתי הקושיות הללו אפשר לענות, לכאורה, באמצעות פתרונות שהרב אשכנזי עצמו מציע במקומות אחרים. למשל, ראינו את מרכזיותו של יסוד הבחירה החופשית כמשפיעה על התפתחות ההיסטוריה. על פי יסוד זה אפשר לתלות את משימת התיקון ההיסטורית בחטא אדם הראשון, מבלי להגיע לתפיסה הנוצרית; הנוצרים אומרים שהבחירה אינה מועילה ואי אפשר לתקן את החטא, ואילו היהדות אומרת שבידינו לתקן את החטא בבחירתנו החופשית. הרב היה יכול להבדיל באופן זה בינינו ובין הנצרות, ובכל זאת הוא מציב דגם חלופי לשימת הדגש על חטא אדם הראשון.

גם על הקושיה על חוסר הצדק אפשר לענות מתוך כתביו של הרב אשכנזי עצמו. ראינו כיצד הוא מסביר את דברי חז״ל שלכאורה רואים את כל שעבוד מצרים כעונש על חטאיו של אברהם אבינו. על השאלה כיצד ייתכן שעם ישראל נענש על חטא שלא הוא עשה, הרב עונה באמצעות עיקרון הזהות – חטאיו של אברהם אבינו משקפים חיסרון בזהות הישראלית שהוא בנה, ועם ישראל שזו גם זהותו צריך להשלים את אותו החיסרון. גם במקרה שלנו אפשר היה לומר שאדם הראשון בנה את הזהות הכלל־אנושית, ולכן האנושות לוקה באותו חיסרון ונדרשת לתקנו.

הרי שהקושיות שמקשה הרב אינן מולידות בהכרח את מסקנתו בנוגע לחטא אדם הראשון, ונראה כי הוא מתנגד באופן עקרוני לתליית כל תיקוננו בחטאו. נצטרך להבין מה הסיבה.

נצטרך גם להבין כיצד הדגם החלופי שמציב הרב מיישב את קושיותיו. הרב אומר שהאנושות צריכה לתקן את חטא קין והבל,

ולכאורה אמירה זו סובלת בדיוק מאותן בעיות שסובלת האמירה על חטא אדם הראשון. מדוע על חטא קין והבל אפשר לומר זאת?

החיסרון טבוע בבריאה

השאלה האם ומדוע מוטל עלינו לתקן את חטא אדם הראשון נוכחת אומנם בקבלה, אך למעשה היא שאלה כבר בפשט התורה, ונוגעת בשאלה עמוקה ותשתיתית יותר: מהו מקור החסרונות בעולם? למה העולם חסר? כפי שראינו, אחת התשובות המקובלות היא שהעולם נברא מושלם, ואדם הראשון חטא וקלקל הכול. אולם מעיון בתחילת התורה עולה תשובה אחרת.

היסוד לתשובה נמצא למעשה כבר בפסוק השני בתורה. הקדוש ברוך הוא בורא עולם, וכבר בפסוק השני מתברר ש"הארץ הייתה תוהו ובוהו" (בראשית א, ב). כל המשך הבריאה הוא תהליך הבראה מהתוהו המתואר בפסוק השני. בפסוק השלישי נאמר "ויאמר א־לוהים יהי אור [...] ויבדל א־לוהים בין האור ובין החושך". הרי לנו בריאת האור, אבל מתי נברא החושך שבפסוק זה? החושך על פני תהום קיים כבר מפסוק ב, והאור בא להתמודד מולו. בתיאור של היום השלישי נאמר "ייקוו המים מתחת השמיים אל מקום אחד ותראה היבשה" – נראה שהיבשה כבר נבראה, וצריך רק שהיא תיחשף ותראה. מתי היא נבראה? בריאתה מתוארת כבר בפסוק הראשון, אלא שבמסגרת התוהו ובוהו היא מכוסה במים, ורק ביום השלישי היא מתגלה.

מתברר שהצורך בתיקון נובע מהפער בין פסוק א לפסוק ב, פער זה נקרא בקבלה 'שבירת הכלים'. עולה מכאן שהעולם לא נברא שלם, הקדוש ברוך הוא ברא במכוון עולם חסר. החיסרון לא הופיע לראשונה בחטא אדם הראשון והרס את העולם המושלם, אלא העולם היה חסר כבר מתחילתו – וזאת כדי שהאדם יהיה שותף בתיקונו. אמת שאדם הראשון חטא בפרק ג, אבל הבעיה שנוצרה עקב חטאו היא רק המשך של החיסרון שהוטבע בעולם מבריאתו. על כן, אומר הרב, השאלה איננה כיצד מתקנים את חטא אדם הראשון, אלא

איך מתקנים את העולם. איך משלימים את החיסרון שנבראנו כדי להשלימו. בדרך התיקון הארוכה אנו עושים לעיתים חטאים נוספים, ועלינו לתקן אותם, אך עיקר תפקידנו הוא להמשיך הלאה לתיקון הכללי של העולם.

תפיסה זו מנוגדת לתפיסה הנוצרית, שלפיה החסרונות נובעים מקלקול שיצר האדם. הרב אומר שזה אחד מהיסודות שנכנסו ליהדות במשך שנות הגלות ממקומות זרים. לפי היהדות, אם יש חטא מכפרים עליו וממשיכים בדרך. הוא אומר זאת גם על המבנה של ספר ויקרא: החוטא מביא חטאת ומתכפר לו, אך ספר ויקרא אינו נפתח בקורבן חטאת כי אם בקורבן עולה, שאינו מובא כתגובה לחטא. הקשר בינינו ובין הקדוש ברוך הוא אינו מסתכם בכפרה על חטאים שעשינו. יש לנו מטרה כללית יותר, אנו שותפים עם הקדוש ברוך הוא בתיקון העולם.

בין אדם הראשון לקין והבל

אף שמקור כל החסרונות נעוץ כבר בבריאה, הרב אשכנזי בכל זאת מגדיר את חטא קין והבל בתור חטא יסודי שהאנושות צריכה לתקן. במה הוא שונה מחטא אדם הראשון? הרב טוען שחטא אדם הראשון אינו שייך לעולם שלנו. הוא התרחש בגן עדן, במציאות עלומה ונסתרת ששונה לחלוטין מהמציאות שבה אנו חיים. הסיפור של קין והבל הוא הסיפור הראשון שמתרחש בעולם המוכר לנו. ההתמודדות היסודית של קין והבל, כפי שראינו בסוגיית משוואת האחווה, היא איך מתנהלים במציאות שבה נוכחים שני בני אנוש במרחב אחד. התמודדות זו היא גם ההתמודדות היסודית שבמציאות הממשית שלנו, שהרי חיינו מלאים התנגשויות בין אנשים ובין עמים. לכן אנו יכולים לראות את משימת התיקון המוסרי, שמהדהדת בעולם מאז פרשת קין והבל, בתור היסוד לחיינו אנו.

הקריטריון המוסרי משמש מפתח להבנת המסופר בתורה מתחילת פרק ד של חומש בראשית. אני רגיל להתחיל את לימוד החומש

בעיון מן הפרק הזה משום שמוצגת בו לראשונה בהיסטוריה בעיה מוסרית דרך סיפור קַיִן והֶבֶל. בעיה זו היא הבעיה שעלינו לפתור במהלך ההיסטוריה. אני יודע כי רבים שמים דגש על חטאו של אדם הראשון, אולם זו טעות משום שברמת הכלל כבר תוקנה בעיה זו על־ידי דוד המלך. כל היסטוריית העולם היא תיקונו של חטא קַיִן, ובעיה זו צריכה להעסיק אותנו ברמת הכלל במהלך ההיסטוריה, במהלך 'התולדות' – תיקון יחסי האחווה בין אדם לחברו.

(סוד מדרש התולדות ג, עמ' 151–152)

עיקַר מלאכתנו היא להיות שותפים לקדוש ברוך הוא, מתוך בחירתנו החופשית. יסוד זה הופך את העולם לאופטימי, ובניגוד מוחלט לכל הייאוש שהנצרות מבקשת להמיט על האנושות, הוא נותן תקווה להתקדמות.

פרק 32

חטא אדם הראשון
שבירת הכלים ותיקון העולם

נרחיב הפעם בקביעתו של הרב אשכנזי שראינו בפרק שעבר, ולפיה חטא אדם הראשון תוקן כבר. הרב קובע כי חטא אדם הראשון תוקן על ידי דוד המלך. קביעה זו נסמכת על דברי חז״ל האומרים ששבעים שנה מחיי אדם ניתנו לדוד, אבל לא מצינו אמירות מפורשות שדוד תיקן את חטאו של אדם הראשון. להפך, מקורות רבים ומשמעותיים משרטטים דרך ארוכה מאוד שהאנושות צריכה לעבור עד לתיקון החטא. נראה מהם, ובראש ובראשונה מכתבי האר״י, שהחטא יתוקן רק באחרית הימים. הרב אשכנזי עצמו מציין שהוא מודע לגישתו של האר״י. בכל אופן, הרב מסיר את המוקד מסיפור אדם הראשון ומפנה אותו אחורה, לסוגיית בריאת העולם בתוהו ובוהו כפי שראינו, וגם קדימה לחטא קין והבל, כפי שהבאנו גם בפרק הקודם:

> אני יודע כי רבים שמים דגש על חטאו של אדם הראשון, אולם זו טעות משום שברמת הכלל כבר תוקנה בעיה זו על־ידי דוד המלך. כל היסטוריית העולם היא תיקונו של חטא קָיִן, ובעיה זו

> צריכה להעסיק אותנו ברמת הכלל במהלך ההיסטוריה, במהלך 'התולדות' – תיקון יחסי האחווה בין אדם לחברו.
>
> (סוד מדרש התולדות ג, עמוד 151)

להעברת המוקד מאדם הראשון לקין והבל יש משמעות רבה, בין השאר מפני שחטא אדם הראשון משתייך בעיקר לתחום שבין אדם למקום, וההתמודדות בין קין להבל היא בין אדם לחברו.

במה תיקן דוד את חטא אדם הראשון?

כשהמהדירים של ספרי הרב אשכנזי מביאים מקורות לדבריו בסוגיה, הם מפנים לדברי השל"ה.

> הרי כי יעקב תיקן האדמוני, וכן יוסף שהוא שטנו של עשו. ומה שאמרו רבותינו ז"ל: אדם הראשון נתן משנותיו שבעים שנה לדוד, הכל אמת. כי התכלית הוא תיקון אדם הכולל כל העולם, והוא נעשה בצלם א־להים, ואדם הוצרך לתקן על ידי האבות כמו שכתבתי בדרוש חיי שרה. דהיינו שבעים שנה של אדם נתקנו והאירו על ידי שבעים שנה הנזכר לעיל של יעקב ויוסף, כי שופריה דיעקב מעין שופריה דאדם (בבא מציעא פד ע"א), ויהי יוסף יפה תואר משופריה דאביו, כי יוסף מדוגמת יעקב כנודע, וכן דוד "יפה עינים וטוב ראי". וכשיבא משיח אז יתוקן אדם לגמרי, בסוד אד"ם אדם דוד משיח.
>
> (של"ה פרשת תולדות, תורה אור)

השל"ה אכן מזכיר את דוד כשלב בתיקון של חטא האדם הראשון, אבל את השלמת התיקון הוא מייחס למשיח בעתיד. ייתכן שעדיין צריך לעבור דרך ארוכה עד לתיקון.

יש להסביר מה עומד מאחורי הקשר בין דוד לחטא אדם הראשון. אדם הראשון ביקש להיות כא־לוהים ולהציב את עצמו במרכז במקום

להישמע לציווי ה'; דוד עומד במרכז בתור מלך, ובכל זאת מכפיף את עצמו לציווי ה'. דוד ממלא את מה שנדרש מאברהם, וכעת לא צריך לעבור שוב תהליך של תיקון חטא אדם הראשון, אלא לשחזר ולהופיע שוב את מדרגת דוד. זה אומנם דורש עבודה, אך לא עבודה שיש בה חידוש, כיוון שהדגם כבר הופיע בעולם.

בין חיים של כפרה לחיים של שותפות בתיקון

האדם מתמודד מול שתי שאלות בסיסיות: מה תפקידו בעולם, ולמה הוא והעולם נבראו במצב חסר. הרב טוען שאי אפשר לתלות את ממד החיסרון כולו בחטא אדם הראשון. נזכיר שוב את שאמרנו בפרק הקודם, על התפיסה הנוצרית העומדת ברקע:

> ברמת **הפרט**, כל אחד ואחד נמצא ברמה זו או אחרת של התאמת זהותו הפרטית לצו הבורא דרך המצוות, וייתכן מצב שבו חוזר אדם פלוני על חטאו של אדם הראשון ומורד בבורא. זהו חטאו, מרצונו החופשי ולא התוצאה הבלתי נמנעת של חטא קדמון כלשהו. בעניין זה המחלוקת עם הנצרות היא מחלוקת מהותית ביותר. הנצרות טוענת שמאז חטאו של האדם הראשון, כל אדם הוא בגדר של חוטא. לצערי הרב, ישנם גם יהודים שלא למדו כל צרכם האומרים דברים דומים. לדעת הנצרות יש כאן מין הכרח: האדם נפל ממדרגתו והוא אינו יכול להתגבר אלא אם כן הוא מוצא 'חן' בְּעֵינֵי הבורא ואין הדבר תלוי בהתנהגותו אלא בהחלטה שרירותית של הבורא. עמדת התורה שונה לחלוטין. מי שחוטא חוטא.
>
> (סוד מדרש התולדות א, עמ' 150)

לדעת הרב אשכנזי יש להבין שהחיסרון החל עוד לפני כן, והוא נגזר מהאופן שבו נברא העולם. אדם הראשון אכן חטא, אבל קדם לחטאו החיסרון המובנה בבריאה. התורה אכן מציגה לעינינו שתי תמונות:

בפרק א מופיע החיסרון שבבריאה, ובפרקים ב–ג חטא אדם הראשון. בפרק א העולם הוא תוהו ובוהו והקדוש ברוך הוא מתקן אותו במהלך ימי הבריאה, בפרקים ב–ג העולם שלם ואחר כך האדם מקלקל אותו.

שתי התמונות הללו מוצגות גם בשני מדרשים בבראשית רבה:

> כל מה שנברא בששת ימי בראשית צריכין עשייה, כגון החרדל צריך למתוק, התורמוסים צריך למתוק, החיטין צריכין להטחן, אפילו אדם צריך תיקון.

(בראשית רבה יא)

> אף על פי שנבראו הדברים על מליאתן כיון שחטא אדה"ר נתקלקלו, ועוד אינן חוזרין לתקונן עד שיבא בן פרץ.

(שם יב)

לפי המדרש הראשון העולם נברא חסר, וגם לאחר שנשלמה מלאכת הבריאה – עדיין העולם נשאר במצב שמצריך עשייה כדי לתקנו. לפי המדרש השני העולם בתום הבריאה הוא שלם, וכל החסרונות נובעים מחטא אדם הראשון. אלו שני מוקדים בדברי חז"ל – השני שם במרכז את חטא אדם הראשון, והראשון את אופן הבריאה, יסוד שפותח על ידי האר"י במסגרת תפיסת שבירת הכלים.

ההבדל המהותי בין שתי הגישות הוא בהבנת עמדתו של האדם – האם הוא שותף לקדוש ברוך הוא במשימת תיקון העולם, או שכל תפקידו הוא לכפר על חטא. לדעת הרב האדם אינו רק מתקן כישלון, הוא חלק מהפרויקט של השלמת תכלית הבריאה.

כאמור, הרב שם דגש גם על חטא קין והבל, ובזאת מעביר את המוקד ממציאות עלומה בגן עדן למציאות שלנו. הרב אשכנזי פונה אם כן מהמוקד של חטא אדם הראשון אל שני קטבים – הקוטב המטפיזי יותר של שבירת הכלים, והקוטב המציאותי־אנושי יותר של קין והבל. האם יש קשר בין שני הקטבים הללו? בזאת נעסוק בפרק הסיכום.

סיכום

בפרק זה אנו סוגרים את המעגל, וחוזרים אל הנושא שבו פתחנו את העיון במשנתו של הרב אשכנזי. התחלנו מהאופן שבו תופס הרב את בריאת העולם, והגענו חזרה אל תפיסת החיסרון המכוון שבבריאה כשורש החסרונות שבעולם ובסיס הייעוד לתקנו – לעומת התפיסה שהרב שולל, שמשליכה את כל החסרונות על חטאו של אדם הראשון.

כעת ננסה לסקור את המהלך בקצרה ולסכם את שלמדנו, ומתוך כך גם לשפוך אור על הקשר בין ראשית המהלך לסיומו.

סיכום היסודות במשנתו של הרב אשכנזי

את העיון פתחנו בתפיסת הבריאה של הרב אשכנזי. ראינו שאפשר לראות את בריאת העולם בשני אופנים – כבריאה שלמה או כבריאה שיש בה חיסרון מלכתחילה. הרב אשכנזי קובע: אלוקים שלם, והוא ברא במכוון עולם חסר. יש פער מובנה בין המחשבה האלוקית ובין האופן שבו העולם נברא בפועל. הפער הזה מוליד שני מושגים מרכזיים: האחד הוא ההיסטוריה בתור הציר המוביל את העולם אל שלמותו, בתנועה ההולכת ומתקדמת עד להשלמת התכלית האלוקית של הבריאה שמכונה אצלו 'מחשבת הבריאה'. השני הוא המשיחיות,

היעד השלם שאליו העולם מתקדם. שני הצירים האלה עשויים להישמע באוזנינו מובנים מאליהם, ובכל זאת הם אינם מקובלים בדתות ובתרבויות שמסביבנו, ובמקומות שבהם הם מצויים מקורם בדרך כלל ביהדות.

נזכיר כאן את הגישה העקרונית שהרב מדגיש – יש ללמוד קודם כול את התורה ויסודותיה הרעיוניים, ולבחון את המציאות והתפיסות התרבותיות שבעולם לאורה, ולא לנסות להתאים את התורה לחשיבה המקובלת ולתרבות הנוכחית. קדמו לרב אשכנזי הוגים בולטים, כמו המהר"ל, שדגל בפיתוח הגות מתוך התורה ולא מתוך התאמה לדעות מבחוץ, אך הרב מדגיש ומחדד זאת.

זרמים רבים בעולם אינם מאמינים ברעיון התקדמות העולם אל שלמותו. זרמים אחרים, כגון הנצרות, טוענים שאין בכוחו של האדם לקדם את העולם לגאולתו ורק אלוקים לבדו יתערב בעולמו של האדם החוטא ויגאל אותו; היו גם זרמים שטענו שהאדם יכול להתקדם לבד, ללא אלוקים וללא תורה, אך במידה מסוימת הם קרסו – והבולט שבהם הוא המודרניזם. כנגדם אומר הרב אשכנזי שהאדם אומנם נועד לקדם את העולם, אך דווקא אל השלמת המחשבה האלוקית, שזהו הרכיב החסר במודרניזם.

הסיבה לאופן זה של בריאת העולם, כעולם חסר שצריך להגיע לשלמותו, היא הרצון האלוקי שהאדם יקנה את שלמותו בעצמו, כדי שתהיה באמת שלו. הדרך לקניית השלמות היא על ידי המוסר, שעיקרו נתינת המקום והקיום לאחר. זו הגדרת המוסר לפי הרב, בניגוד לשתי ההגדרות הפילוסופיות המקובלות – המוסר האריסטוטלי־תועלתי והמוסר הקאנטייני, הנובע מהחוק התבוני הכללי. הרב אשכנזי מתפלמס עם השיטות הללו ומצביע על הסכנה שבהן, וקובע כי יסוד המוסר שהתווה הקדוש ברוך הוא בעצם הבריאה, הוא נתינת מקום לזולת הממשי שלצידי.

העיקרון של קניית השלמות באופן עצמאי מחייב את עיקרון הבחירה החופשית. גם בנושא זה מתפלמס הרב אשכנזי עם זרמים מרכזיים, בעיקר עם אלה הטוענים שהכול נגזר ונקבע מראש. הוא

מראה שכמעט כל הזרמים העתיקים והחדשים מלבד מהיהדות אינם מאמינים בבחירה החופשית, בגלוי או בסמוי.

לפי דרכו של הרב אשכנזי, הבחירה חייבת להיות בעלת משמעות. לא רק בעלת משמעות כלפי הגמול שיקבל האדם באופן פרטי, אלא גם בעיצוב התפתחות מהלך ההיסטוריה. דרכו של האדם רצופה צמתי בחירה. צמתי הבחירה שבמקרא משפיעים לא רק על שכרו, עונשו וגורלו של הבוחר, אלא מעצבים את הדרך שבה יתקדם העולם הלאה. הייעוד האלוקי אומנם יתממש בסופו של דבר, אבל השאלה היא כמה מסובכת תהיה הדרך עד שזה יקרה. את סיפורי המקרא יש לקרוא באופן כזה: בכל צומת, בכל פרשת דרכים שאבותינו מגיעים אליה, המשך הסיפור נגזר מהבחירה שלהם; אילו היו בוחרים בחלופה אחרת, ההיסטוריה הייתה מתקדמת בדרך החלופית. לפי התוכנית האלוקית בכל מקרה יהיה עם 'ישראל' שיוביל את העולם, השאלה היא מי זה יהיה. אם אברם הזה יעבור בהצלחה את ניסיונות עיצוב הזהות שעומדים בפניו ויהיה לאברהם – אזי הוא יהיה זה שיקים את העם שעניינו להביא את העולם לאחריתו, כפי שאכן קרה.

העניין המוסרי בא לידי ביטוי בעולם בשני צירים מרכזיים – משוואת האחווה ואיחוד המידות. סוגיית משוואת האחווה מתחילה מקין והבל, שם מופיע לראשונה המבחן אם כל אח ייתן מקום לאחיו. קין היה אמור שלא להשתלט על כל המרחב אלא לפנות מקום גם להבל, והבל היה אמור לא להתבטל אלא לעמוד על קיומו ולגרום לקין לתת לו מקום, אך כל צד נכשל בתפקידו וקין רצח את הבל. בהמשך, בדור הפלגה נעשה ניסיון לתקן את האנושות בדרך אחרת, קוסמופוליטית: באמצעות מנהיג אחד שיגבש סביבו את כל האנושות ויכפוף את כולם לצורה אחידה. כנגד ניסיון זה קם אברהם ומציב את המודל האוניברסלי, עם שיעמוד במרכז ויאפשר לכל כוח בעולם למלא את תפקידו הייחודי בתמונה העולמית הכללית. דרך בניית העם הזה היא על ידי איזון ואיחוד המידות, עיצוב זהות ישראלית שאיננה חסד מוחלט ואיננה דין מוחלט. העיצוב נעשה דרך מהלך חייהם של האבות,

מאברהם דרך יצחק ועד יעקב, ולאורך תחנות חייו של כל אחד מהם בפני עצמו. מידתו השורשית של אברהם היא החסד המוחלט, ובתהליכי בניית הזהות שלו (עד שיאה בעקדה) הוא צריך להתמזג גם עם מידת הדין, וכך יכול לצמוח ממנו יצחק וממנו יעקב.

ממהלך זה אנו רואים כי הסוגיה המוסרית איננה שייכת רק לממד התיאוריות; המהלך הזה מתממש דרך נפשות, דרך דמויות שחיות את הערכים והמידות. הן לא רק מדברות על רעיונות, אלא חיות אותם באופן ממשי. המהלך שעוברות כל הדמויות בהיסטוריה, דור אחרי דור, מוביל למשיח באחרית הימים.

הקו החורז את סוגיות היסוד: נתינת המקום הנכון

לפני הסיום נשוב לשאלה שהעלינו בפרק שעבר: האם יש קשר בין שני הכיוונים שאליהם נע הרב, כשהוא מסיט את המוקד מחטא אדם הראשון אחורה וקדימה, לבריאת העולם חסר מלכתחילה מחד, ולחטא קין והבל והשלכותיו מאידך?

את תיקון הבריאה ממצב של תוהו ובוהו, את משוואת האחווה ואת איזון המידות חורז קו אחד: אלה שלושה פרויקטים של נתינת המקום הנכון לכל אחד, מעבר מהתגוששות בין כוחות שונים לתמונה שלמה ומתוקנת. בבריאת העולם הקדוש ברוך הוא הוציא את העולם ממצב של תוהו ובוהו שבו כל כוח רוצה למלוך לבדו, מצב שנקרא בלשון המקובלים 'שבירת הכלים', ומאז מוטל על האדם להוציא גם את האנושות מתוהו ובוהו כזה; לתת לכל אדם, לכל עם ולכל מידה את המקום המדויק.

> תיקון העולם אינו קשור בשום צורה לשאלת כפרת האדם בעקבות מעידתו, במהלך המאמץ שהוא עושה כדי לתקן את העולם, כדי להשלים את המלאכה שהבורא הטיל עליו בתום ששת ימי המעשה. תיקון העולם נדרש בכל מקרה. זהו צורך אונטולוגי, מהותי מצד הבורא עצמו כדי שמחשבתו תתממש [...].

סיכום

העברי יודע שבסוף הוא יצליח במשימתו, הוא יודע שהעולם הולך לקראת הצלחה, לקראת מימוש מחשבת הבורא במציאות.

(סוד מדרש התולדות ה, עמ' 68-69)

הרב אשכנזי מראה במשנתו כיצד התורה מציבה אלטרנטיבה להרבה גישות אחרות בעולם. אלטרנטיבה שיש בה תקווה, אופטימיות, מוסר, שליחות, ואמון באדם ובאנושות. היא מסבירה את מהלך התורה שבכתב ויסודות בפנימיות התורה. היא מעמידה את ההיסטוריה במרכז ומפרשת את מהלכיה. היא נובעת מתוך התורה, ולאור התורה היא מעניקה למציאות משמעות שרלוונטית עד לימינו אנו.

נספח

מקורות לפרקים

צוינו רק מקורות מרכזיים. הרב אשכנזי מטפל בנושאים אלו במקומות נוספים בספרים שנדפסו ובשיעורים המוקלטים שבאתר מכון מניטו.

מבוא: סוד העברי א: 21-30.
סוד מדרש התולדות ז: עמ' 9-70.

פרק 1: סוד העברי א: עמ' 169.
סוד מדרש התולדות ה: עמ' 37-39.

פרק 2: סוד מדרש התולדות ג: 47-52, 63-69, 92-94.

פרק 3: סוד העברי א: 89
סוד מדרש התולדות ג: 284-286, 290-294
סוד מדרש התולדות ה: 113-114

פרק 4: סוד מדרש התולדות ג: 44-47, 264, 329
סוד מדרש התולדות ד: 97-98

פרק 5: סוד מדרש התולדות ג: 45-47, 132-133, 211-212

פרק 6: סוד מדרש התולדות ג: 191-198

פרק 7: סוד העברי א: 65-69
סוד מדרש התולדות ג: 215-219

פרק 8: סוד העברי א: 105-106, 168-169
סוד מדרש התולדות ח: 192

פרק 9: סוד העברי א: 134
סוד מדרש התולדות א: 86
סוד מדרש התולדות ב: 158
מספד למשיח: 64-65

פרק 10: סוד מדרש התולדות ה: 51-54

פרק 11: סוד מדרש התולדות ה: 55

פרק 12: סוד העברי א: 107-117
סוד מדרש התולדות ג: 151-154, 169-171

פרק 13: סוד העברי א: 118-124

פרק 14: סוד מדרש התולדות א: 119-121
סוד מדרש התולדות ו: 141

פרק 15: סוד מדרש התולדות ד: 54-61

פרק 16: סוד מדרש התולדות ד: 65, 76-82, 185-190

פרק 17: סוד העברי ב: 214-213
סוד מדרש התולדות ג: 55-56, 338
סוד מדרש התולדות ד: 196-198

פרק 18: סוד מדרש התולדות ג: 58-61, 161, 235-239

פרק 19: סוד מדרש התולדות ג: 200-201, 248-252

פרק 20: סוד מדרש התולדות א: 281-283

פרק 21: סוד העברי א: 209-213
סוד מדרש התולדות ה: 189-200

פרק 22: שערי דמעה א

פרק 23: סוד מדרש התולדות ב: 143-146

פרק 24: סוד מדרש התולדות ב: 126, 199-205, 210-211

פרק 25: סוד מדרש התולדות ב: 121-122, 221-225, 228-234

פרק 26: סוד מדרש התולדות ב: 99-100, 109-110, 152-153, 211
סוד מדרש התולדות ג: 154-155, 165

פרק 27: סוד מדרש התולדות ב: 139-140, 150-160, 176-177, 185-
192, 205-209, 227, 233

פרק 28: סוד מדרש התולדות ב: 161
סוד מדרש התולדות ו: 31-33, 179-180
מספד למשיח: 57-59

פרק 29: סוד מדרש התולדות ב: 124-132, 154-162, 208-209
סוד מדרש התולדות ז: 318

פרק 30: סוד מדרש התולדות א: 46-48, 90-91, 121-122
סוד מדרש התולדות ד: 75-76
סוד מדרש התולדות ה: 241

פרק 31: סוד מדרש התולדות א: 148-153
סוד מדרש התולדות ג: 151-152

פרק 32: סוד מדרש התולדות א: 278-285
סוד מדרש התולדות ד: 67-69

סיכום: סוד מדרש התולדות ד: 68-69

נספח

ספריו ושיעוריו של הרב אשכנזי

ספריו הרבים של הרב אשכנזי בעברית, שיצאו לאור בשנים האחרונות, ערוכים בעיקר מתוך שיעוריו שבעל פה. במהלך השנים יצאו לאור כמה ספרים בודדים (דוגמת מדרש בסוד ההפכים, שומרי הסודות ומספד למשיח), ולצידם כמה סדרות (סוד העברי, סוד לשון הקודש, סוד מדרש התולדות ושערי דמעה).

לתועלת הלומדים אפשר לסדר רבים מהספרים לפי הציר של ספר בראשית:

סוד מדרש התולדות ג-ד: ראשית הבריאה והטוב והרע

סוד העברי א-ב: פרשות בראשית ונח

סוד מדרש התולדות א-ב; שומרי הסודות: אברהם

סוד מדרש התולדות ה-ו: יצחק

סוד מדרש התולדות ז: יעקב

סוד מדרש התולדות ח: יוסף ויהודה

ספרים אחרים אינם צמודים לפרשיות מהמקרא, אלא מרוכזים בנושא מסוים או במבחר נושאים:

שערי דמעה (א-ב) – סידרה שעוסקת בתפילה

סוד לשון הקודש (א-ב) – סידרה שמבארת את ספר הקבלה 'שערי אורה'

המאמין והפילוסוף – שיעורים של הרב אשכנזי בעריכת הרב שלמה אבינר

מספד למשיח – ביאורו של הרב אשכנזי למאמרו של הראי"ה קוק 'המספד בירושלים'

מדרש בסוד ההפכים – 'זהות מוסרית עברית', מבחר שיעורים בעל פה מתורגמים וערוכים

שיעורים מוקלטים רבים של הרב אשכנזי, בנושאים רבים ומגוונים, מצויים באתר מכון מניטו וברשת האינטרנט.

במהלך השנים נכתבו מחקרים בעברית על אודות חייו ותורתו:

עבריות ומעבר לה – דיוקן אינטלקטואלי של הרב יהודא ליאון אשכנזי (מניטו). יוסף שרביט, אדרא, ישראל תשע"ט.

מן האין אל האני – קריאות קבליות במשנתו ההיסטוריוסופית של הרב יהודא ליאון אשכנזי (מניטו). גבריאלה בן שמואל, אדרא, ישראל תש"ף.

מסע בראשית על פי משנת מניטו. ספי גלדצהלה, דברי שיר, ירושלים תשע"ח.